高等职业教育智慧财经系列教材

财务大数据基础

CAIWU DASHUJU JICHU

主　编　牛永芹　弋兴飞　杨　琴
副主编　何亚伟　曹方林　喻　竹　邓春娟
参　编　肖　燕　李　瑞　赵春宇　刘珊珊
　　　　钟鼎丞　姜　晨　龙灵英　何良启

本书另配：教学课件
　　　　　课程标准
　　　　　教学设计
　　　　　源代码
　　　　　数据源
　　　　　软件安装包

新形态教材

中国教育出版传媒集团
高等教育出版社·北京

内容提要

本书以 Python 编程基础知识和数据分析为主线，为帮助读者掌握 Python 编程基础知识和财务大数据分析的基本流程和方法而编写。

本书包括财务大数据认知、大数据技术基础运用和财务大数据技术应用三部分，财务大数据认知、Python 环境配置与使用、Python 语法基础运用、Python 基本数据类型操作、Python 程序设计、Python 组合数据类型运用和 Python 函数认知与调用、财务大数据清洗与统计、财务大数据分析与可视化和 Python 办公软件操作共 10 个项目的学习内容。本书另配有课程标准、教学设计、教学课件、源代码、软件安装包等数字资源，供教师教学使用。

本书既可作为高等职业院校财务会计类专业的大数据基础课程教材，也可以作为职业院校技能大赛相关赛项的辅导用书。

图书在版编目(CIP)数据

财务大数据基础/牛永芹，弋兴飞，杨琴主编.
—北京：高等教育出版社，2022.8(2023.8 重印)
ISBN 978-7-04-059057-9

Ⅰ.①财… Ⅱ.①牛… ②弋… ③杨… Ⅲ.①财务管理-数据处理-高等职业教育-教材 Ⅳ.①F275

中国版本图书馆 CIP 数据核字(2022)第 136698 号

策划编辑　钱力颖　毕颖娟　　责任编辑　钱力颖　　封面设计　张文豪　　责任印制　高忠富

出版发行	高等教育出版社	网　　址	http://www.hep.edu.cn	
社　　址	北京市西城区德外大街 4 号		http://www.hep.com.cn	
邮政编码	100120	网上订购	http://www.hepmall.com.cn	
印　　刷	上海当纳利印刷有限公司		http://www.hepmall.com	
开　　本	787 mm×1092 mm　1/16		http://www.hepmall.cn	
印　　张	16.25			
字　　数	327 千字	版　　次	2022 年 8 月第 1 版	
购书热线	010-58581118	印　　次	2023 年 8 月第 2 次印刷	
咨询电话	400-810-0598	定　　价	42.00 元	

本书如有缺页、倒页、脱页等质量问题，请到所购图书销售部门联系调换
版权所有　侵权必究
物　料　号　59057-00

前言

2021年3月《中华人民共和国国民经济和社会发展第十四个五年规划和2035年远景目标纲要》发布，其中第十五章"打造数字经济新优势"提出，实施"上云用数赋智"行动，推动数据赋能全产业转协同转型。在重点行业和区域建设若干国际水准的工业互联网平台和数字化转型促进中心，深化研发设计、生产制造、经营管理、市场服务等环节的数字化应用。在数字经济时代背景下，以大数据、人工智能、云计算、区块链等为代表的新技术驱动财务行业数字化升级，也对财务人员提出了新要求。

2021年3月教育部发布了《职业教育专业目录（2021年）》，高职财务会计类专业目录的名称发生了较大变化，其中三个专业名称分别更名为"大数据与会计""大数据与财务管理"和"大数据与审计"。为推进财务会计类专业的数字化转型升级，针对Python语言在财务工作中的应用需求，我们精心设计并编写了本书。

本书以财务应用场景为主线，分为财务大数据认知、大数据技术基础运用和财务大数据技术应用三部分，用10个教学项目由浅入深讲解财务大数据概念、Python基础和财务应用的知识，旨在培养学生利用Python分析财务数据的能力，建立数字化思维，为后续深入学习夯实基础。

本书主要具有以下特点：

1. Python编程与财务场景相结合

本书充分考虑财务会计类专业师生的特点和知识结构，为非计算机专业背景的财务会计类专业师生提供实用性、可操作性强的财务大数据基础教材，对Python教学内容进行全方位的设计，围绕Python在财务中的应用场景，提供丰富详实的财务"实例"，设置了"相关知识""任务实施""知识拓展""大显身手""代码讲解"等栏目，将Python编程与财务应用场景紧密结合，实现理论与实践的统一。

2. 课程思政与专业教学深度融合

教育的首要任务是立德树人。本书贯彻党的二十大精神，在内容设计上坚定育人方向，注重知识目标、技能目标、思政目标的统一，实现知识传授、价值引领及能力培养有机融合。本书将

前 言

课程思政与专业知识深度融合，引入中华优秀传统文化、财务人员的职业道德及现实社会中学生密切关注的社会问题，使学生在潜移默化中受到教育，利于学生塑造正确的价值观和人生观。

3. 数字资源配套多样化、立体化

为了应对新专业目录调整、新专业标准更新、新课程体系构建过程中，财务会计类专业"财务大数据基础"新课程师资力量短缺、教学资源匮乏的问题，本书配套了课程标准、教学设计、教学课件、源程序代码、技能训练答案、软件安装包、数据源等数字，形成了教、学、测的全方位立体化教学资源。学生也可以直接按照书中详细讲解的内容和配套的代码等资源进行操作，体验使用 Python 解决财务问题的快捷和高效。

本书由安徽商贸职业技术学院牛永芹、弋兴飞、杨琴任主编，安徽商贸职业技术学院何亚伟、曹方林，遵义职业技术学院喻竹，重庆财经职业学院邓春娟任副主编。参加本书编写的还有贵州财经职业学院肖燕、刘珊珊，陕西财经职业技术学院李瑞，安徽商贸职业技术学院赵春宇、钟鼎丞、姜晨、何良启，遵义职业技术学院龙灵英。具体分工如下：项目一、项目四由牛永芹、邓春娟、肖燕编写；项目二、五由曹方林、刘珊珊编写；项目三由李瑞、钟鼎丞编写；项目六、项目七由弋兴飞、赵春宇编写；项目八由杨琴、龙灵英编写；项目九由何亚伟、姜晨编写；项目十由喻竹、何良启编写。

本书是安徽省高等学校质量工程教学研究项目（项目编号：2022jyxm499）、传统专业改造升级项目（项目编号：2022zygzsj024）和安徽省高等学校优秀青年人才支持计划（项目编号：gxyq2021088）的阶段成果。

由于编者水平有限，书中难免存在疏漏和不当之处，我们期待使用本书的教师和学生不吝指正，以便今后不断完善。作者的电子邮件地址是 niuyongqin@abc.edu.cn。

编 者

目录

第一部分　财务大数据认知　　001

项目一　财务大数据认知　　003
　任务一　初识财务大数据　　005
　任务二　了解财务大数据处理流程　　011
　任务三　认识财务大数据处理工具　　016
　任务四　初识 Python 语言　　020

第二部分　大数据技术基础运用　　025

项目二　Python 环境配置与使用　　027
　任务一　搭建 Python 开发环境　　029
　任务二　使用 Jupyter Notebook 编写程序　　036

项目三　Python 语法基础运用　　043
　任务一　掌握 Python 基本语法　　045
　任务二　理解算法的基本结构　　057

项目四　Python 基本数据类型操作　　071
　任务一　数字类型分类与操作　　073
　任务二　字符串类型认知与操作　　083

项目五　Python 程序设计　　095
　任务一　分支结构程序设计　　097
　任务二　循环结构程序设计　　107

项目六　Python 组合数据类型运用　　118
　任务一　列表运用　　120
　任务二　字典运用　　128

目 录

项目七	Python 函数认知与调用	138
任务一	函数认知	140
任务二	函数调用	146

第三部分　财务大数据技术应用　　155

项目八	财务大数据清洗与统计	157
任务一	初识数据分析工具 Pandas 库	159
任务二	财务大数据清洗	167
任务三	财务大数据汇总	174
任务四	财务大数据统计	179
项目九	财务大数据分析与可视化	191
任务一	差旅费用数据分析与可视化	193
任务二	人力资源短缺因素分析与可视化	210
项目十	Python 办公软件操作	221
任务一	Python 操作 Excel 财务数据表	223
任务二	Python 高效操作 Excel 数据表	231
任务三	Python 操作 Word 文档	236
任务四	Python 高效操作 Word 文档	245

主要参考文献	250

资源导航

页　码	类　型	名　称
055	程序代码	汇率换算
068	程序代码	奥运五环
081	程序代码	货币的时间价值
092	程序代码	账户期末余额
105	程序代码	年终奖个税计算
114	程序代码	韩信点兵
114	程序代码	学期平均绩点计算
126	程序代码	0～10中偶数的平方
126	程序代码	白路贷
134	程序代码	项目净现值计算
135	补充知识	元组
135	补充知识	集合
144	程序代码	等额本金还款
147	补充知识	Python 常用的内置函数
151	程序代码	等额本息还款
166	程序代码	查看商超数据
172	程序代码	处理清洗后的商超数据
177	程序代码	奖学金成绩评定
188	程序代码	统计奖学金成绩
208	程序代码	按要求绘制组合图
208	程序代码	按要求绘制子图
219	程序代码	按要求绘制环形图
229	程序代码	体温检测簿
234	程序代码	合并毕业班名单
243	程序代码	年会邀请函模板
248	程序代码	批量生成年会邀请函

第一部分

财务大数据认知

项目一
财务大数据认知

学习目标

知识目标

1. 了解财务大数据的概念及特点
2. 了解财务大数据处理流程
3. 了解财务大数据处理工具
4. 了解 Python 语言的优势和应用场景

技能目标

1. 能识别财务中的大数据
2. 能正确选择合适的财务大数据处理工具

素养目标

1. 培养大数据素养和财务大数据思维
2. 培养使用大数据技术解决财务问题的意识
3. 通过财务大数据的相关概念的学习，认识数据的重要性，树立数据安全意识
4. 通过财务大数据处理流程的学习，认识合法获取数据的必要性，自觉遵守大数据的相关法律，警惕和抵制非法收集和滥用个人信息的行为

项目导入

大数据日益影响着人们的日常行为和工作方式，企业决策也逐渐由经验决策转变为基于数据分析的科学决策。元小宇同学认识到，在大数据时代具备大数据素养，对自己的职业生涯有着举足轻重的影响。元小宇同学决心学习大数据的相

关技术，将财务知识与新技术相融合，做财务数字化转型时代的奋进者。

　　本项目首先介绍财务大数据的相关概念及财务大数据的处理流程，在此基础上进一步介绍财务大数据处理工具及 Python 语言的优势。通过本项目的学习，同学们要掌握财务大数据的概念和财务大数据的处理流程，为后续学习打下良好的基础。

▶▶ 项目框架

本项目框架如图 1-1 所示。

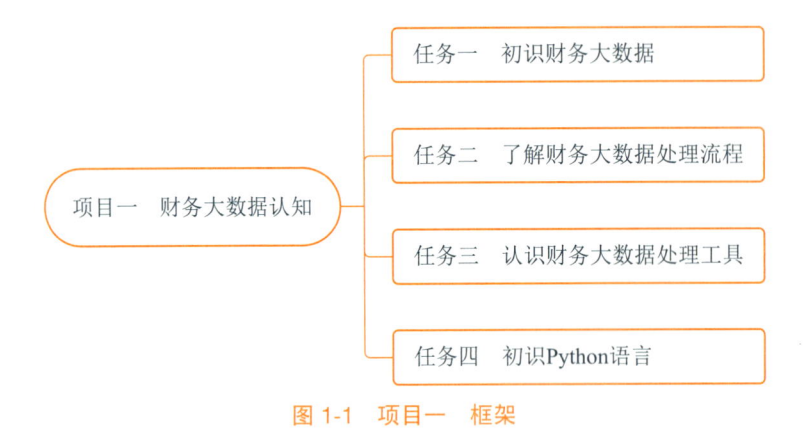

项目一　财务大数据认知
- 任务一　初识财务大数据
- 任务二　了解财务大数据处理流程
- 任务三　认识财务大数据处理工具
- 任务四　初识Python语言

图 1-1　项目一　框架

任务一
初识财务大数据

任务描述

了解什么是财务大数据及大数据时代对财务行业的影响。作为财务人员的元小宇明白，在大数据时代，只有建立财务大数据，企业才能从大量的内部和外部数据构成的有价值的信息中提炼出有助于企业决策的情报，将其变为真正有价值的企业数字资产。

💬 讨论

数字资产怎么核算？

📝 笔记

相关知识

一、大数据的特点

（一）数据量大

从数据量的角度而言，大数据泛指无法在可容忍的时间内用传统信息技术和软硬件工具对其进行获取、管理和处理的巨量数据集合，需要可伸缩的计算体系结构以支持其存储、处理和分析。按照这个标准来衡量，很显然，目前的很多应用场景中涉及的数据量都已经具备了大数据的特征。比如，微信、抖音、快手等应用平台每天由网民发布的海量信息就属于大数据。遍布人们生活和工作的各个角落的各种传感器和摄像头，每时每刻都在自动产生大量数据，也属于大数据。

（二）数据类型繁多

大数据的数据来源众多，科学研究、企业应用和 Web 应用等都在源源不断地生成新的类型繁多的数据。交通大数据、医疗大数据、通信大数据、金融大数据等，都呈现出井喷式增长，涉及的数量十分巨大，已经达到 PB 级别[①]。各行各

---

① PB 指 petabyte，它是较高级的存储单位，其上还有 EB、ZB、YB 等单位。1 PB = 1 024 TB。

业、每时每刻，都在产生各种类型的数据。

（三）处理速度快

大数据时代的数据产生速度非常快。在 Web2.0 应用领域，1 分钟内，淘宝可以卖出 6 万件商品，百度可以产生 90 万次搜索查询，微信朋友圈可以产生 600 万次浏览量。大数据时代的很多应用，都需要基于快速生成的数据给出实时分析结果，因此，数据处理和分析的速度通常要达到秒级甚至毫秒级响应。

（四）价值密度低

大数据虽然看起来很好，但是，其价值密度却远远低于传统关系数据库中已有的数据。在大数据时代，很多有价值的信息都是分散在海量数据中的。比如，拼多多平台利用用户数据进行精准营销，为了实现这个目的，就必须构建一个能存储和分析用户数据的大数据平台，使之能够根据用户数据进行有针对性的商品需求预测。愿景很美好，但现实代价很大，需要耗费几百万元构建整个大数据团队和平台，而最终带来的企业销售利润增加额可能会比投入低许多。拼多多 2017—2020 年的利润表都显示公司处于亏损状态。由此可见，大数据的价值密度是很低的。

二、大数据思维

（一）全样思维

过去，由于受到数据采集、数据存储和处理能力的限制，在统计分析中，通常采用抽样的方法，即从全集数据中抽取一部分样本数据，通过对样本数据的分析来推断全集数据的总体特征。而在大数据时代，感应器、手机导航、网站浏览等都能够收集大量数据，分布式文件系统和分布式数据库技术，提供了理论上近乎无限的数据存储能力，分布式并行编程框架提供了强大的海量数据并行处理能力。因此，有了大数据技术的支持，统计分析完全可以直接针对全集数据而不是抽样数据，并且可以在短时间内迅速得到分析结果。

（二）容错思维

过去，在统计分析中采用抽样分析，其微小误差在全集数据中会被放大，导致"差之毫厘，谬以千里"的现象。现在，大数据时代采用全样分析，全样分析结果不存在误差被放大的问题，大数据分析的追求是实时结果，"秒级"响应，关注的是数据分析的效率。比如，用户在访问"天猫"或"京东"等电子商务网站进行网购时，用户的点击流数会被实时发送到后端的大数据分析平台进行处理，平台会根据用户的特征，找到与其购物兴趣相匹配的其他用户群体，然后，再把其他用户群体曾经买过而该用户还未买过的相关商品推荐给该用户。很显然，这个过程的时效性很强，需要"秒级"响应，如果要过一段时间才给出推荐结果，很可能用户都已经离开网站了，这就使得推荐结果变得没有意义。所以，这种应用场景当中，效率是被关注的重点，分析结果的精确度只要达到一定程度即可。

（三）相关思维

过去，数据分析的目的，一方面是解释事物背后的发展机理，例如，一个大型超市在某小地区的连锁店在某个时期内净利润下降很多，这就需要部门对相关销售数据进行详细分析找出发生问题的原因。但是，在大数据时代，因果关系不再那么重要，人们转而追求"相关性"。例如，在淘宝购物时，当你购买了一个汽车防盗锁以后，淘宝还会自动提示你，与你购买相同物品的其他客户还购买了汽车坐垫。就是说，淘宝只会告诉你"购买汽车防盗锁"和"购买汽车坐垫"之间存在相关性，但是，并不会告诉你为什么其他客户购买了汽车防盗锁以后还会购买汽车坐垫。

在无法确定因果关系时，数据为人们提供了解决问题的新方法。数据中包含的信息可以帮助消除不确定性，而数据之间的相关性在某种程度上可以取代原来的因果关系，帮助我们得到我们想要知道的答案，这就是大数据思维的核心。

任务实施

一、认识财务大数据的概念

财务大数据是指依托海量结构化、半结构化和非结构化的数据，利用大数据技术对数据进行分析，挖掘有助于企业管理层决策的信息，使数据成为真正的资产，提升企业财务管理效率和经营业绩。

在大数据时代，企业需要更加注重内部和外部数据的深入分析与挖掘，对于企业财务部门而言，面临如下的挑战：

（1）大数据时代，物联网的广泛应用使企业数据量激增。财务部门面对的是增加的大量非结构化的业务数据、政治法律环境数据、经济环境数据、社会与文化环境数据和技术类数据等。

（2）大数据时代，面对海量数据的处理需求，要求财务部门数据分析人员的反应速度要快。

因此，在大数据时代，如何收集数据、整理数据、分析和挖掘数据，并将这些数据进行整合和资源配置，是目前企业财务部门亟待解决的问题。

二、理解大数据对财务的影响

在大数据技术高速发展的背景下，各个行业实现了对海量数据的处理和高效利用，创造了更多价值。对于企业而言，借助大数据及其关键技术形成财务大数据，赋能企业财务管理的数字化和智能化。对于企业财务工作而言，利用大数据、云计算、人工智能等技术的支持，能够使预算、核算及决算工作更加快捷地实现，同时也有助于财务记录、审核以及财务档案等工作实现信息化，提高财务

工作效率。

（一）提高财务工作效率

在大数据时代，记录业务活动数据、数据维护和报告管理所需的数据的信息循环，经过管理信息系统可实时展现自动更新的财务分析报表，并可做到定时定向推送。在大数据背景下，基于云平台的财务信息系统会把海量信息集合，按照程序给企业提供全面的分析报告，大量的重复工作将由程序自动处理，数据的收集、处理、分析速度不断加快，工作效率大大提升。

（二）促进财务流程重组

面对激烈的市场竞争，降低传统财务运行成本是大势所趋，因此财务部门流程再造具有迫切性。建立财务共享中心是财务部门资源优化配置的方式。在大数据背景下，企业可以共享强大的数据库，使用大数据技术对数据进行提取、挖掘、加工、分析、展示，输出内部报告和外部报告，自助灵活地达成期望的数据处理结果。

在大数据技术的支持下，财务部门将更多的精力放在提供深入价值链的业务支持上，财务部门可以对数据进行分析，直观发现、剖析、预警数据中所隐藏的问题，及时应对业务中的风险，并发现增长点。

（三）提升财务决策支持能力

利用大数据和人工智能提升企业预测和决策的能力，是当前财务与会计领域的重要变革之一，数据智能将成为未来企业财务的核心。

财务人员主要依据数据、信息及资料的相关性进行分析和预测，预测的准确性主要受限于数据、信息及资料的丰富程度。而大数据技术恰恰弥补了这方面的不足，在大数据时代，人们已经不再受制于海量数据难以存储、全量数据难以运算的瓶颈，在财务分析和预测时可以全量数据代替样本数据，以数据挖掘、机器学习、深度学习等技术代替人脑分析，以客观分析结果代替主观经验判断，以可视化动态图表代替静态报表展示。大数据能够使财务人员更精准地进行预算管理，通过大数据事前预测、事中把控、事后分析全程参与业务，挖掘财务数据价值，为领导层提供决策依据。

在智能财务时代，通过建立财务自身的"大数据"，可以帮助企业将业财数据管得更细、更全、更好，让隐藏的数据价值体现出来，让企业经营和决策看得懂、用得着，充分体现财务工作的价值，这样才能真正实现财务会计向管理会计的转型。

三、掌握财务大数据的特征

大数据时代，财务数据呈现出以下三个方面的特征：

（一）财务数据更加明细

在会计核算工作没有做到智能化、自动化的系统中，财务部门对于涉及较多原始单据和业务数据的情况，往往出于降低工作量的考虑会采用合并处理的方式

进行会计核算，如零售电商的销售收入数据、企业集团员工大量的差旅报销单据，一般都只记录一笔记账凭证，而不是逐笔编制会计分录和凭证。但是这样做就只保留了核算的财务结果，而丢失了原有业务中的明细数据和信息，牺牲了数据的可追溯性和可分析性。

在大数据时代，智能化的财务系统能够快速处理大量的原始单据，自动生成凭证和报表，保留了数据的可追溯性和进一步分析挖掘数据价值的可能性。

（二）财务数据更加多维

在传统的会计信息系统中，财务部门一般会根据部门、人员、项目、供应商、客户等设置一些辅助核算项，来帮助记录业务数据的明细信息。但是，一个业务活动往往具有非常多的数据项和数据维度。例如，出差费用报销业务除所属部门、人员信息外，还包括乘坐的交通工具信息、座位和舱位等级信息、酒店星级、城市信息等非常多的维度信息，这些数据在传统的财务思维中往往被认为是与财务核算工作无关的信息，在记账凭证上无法记录或认为没有必要记录的信息，导致被系统采纳的业务数据大幅减少，从而丧失了进一步挖掘数据价值的可能性。

在大数据时代，海量业务数据的存储和处理已不是问题，财务部门需要在更多维的数据中挖掘有价值的信息，助力企业业务腾飞和价值创造。

（三）财务数据更加多元

以往，财务人员的会计核算工作量比较大，只能关注自己企业的内部数据，没有精力去关注行业数据、同行比较数据、宏观经济数据、汇率数据、重要行情指数等。同时也由于传统财务人员缺乏相关的大数据知识和技术，限制了他们从外部数据源获取、整理、分析和统计数据。

在智能财务时代，通过大数据、云计算、人工智能等相关技术的应用，财务人员可以将大量的原始数据交由机器人程序自动逐笔处理，利用智能终端从经济业务中提取到更加多维的数据，利用大数据技术整合更加多元的公司内部和外部数据，为企业的战略决策和经营决策提供支持。

即问即答

下列选项中，不属于大数据的特点的是（　　）

A. 海量化的数据
B. 大数据都是有价值的数据
C. 数据类型的多样化
D. 大数据的价值密度相对较低

知识拓展

你被营销了吗？

当用户手机无线局域网处于打开状态时，会向周围发出寻找无线网络的信号，探针盒子发现这个信号后，就能迅速识别用户手机的MAC地址（媒体存取

控制地址），转换成 IMEI 号（国际移动设备识别码），再转换成手机号，然后向用户发送定向广告。一些公司将这种小盒子放在商场、超市、便利店、写字楼等地，在用户毫不知情的情况下，搜集个人信息，甚至包括婚姻状况、教育程度、收入等个人信息。

讨论

如何避免个人信息被非法收集？

试一试 制作思维导图

任务一的思维导图如图 1-2 所示。

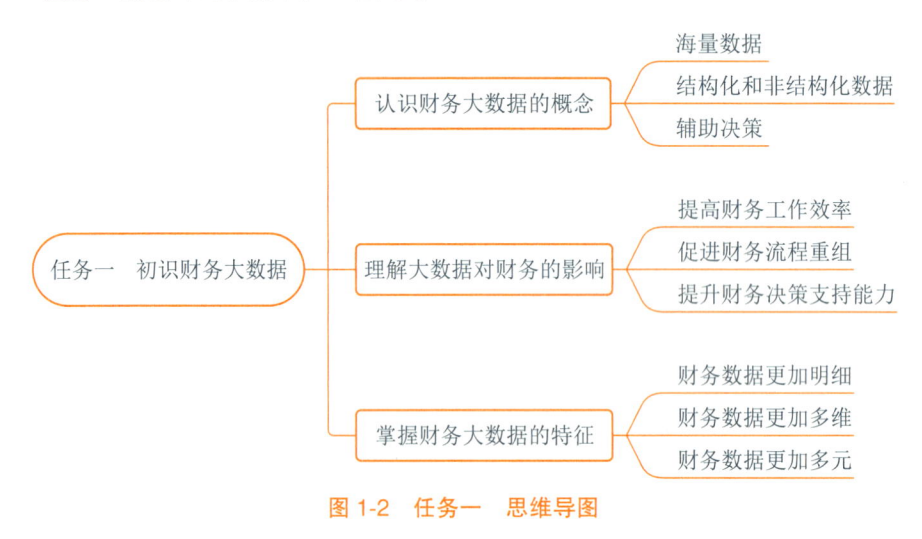

```
任务一 初识财务大数据
├── 认识财务大数据的概念
│   ├── 海量数据
│   ├── 结构化和非结构化数据
│   └── 辅助决策
├── 理解大数据对财务的影响
│   ├── 提高财务工作效率
│   ├── 促进财务流程重组
│   └── 提升财务决策支持能力
└── 掌握财务大数据的特征
    ├── 财务数据更加明细
    ├── 财务数据更加多维
    └── 财务数据更加多元
```

图 1-2 任务一 思维导图

任务二
了解财务大数据处理流程

任务描述

本任务通过讲解财务大数据处理流程,使像元小宇这样的初学者弄清楚如何利用大数据及大数据技术为财务分析和决策支持目标服务。通过本任务的学习,掌握财务大数据的处理流程,为后续学习打下良好的基础。

相关知识

一、网络爬虫

网络爬虫是负责爬取网页数据的程序或脚本。网络爬虫又称为网页蜘蛛、网络机器人、网页追逐者,它按照一定的规则,自动地抓取网页信息。

在大数据时代,网络爬虫广泛应用于数据采集领域。通过编写网络爬虫程序或者使用具有网络爬虫功能的工具,数据分析师可以从互联网的浩瀚网页中大规模、自动化地获取数据分析所需要的大量数据。

在数据成为资产的时代,能够自动、批量获取数据的网络爬虫变得越来越重要。

二、隐私保护

隐私是客观存在的个人自然权利。在大数据时代,个人身份、健康状况、个人信用和财产状况是隐私;使用设备、位置信息、电子邮件也是隐私;同时,上网浏览情况、手机应用、发表的朋友圈、点赞等也可能成为隐私。

大数据的价值并不单纯地来源于它的用途,而更多地源自其二次利用。在大数据时代,无论是个人日常购物消费这些琐碎小事,还是就学、买房、生儿育女等人生大事,都会在各式各样的数据系统中留下"脚印"。就单个系统而言,这些小数据可能无关痛痒,一旦将它们通过自动化技术整合后,就会逐渐还原和预测个人生活的轨迹和全貌，使个人隐私无所遁形。

据相关研究显示，只要知道一个人的年龄、性别、邮编，就可以在公开的数据库中识别出此人87%的身份信息。在模拟和小数据时代，一般只有政府机构才能掌握个人数据，而如今许多企业、社会组织也拥有海量数据。这些海量数据的汇集使敏感数据泄露的可能性加大，对大数据的收集、处理、保存不当更是会加剧数据信息泄露的风险。

三、大数据杀熟

大数据杀熟是指同样的商品或服务，老客户看到的价格反而比新客户要贵出许多的现象。

互联网平台利用算法优势的"杀熟"行为普遍存在，消费者投诉由来已久。国家已从立法层面对大数据杀熟行为进行限制，对手机应用程序过度收集个人信息的行为作出了有针对性的规范。《中华人民共和国个人信息保护法》已于2021年11月1日起施行。

任务实施

企业利用数据分析和挖掘技术，通过对其存储的大量数据进行加工分析，能够作出更科学的经营决策，有效改善产品性能和服务水平，提升客户和受众的消费体验，使企业在市场竞争中获得更大的战略优势。

企业在利用大数据进行经营管理和辅助决策时，大致需要经过以下四个步骤：数据获取、数据预处理、数据分析、数据可视化，如图1-3所示。

数据获取 → 数据预处理 → 数据分析 → 数据可视化

图1-3 财务大数据处理流程

一、数据获取

数据获取是数据分析的入口，在数据大爆炸的互联网时代，被采集的数据类型也是复杂多样的。对于企业来说，数据的来源不仅包括来自企业内部的数据，也包括来自企业外部的数据。内部数据可以是企业各类信息系统中的数据，外部数据可以是爬取外部网页的数据或从数据服务商处购买的数据等。

（一）企业内部数据获取

企业内部数据是指来自诸如企业资源计划系统、客户关系管理系统、供应链管理系统、财务系统等企业内部信息系统的数据，涵盖企业内部生产经营活动中所产生的生产数据、财务数据、销售数据、采购数据等，这种数据多以结构化数据为主。

（二）企业外部数据获取

企业外部数据是指来自政府部门、竞争对手、行业等的相关数据。这部分数据的获取主要依赖于从数据分析商处购买或从网络中爬取。

二、数据预处理

脏数据是指源系统中的数据不在给定的范围内或对于实际业务毫无意义，或是数据格式非法，以及在源系统中存在不规范的编码和含糊的业务逻辑。通过各种方式采集到的数据需要进行专门处理后才能用于数据分析，否则将导致错误的分析结论或者无法完成数据分析任务。这些专门的处理称为数据预处理，包括对不符合要求的数据进行数据清洗以保证数据质量、对数据进行标准化处理以使数据集符合数据挖掘时的算法要求。

（一）数据清洗

数据重复会导致数据的方差变小、数据分布发生较大变化。数据缺失会导致样本信息减少，不仅增加了数据分析的难度，而且会导致数据分析的结果产生偏差。数据异常值则会产生"伪回归"。数据清洗是指对数据进行重新检测和处理，清洗的目的在于删除重复信息、错误信息，并保证数据一致性。常见的数据清洗方法包括重复值处理方法、缺失值处理方法、异常值处理方法等。

（二）数据标准化

不同特征之间往往具有不同的量纲，由此造成的数值间的差异可能很大，在涉及空间距离计算或梯度下降法等情况时，不对其进行处理就会影响到数据分析结果的准确性。为了消除不同特征之间量纲和取值范围差异可能造成的影响，需要对数据进行标准化处理。数据标准化是用于消除不同评价指标的单位量纲和数量级带来的数据不可比性，又称数据无量纲化或数据归一化。常见的数据标准化处理方法有：离差标准化、标准差标准化、小数定标标准化等。

即问即答

下列选项中，不属于脏数据的特征的是（　　）

A. 数据不在给定的范围内

B. 数据对于实际业务毫无意义

C. 数据格式是非法的

D. 数据量太大

三、数据分析

数据分析与挖掘是指采用恰当的方法对采集的大量看似杂乱无章的数据进行理解、分析和汇总，发现数据的内在规律，以最大化地挖掘数据的价值，发挥数据的作用。数据分析与挖掘是为了提取有用信息和形成结论而对数据加以详细研究和概括总结的过程，而对行业的深入了解和对业务的精准把控，是大数据分析与挖掘的关键。

数据分析是指根据事先确定的分析目标、选择适当的统计分析方法或工具，对采集来的大量数据进行描述性统计分析，从中提取有价值的信息，形成分析结论，辅助企业进行管理优化、预测和决策。

数据挖掘是指采用适当的机器学习算法或工具，对采集来的海量数据进行挖掘，从中发现不为人知、无法通过人的经验或对数据的直观观察得出的重要的信息，用于预测和决策。

四、数据可视化

数据可视化是展示数据分析结果的重要手段。人类对数字是不敏感的，尤其对复杂数据，数据可视化是指将晦涩难懂的数据以图形、图像形式表示，以实现对数据的洞察的过程。数据可视化旨在借助图形化手段，清晰有效地传达与沟通信息。在各类报表和说明性文件中，用直观的可视化图表展现数据，显得简洁、直观、更有说服力。

许多大数据分析处理工具都具有数据可视化功能，数据可视化功能既能给用户提供数据追踪、抓取和多维度分析功能，还能支持多数据源、实时数据更新和交互式数据展示。

目前的数据可视化工具提供了更加多样化和丰富化的图表展示功能，除了传统的条形图、直方图、箱形图、折线图等常见图形外，还有热力图、密度图、玫瑰图、小提琴图、雷达图等更精致的图表，不同的使用场景需要选择合适的图表展示数据背后的信息。

知识拓展

Robots排除协议也被称为爬虫协议，它是网站管理者表达是否希望爬虫自动获取网络信息意愿的方法。管理者可以在网站根目录放置一个robots.txt文件，并在文件中列出哪些链接不允许爬虫爬取。一般搜索引擎的爬虫会首先捕获这个文件，并根据文件要求爬取网站内容。Robots排除协议重点约定不希望爬虫获取的内容，如果没有该文件则表示网站内容可以被爬虫获得，然而，Robots协议不是命令和强制手段，只是国际互联网的一种通用道德规范。绝大部分成熟的搜索引擎爬虫都会遵循这个协议，建议个人也能按照互联网规范要求合理使用爬虫技术。

2022年新年伊始，某科技公司利用爬虫技术窃取2.1亿条简历数据一案，经法院裁定维持原判，案件一审判决生效。该科技公司被判处罚金人民币四千万元，被告人王某某被判处有期徒刑七年，罚金人民币一千万元，其他被告人均被判处相应刑罚。

试一试制作思维导图

请总结任务二的学习内容，并制作相应的思维导图。

笔记

财务大数据基础

任务三
认识财务大数据处理工具

任务描述

本任务通过讲解财务大数据处理工具，使像元小宇这样的初学者弄清楚有哪些可利用的大数据处理工具。通过本任务的学习，要掌握财务大数据的常见处理工具有哪些以及 Python 作为大数据处理工具的优势有哪些。

相关知识

能够实现数据处理的工具很多，Excel、SAS、SPSS、R、Python 等都能用于数据处理，IT 专业人员甚至能直接用数据库技术 MySQL、SQL Server、Oracle 等来进行大量且快速的数据处理。近些年来，随着数据科学的蓬勃发展，许多公司推出了基于图形用户界面（graphical user interface，简称 GUI）的数据科学工具。即便是不具备任何编程经验或对算法知之甚少的人，也可以借助这些工具来构建高质量的机器学习模型。当然，上述各种数据处理工具在处理数据的效率、数据量大小和复杂度、数据模型的数量和效率、界面友好性等方面都存在一定的差异。下面重点认识一下 Excel、Power BI 和 Python。

任务实施

一、认识Excel

Excel 作为微软公司办公自动化家族中的一员，可以说是上述数据处理的软件中人们最为熟悉的一个。如今的 Excel 功能十分强大，对于从事数据处理的新手来说，使用 Excel 处理日常数据量较小的业务数据时比较容易上手。

Excel 不仅提供最基本的工作簿、工作表、行和列、单元格等各种级别的对象操作方法，还提供与图表有关的功能、与数据处理相关的功能，并允许链接外部数据、支持 VBA 代码、支持 ActiveX 及表单等控件类对象、支持宏操作、支持数据安全管理等。Excel 动态图表示例如图 1-4 所示。

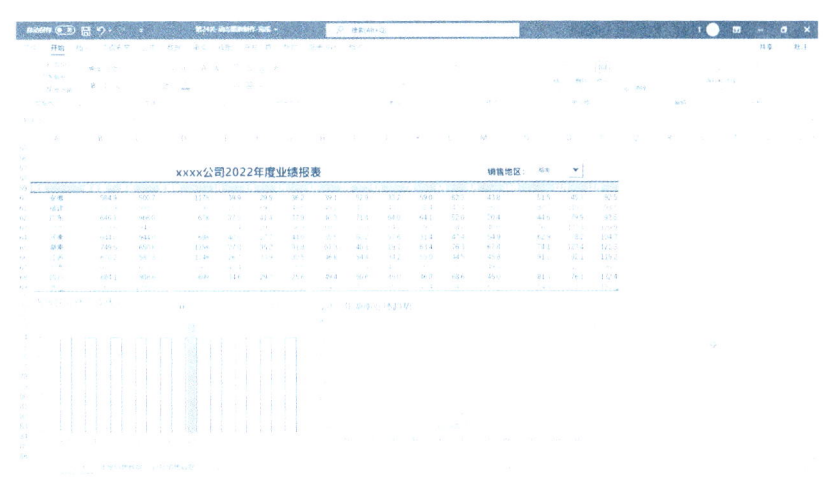

图 1-4　Excel 动态图表示例

二、认识 Power BI

Power BI 是微软公司在 2015 年推出的自助式商务智能工具，是一款简单易学的数据分析工具，宣告了"人人都是数据分析师"时代的到来。

Power BI 重点解决的是数据分析流程问题，它整合了数据仓库技术、（ETL）数据清洗、数据建模和数据可视化的功能，是面向业务分析人员的自助式数据分析工具。使用 Power BI 实现的销售数据分析与可视化示例如图 1-5 所示。

图 1-5　销售数据分析与可视化示例

Power BI 包含桌面应用程序（Power BI Desktop）、云端在线应用（Power BI Service）以及移动端应用（Power BI App），可以轻松实现电脑端、云端和移动端

数据的实时共享。

不同角色的人可以以不同方式使用 Power BI。比如，处理数据、生成业务报表的数据分析师主要使用桌面应用程序制作报表，并将报表发布到云端在线应用上。部门主管可以用浏览器或在手机上使用移动端应用查看报表，在数据更改时收到警报，实时掌握业务情况。

Power BI 数据共享的示例如图 1-6 所示。

图 1-6　Power BI 数据共享示例图

三、认识Python

生活中的每一件事都离不开人与人的交流，与不同国家的人进行交流需要使用不同的语言。

而我们与计算机又是如何交流的呢？和计算机交流的语言也有很多，每一种计算机语言都有自己擅长解决的问题。如果要解决数据分析问题，那么 Python 语言是很多人的首选。Python 语言语法结构简单，对于初学者来说通俗易懂，易学

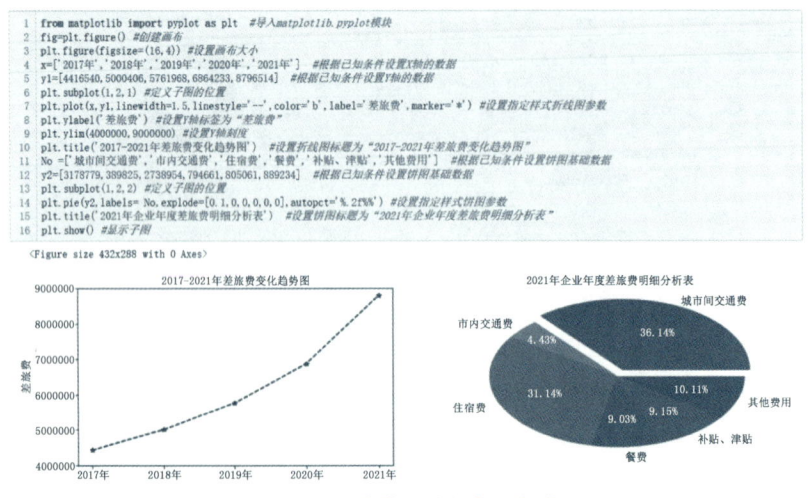

图 1-7　差旅费用分析与可视化

易用。同时 Python 语言是开源的，有着良好的计算生态，十几万个第三方库可以使 Python 能轻松实现数据分析应用场景。

运用 Python 进行的差旅费用分析与可视化示例如图 1-7 所示。

四、比较Excel、Power BI、Python

Excel 作为一个大众化的数据处理软件，财务人员将其用于简单的日常办公是没有任何问题的。不过要想真正精通 Excel，最高端的就是使用 VBA 语言自己写宏，但是 VBA 作为一种编程语言是比较难学的；同时，成倍增长的数据量也可能会使 Excel 由于不能胜任庞大的数据量而卡顿。

由于数据源种类繁多、数据量成倍增长，因此微软公司在 Excel 2010 中添加了 Power Query 插件，后续又增加了 Power Pivot、Power Map、Power View 插件，这三个插件不显示在功能区中，需要单独加载。而 Power BI 比这四个插件的功能更加强大，操作却更加简单。在 Power BI 中只需点几下鼠标就可以快速制作出高级的交互式动态图表，而且不大可能会出现因庞大的数据量而卡顿的现象。

但是 Power BI 中的图表是既定模板，如果想要制作个性化图表，还是要用到 Python 语言的。因此想要成为数据分析的高手，学会 Python 语言是必须的。首先，Python 语言比 Excel 的 VBA 语言好学；其次，Python 语言只需要短短几行代码就能轻松解决复杂数据的分析任务；最后，Python 语言有强大的绘图功能，可以自动生成可视化图表，再复杂的绘图过程都可以一次性完成，数据展示清晰直观。

📝 笔记

👆 试一试制作思维导图

请总结任务二的学习内容，并制作相应的思维导图。

任务四
初识Python语言

任务描述

元小宇同学最近经常听到 Python 这个词，Python 是什么呢？为什么越来越多的人谈论和学习 Python 呢？元小宇同学很是疑惑，决心要好好了解一下 Python。本任务通过讲解 Python 的应用场景和小案例，使初学者能够了解 Python 为以后的学习和工作带来的好处，坚定学习 Python 语言的决心。

相关知识

开源易学的 Python 语言具有以下特点。
（1）Python 是当下最热门的计算机编程语言，它不仅功能强大，而且易学易用。
（2）Python 语言语法简单。

Python 比其他的计算机语言更简洁、语法更简单，在诸如科学计算、数据处理、人工智能、机器人等领域的应用都口碑颇佳。不论是在初创企业，还是在诸如 Google、Facebook 这样的大公司，Python 都有众多的拥护者。

（3）用 Python 编写 hello world 程序：

```
print("hello world")
```

而用 C 语言编写的 hello 程序需要 6 行代码：

```
#include <stdio.h>
int main(void)
{
    printf("hello world\n");
```

```
    return 0;
}
```

由此可见，实现某些功能，Python 语言的代码行数更少。

（4）Python 语言是生态语言。

Python 语言倡导的开源软件理念为其发展奠定了坚实的应用基础。Python 社区的生态已非常完备，世界各地的程序员为我们提供了十几万个第三方函数库，通过引入第三方库，Python 几乎可以轻松做任何事。

Python 可以通过对几十甚至上百张 Excel 表格数据进行爬取、清洗、统计，完成对财务大数据的分析并进行可视化展示；也可以完成自动回复 QQ、微信等聊天工具的简单机器人工作。

任务实施

一、1行代码打印九九乘法表

```python
print('\n'.join([' '.join(["%2s x%2s = %2s"%(j,i,i*j) for j in range(1,i+1)]) for i in range(1,10)]))
```

运行代码结果如图1-8所示。

📝 笔记

```
1 x 1 = 1
1 x 2 = 2   2 x 2 = 4
1 x 3 = 3   2 x 3 = 6   3 x 3 = 9
1 x 4 = 4   2 x 4 = 8   3 x 4 = 12  4 x 4 = 16
1 x 5 = 5   2 x 5 = 10  3 x 5 = 15  4 x 5 = 20  5 x 5 = 25
1 x 6 = 6   2 x 6 = 12  3 x 6 = 18  4 x 6 = 24  5 x 6 = 30  6 x 6 = 36
1 x 7 = 7   2 x 7 = 14  3 x 7 = 21  4 x 7 = 28  5 x 7 = 35  6 x 7 = 42  7 x 7 = 49
1 x 8 = 8   2 x 8 = 16  3 x 8 = 24  4 x 8 = 32  5 x 8 = 40  6 x 8 = 48  7 x 8 = 56  8 x 8 = 64
1 x 9 = 9   2 x 9 = 18  3 x 9 = 27  4 x 9 = 36  5 x 9 = 45  6 x 9 = 54  7 x 9 = 63  8 x 9 = 72  9 x 9 = 81
```

图1-8 九九乘法表

二、7行代码批量复制工作表

```python
import openpyxl as ox  #导入openpyxl库
wb1=ox.load_workbook(r'D:\pyfile\ch1\支票登记簿模板.xlsx') #打开模板
for i in range(1,32):  #循环
    cx = wb1.copy_worksheet(wb1['支票登记模板'])  #复制模板
    cx.title = '7月'+str(i)+'日'  #重命名工作表
wb1.remove(wb1['支票登记模板'])  #删除模板
wb1.save(r'D:\pyfile\ch1\7月支票登记簿.xlsx')  #保存登记簿
```

财务大数据基础

图 1-9　支票登记簿模板

运行代码，批量复制后的结果，即 7 月支票登记簿如图 1-10 所示。

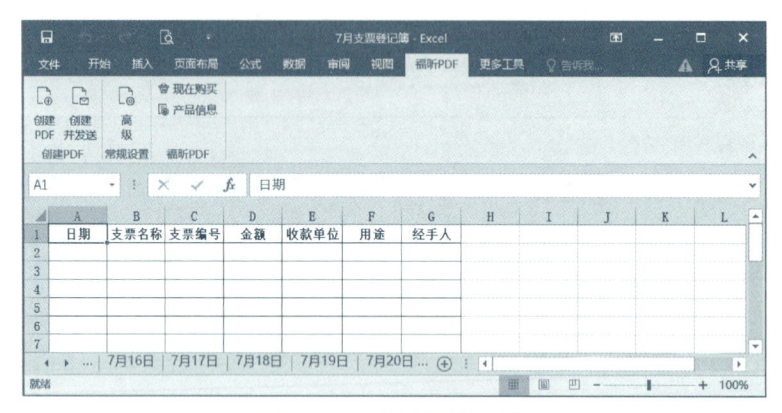

图 1-10　7 月支票登记簿

以后每个月月初只需要修改一下循环次数和新文件名，运行一次程序，1 秒即可完成当月支票登记簿的新建。

试一试制作思维导图

请总结任务四的学习内容，并制作相应的思维导图。

项目总结

通过本项目的学习，了解财务大数据的概念，熟悉财务大数据的处理流程，会选择合适的财务大数据处理工具，了解 Python 语言的应用场景。

技能训练

一、单项选择题

1. 下列关于脏数据的说法中，不正确的是（　　）
   A. 格式不规范　　　　　　B. 编码不统一
   C. 格式统一　　　　　　　D. 数据不完整
2. 大数据是继云计算、物联网之后 IT 产业又一次颠覆性的技术变革。云计算使（　　）成为真正有价值的资产。
   A. 网络　　　B. 数据　　　C. 技术　　　D. 信号
3. Python 的优点不包括（　　）
   A. 简单易学、语法优美　　B. 开发效率高
   C. 应用领域广泛　　　　　D. 库少且好用
4. 大数据最核心的价值是（　　）
   A. 决策　　　　　　　　　B. 分析
   C. 预测　　　　　　　　　D. 储存
5. 下列选项中，不属于网络爬虫带来的负面问题的是（　　）
   A. 法律风险　　　　　　　B. 隐私泄露
   C. 骚扰问题　　　　　　　D. 商业利益

二、简答题

1. 请举例说明大数据在财税金融领域中的典型应用。
2. 请分析大数据时代数据安全与隐私保护的对策。

第二部分
大数据技术基础应用

项目二
Python环境配置与使用

学习目标

知识目标

1. 了解 Python 的开发环境。
2. 掌握 Anaconda 开发环境的安装方法。
3. 掌握 Jupyter Notebook 的基本使用方法。

技能目标

1. 能根据工作要求下载和安装合适的 Anaconda 安装包。
2. 会 Jupyter Notebook 的基本操作。

素养目标

1. 了解新型数据处理工具的知识，提升专业技能。
2. 培养财经商贸类专业相关的信息素养，提高学习一门计算机编程语言的兴趣。
3. 通过 Anaconda 开发环境的安装与配置，认识做好准备工作的重要性，养成凡事做足准备工作的习惯。
4. 通过了解 Python 语言开发的过程，学会实事求是，正确应对困难，找出解决方案。

项目导入

"工欲善其事，必先利其器"，元小宇同学认识到，想要学习 Python 程序设计，必须先配置好开发环境。Python 的开发环境有 IDLE 开发环境、PyCharm 开发环境、Anaconda 开发环境等。于是，元小宇同学决定在自己的电脑上先把

Python 的开发环境配置好。

本项目选择使用 Anaconda 开发环境，来完成财务人员的 Python 程序编写。通过本项目的学习，要掌握 Anaconda 安装包的下载与安装，为后续编程学习配置好开发环境。

▶▶ 项目框架

本项目框架如图 2-1 所示。

```
项目二  Python环境配置与使用 ┬── 任务一  搭建Python开发环境
                          └── 任务二  使用Jupyter Notebook编写程序
```

图 2-1　项目二　框架

项目二　Python环境配置与使用

任务一
搭建Python开发环境

任务描述

本任务要掌握 Python 开发环境的下载与安装方法。Anaconda 是一个基于 Python 语言进行数据处理和科学计算的集成开发环境，它已经内置了很多重要的 Python 第三方库，比如 Numpy、Pandas、Matplotlib 等模块。通过本任务的学习，同学们应能独立完成软件版本的选择、下载、安装及安装结果验证。

📝 笔记

相关知识

一、计算机操作系统

计算机操作系统有 Windows、Linix 等操作系统，其中 Windows 操作系统也有版本区别，有 Windows 7、Windows 10 等操作系统。微软公司已不再对 Windows 7 系统进行更新维护，因此建议安装 Windows 10 操作系统。

二、操作系统的位数

和大多数软件一样，Anaconda 分别针对 32 位操作系统和 64 位操作系统推出了不同的开发工具包，因此需要先了解自己的计算机操作系统的位数。

在桌面图标"此电脑"处单击鼠标右键，在弹出的快捷菜单中选择"属性"菜单项，打开"系统"窗口，在"系统类型"标签处可以查看操作系统是 32 位还是 64 位。此电脑的操作系统位数是 64 位，如图 2-2 所示。

三、Python版本

Python 语言诞生于 1990 年，由荷兰人吉多·范罗苏姆（Guido van Rossum）设计并领导开发。1991 年公开发布第一版，2000 年 Python2.0 版正式发布，2010 年 Python2.x 系列发布了最后一版 2.7 版，用于终结 2.x 系列版本，并且不再进行重大改进。2008 年 Python3.0 版正式发布，这个版本做了重大修改，因此其所付出

029

图 2-2　查看计算机操作系统位数

的代价是 3.x 系列版本代码无法向下兼容 2.x 系列。本书使用的版本是 Python3.x 系列，这个系列的版本基本上每月会更新一次。

即问即答

Python 语言是由（　　）设计开发的。

A．Dennis Ritchie　　　　　　　　B．Guido van Rossum

C．Linus Benedict Torvalds　　　　D．Tim Peters

任务实施

一、下载Anaconda安装包

（1）在浏览器窗口，输入清华大学开源软件镜像下载网址"https://mirrors.tuna.tsinghua.edu.cn/anaconda/archive"，按"Enter"（回车）键，进入清华大学开源软件镜像网站，如图 2-3 所示。

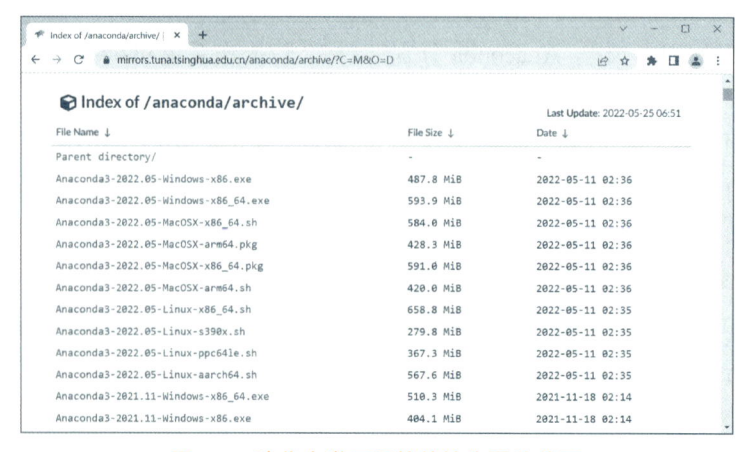

图 2-3　清华大学开源软件镜像网站首页

此外，本书配套的教学资源中提供了 Anaconda 安装包，建议使用本书提供的安装包资源。

（2）在清华大学开源软件镜像网站首页，拖动滚动条，找到 2021-05-14 的版本，如图 2-4 所示。

图 2-4　操作系统上安装的各种 Python 版本

（3）根据计算机操作系统和位数选择相应的版本下载。Anaconda3-2021.05-Windows-x86_64.exe 是 64 位系统的安装包，Anaconda3-2021.05-Windows-x86.exe 是 32 位系统的安装包。这里以 64 位系统的安装为例，下载完成后，在下载文件夹中可以看到已经下载的 Anaconda 安装文件"Anaconda3-2021.05-Windows-x86_64.exe"，如图 2-5 所示。

图 2-5　下载的 Anaconda3-2021.05-Windows-x86_64 版本

⚠ 注意

如果计算机安装的是 32 位 Windows 操作系统，请下载安装 Anaconda3-2021.05-Windows-x86.exe 版本，如图 2-6 所示。

图 2-6　Anaconda3-2021.05-Windows-x86 版本

知识拓展

Anaconda 是 Continuum Analytics 公司开发的一个专门用于科学计算的 Python 集成开发环境。Anaconda 截至 2021 年已连续 4 年入选 Gartner 数据科学与机器学习魔力象限，由此可见 Anaconda 在数据科学领域的实力，因此 Anaconda 是许多数据分析师首选的集成开发环境。

二、安装 Anaconda

（1）双击 Anaconda 安装文件"Anaconda3-2021.05-Windows-x86_64.exe"，打开安装向导，如图 2-7 所示，单击"Next"按钮。

031

图 2-7　安装向导

（2）弹出的"协议选择"对话框如图 2-8 所示，单击"I Agree"按钮。

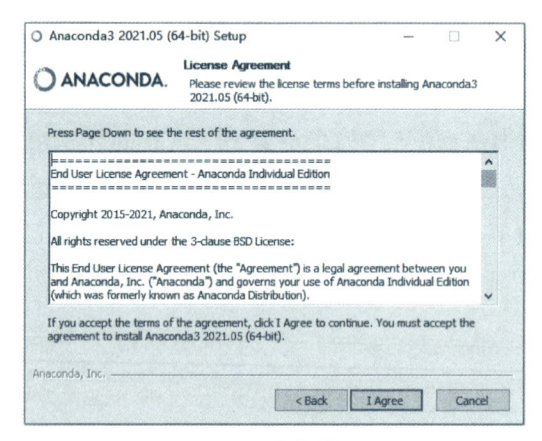

图 2-8　选择协议

（3）打开"选择安装类型"对话框，在该对话框中，采用默认设置，安装的 Anaconda 软件可以为当前计算机上的所有用户使用，如图 2-9 所示，单击"Next"按钮。

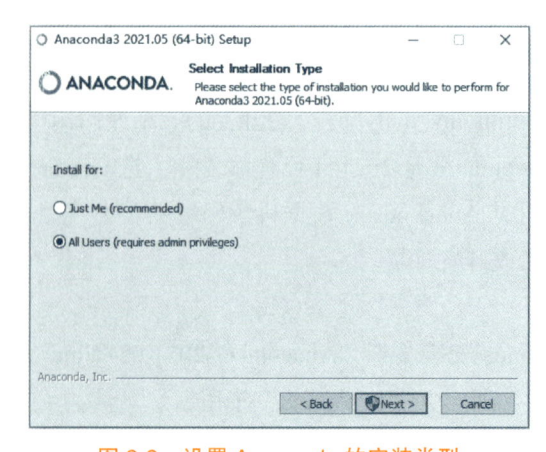

图 2-9　设置 Anaconda 的安装类型

（4）打开"安装路径"设置界面，采用默认安装路径，如图 2-10 所示，单击"Next"按钮。

图 2-10　设置 Anaconda 的安装路径

（5）打开"高级安装选项"设置界面，采用默认设置，如图 2-11 所示，单击"Install"按钮开始安装 Anaconda。

图 2-11　设置 Anaconda 的高级安装选项

（6）在"安装成功"界面，如图 2-12 所示，单击"Next"按钮。

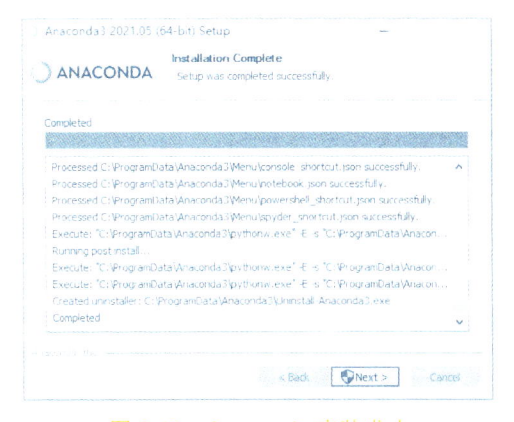

图 2-12　Anaconda 安装成功

（7）在"PyCharm"建议安装界面，如图 2-13 所示，单击"Next"按钮，跳过 PyCharm 的下载和安装。

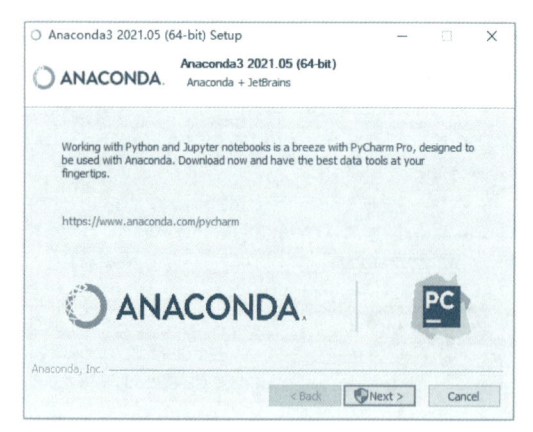

图 2-13 "PyCharm"建议安装界面

（8）在"安装完成"界面，如图 2-14 所示，单击"Finish"按钮，结束安装程序。

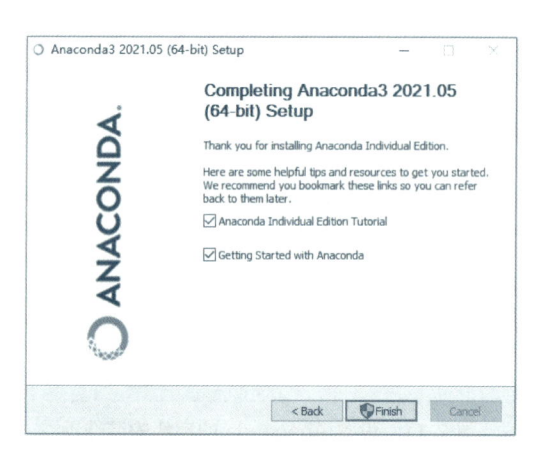

图 2-14 "安装完成"界面

三、测试Anaconda是否安装成功

图 2-15 Anaconda 组件

（1）在 Anaconda 安装完成后，单击"开始"按钮展开程序列表，在列表中找到 Anaconda3 文件夹，展开此文件夹，可以看到多个 Anaconda 组件，如图 2-15 所示。其中最常用的是"Jupyter Notebook（Anaconda3）"，我们将在这里编辑 Python 代码。

（2）单击上图中的"Anaconda Navigator（Anaconda3）"，打开如图 2-16 所示的界面，表示 Anaconda 安装成功。

项目二　Python环境配置与使用

图 2-16　安装成功

大显身手

请参照以上步骤在自己的电脑上下载并安装 Anaconda。

📝 笔记

试一试制作思维导图

任务一的思维导图如图 2-17 所示。

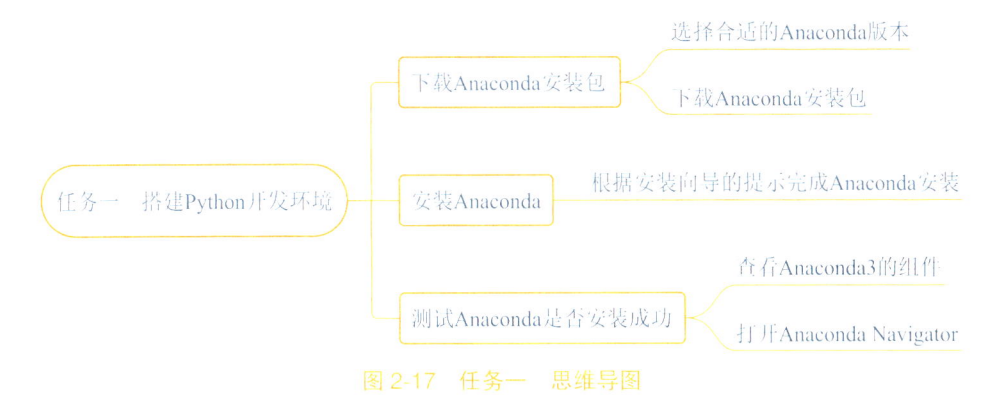

图 2-17　任务一　思维导图

035

任务二
使用Jupyter Notebook编写程序

任务描述

本任务要掌握 Jupyter Notebook 的使用方法。Jupyter Notebook 是一个在线代码编辑器，以网页的形式打开，可以直接编写代码、运行代码和显示代码的运行结果。通过本任务的学习，应能独立完成在 Jupyter Notebook 中编写一至两行代码并运行之。

相关知识

Jupyter Notebook 代码编辑界面主要由四部分组成：标题栏、菜单栏、工具栏及代码单元。

（1）标题栏中显示 Jupyter 正在编辑的文件名称，新建的未命名的程序名显示为"Untitled"。

（2）菜单栏位于标题栏的下方，通过菜单栏可实现对程序代码的编辑、运行等操作。

（3）工具栏中的工具按钮都来自菜单栏，是菜单栏中使用非常频繁的菜单项的列示区域。

（4）代码单元是 Jupyter Notebook 的主要区域，由一个至多个代码单元组成，每个代码单元可书写一至多行代码。新建的 Notebook 只有一个代码单元，可根据需要增加多个代码单元。

每个代码单元都有两种形式：

① 代码单元。代码单元是编写代码的地方，以"In［］:"开头。

② Markdown 单元。单击工具栏中"代码"下拉列表，选择"Markdown"选项，即可将代码单元转换成 Markdown 单元。可以在 Markdown 单元中编辑文

字，用于对程序功能或对数据分析过程作说明。

　　Markdown 单元中的文字以"#"开头，"#"的作用是表示文本字体的大小。Markdown 语法规定，一个"#"表示一级标题，两个"#"表示二级标题，三个"#"表示三级标题，不同级别的标题字体大小不同。

任务实施

一、设置程序保存位置

　　（1）在本地磁盘（D 盘）上新建一个名为"财务大数据基础"的文件夹，如图 2-18 所示。

财务大数据基础　　　　2022/5/24 22:15　　　　文件夹

图 2-18　新建文件夹界面

　　（2）在"开始"菜单中选择"Anaconda3"下的"Jupyter Notebook"，单击鼠标右键，在弹出的快捷菜单中选择"更多|打开文件位置"选项，进入 Jupyter Notebook 快捷方式所在的文件夹界面，如图 2-19 所示。

Jupyter Notebook (anaconda3)　　2022/5/24 22:07　　快捷方式　　3 KB

图 2-19　Jupyter Notebook 快捷方式界面

　　（3）选择"Jupyter Notebook（Anaconda3）"，单击鼠标右键，在弹出的快捷菜单中选择"属性"，打开 Jupyter Notebook 属性对话框，如图 2-20 所示。

　　（4）在对话框中"目标"文本框内容的最后，将"%USERPROFILE%/"修改为"D:\财务大数据基础"，如图 2-21 所示。

图 2-20　Jupyter Notebook 属性对话框　　　　图 2-21　添加自定义路径窗口

(5)修改完成后,单击"确定"按钮。

二、打开Jupyter Notebook

(1)在"开始"菜单中,单击"Anaconda3"下的"Jupyter Notebook(Anaconda3)"选项,启动Jupyter Notebook,此时会弹出一个黑色的启动窗口,如图2-22所示。

图2-22　Jupyter Notebook 启动窗口

此前已经将"D:\财务大数据基础"设置为程序文件的默认保存路径,在上图的第七行可以看到此路径(Serving notebooks from local directory: D:\财务大数据基础)。

(2)同时在浏览器中打开 Jupyter Notebook 主界面,如图2-23 所示。

图2-23　Jupyter Notebook 主界面

图2-23 显示的是"D:\财务大数据基础"下所有内容,该文件夹下目前还没有内容,"笔记本列表为空",这是因为还没有开始编写程序。

(3)在 Jupyter Notebook 主界面的"New"下拉列表中选择"Folder",如图2-24 所示,建立一个新文件夹,默认文件夹名为"Untitled Folder"。

图2-24　设置安装选项

（4）勾选"Untitled Folder"文件夹，如图2-25所示，单击"Rename"按钮。

图 2-25　选择文件夹窗口

（5）在打开的重命名窗口中输入"项目二"，单击"重命名"按钮，文件夹名称修改完成，如图2-26所示。

图 2-26　修改文件夹名称窗口

三、在Jupyter Notebook中编写第一个Python程序

（1）在 Jupyter Notebook 主界面中，单击"项目二"，单击右上方"New"的下拉列表，选择"Python3"，如图2-27所示。

图 2-27　新建 Python 程序窗口

（2）此时将打开一个名为"Untitled"的可编辑 Python 程序代码的新 Notebook 页面，如图2-28所示。

图 2-28　Jupyter Notebook 代码编辑界面

（3）为程序添加文字说明。在工具栏的"代码"下拉列表中选择"Markdown"，输入如图 2-29 所示的文字（注意"#"符号后有一个空格）。

图 2-29　Markdown 编辑界面

（4）单击工具栏的"运行"按钮，即成功为程序添加了文字说明，如图 2-30 所示。

图 2-30　Markdown 运行界面

（5）系统默认自动增加下一个代码单元，在新的代码单元中输入 Python 代码，如图 2-31 所示。

图 2-31　代码编辑窗口

（6）单击工具栏中的"运行"按钮，运行当前代码单元中的程序，运行后的结果如图 2-32 所示。

图 2-32　代码运行界面

（7）重命名 Python 文件，新建的 Notebook 文件的默认名称是"Untitled.ipynb"，单击标题栏的文件名"Untitled"，打开重命名窗口，输入新文件名"2.2"，单击"重命名"按钮即可完成修改，如图 2-33 所示。

图 2-33　重命名 Python 文件窗口

即问即答

在 Jupyter Notebook 中创建的 Python 程序文件的扩展名是（　　）

A．pt　　　　　　B．py　　　　　　C．ipynb　　　　　　D．python

知识拓展

重命名文件的其他方法还有：

方法一：在 Jupyter 的文件编辑界面，单击"File"菜单下的"Rename"菜单项，打开重命名对话框后进行修改

方法二：在 Jupyter 主界面，在要修改的文件被关闭的状态下，选中文件后，单击"Rename"按钮进行修改

除此之外，在 Jupyter 主界面，可以复制、移动或删除 Jupyter Notebook 文件；也可以将 Jupyter Notebook 文件下载到本地进行保存；还可以将本地 Jupyter Notebook 文件上传到 Jupyter 服务器。

笔记

试一试制作思维导图

请总结任务二的学习内容，并制作相应的思维导图。

项目总结

通过本项目的学习，掌握 Anaconda 的版本选择和下载、安装流程，掌握 Jupyter Notebook 的使用方法。

技能训练

一、单项选择题

1. Python 这个单词的含义是（　　）。
   A. 树懒　　　　B. 蟒蛇　　　　C. 鲸鱼　　　　D. 袋鼠

2. Guido van Rossum 正式对外发布 Python 版本是在（　　）年。
   A. 1989　　　　B. 1991　　　　C. 1998　　　　D. 2008

3. 下列关于 Anaconda 的描述中，不正确的是（　　）。
   A. Anaconda 是 Python 的一个集成开发环境
   B. 安装了 Anaconda 仍需要安装 Python
   C. 安装了 Anaconda 就安装好了数据分析需要的第三方库
   D. Jupyter Notebook 是 Anaconda 的一个组件

4. Markdown 单元中的文字以（　　）符号开头。
   A. $　　　　　B. &　　　　　C. #　　　　　D. @

5. 代码单元前的提示符是（　　）。
   A. Out [ ]:　　B. In [ ]:　　C. Cell [ ]:　　D. 没有提示符

二、实操题

1. 请在清华大学镜像网站下载合适版本的 Anaconda 安装包，并在自己的电脑上完成 Anaconda 的安装。

2. 请在自己的电脑上使用 Jupyter Notebook 编写一行代码并执行。

项目三
Python语法基础运用

学习目标

知识目标

1. 掌握 Python 语言的基本语法，包括缩进、变量、变量命名、保留字等。
2. 掌握 Python 标准库的导入和使用。
3. 掌握 turtle 库绘制图形的一般方法。

技能目标

1. 能识别合法的变量名。
2. 会正确使用 input() 函数、print() 函数。
3. 会引用 Python 标准库。
4. 会使用 turtle 库的函数绘制图形。

素养目标

1. 培养财经商贸类专业相关的计算思维，提高学生对程序设计方法的理解，为理解复杂问题的程序设计打好基础。
2. 培养财经商贸类专业相关的规则意识，提高逻辑思维能力，为理解模块化编程打下良好基础。
3. 学生通过汇率换算实例理解汇率及其变动对经济的影响，认识我国货币政策的理论基础，树立对中国特色社会主义制度的自信心和自豪感。
4. 学生通过实例"红色五角星"，了解其设计思路及含义，增强爱国主义情怀。

笔记

项目导入

"千里之行,始于足下",元小宇同学认识到,想要成为 Python 大数据分析的高手必须先掌握 Python 基础语法知识。Python 基本语法包括程序的格式框架、变量命名与保留字、字符串、赋值语句、分支语句、循环语句、函数等。于是,元小宇同学决定脚踏实地把 Python 的这些基础知识掌握好。

本项目使用 Jupyter Notebook 编写程序,来完成销售人员工资的计算、汇率兑换、红色五角星和奥运五环的绘制。通过本项目的学习,要掌握 Python 语言基本语法和 turtle 库基本函数的使用,提高利用 Python 语言实现简单人机交互的能力。

项目框架

本项目框架如图 3-1 所示。

```
项目三  Python语法基础运用 ─┬─ 任务一  掌握Python基本语法
                          └─ 任务二  理解算法的基本结构
```

图 3-1 项目三 框架

任务一
掌握Python基本语法

任务描述

实例 计算销售人员工资 M公司规定,销售人员工资由基本工资和销售提成两个部分组成。其中,基本工资为2 000元/月,销售提成的制定规则如下:

当销售额小于等于20 000元时,按照5%的比例提成。

当销售额大于20 000元但小于等于50 000元时,大于20 000的部分按照8%的比例提成,小于等于20 000元的部分仍按5%的比例提成。

当销售额大于50 000元时,大于50 000元的部分按照10%的比例提成,大于20 000元小于等于50 000元的部分仍按8%的比例提成,小于等于20 000元的部分仍按5%的比例提成。

计算销售人员工资的程序代码如图3-2所示。

计算销售人员工资[①]

```
1  sales = float(input("请输入销售额:"))  #将输入的销售额转换成浮点类型数据赋值给sales(销售额)变量
2  base = 2000    # 将2000赋值给base(基本工资)变量
3  if sales <= 20000:     # 如果销售额小于等于20000
4      income = base + sales * 0.05    # 那么将基本工资+销售额*0.05的计算结果赋值给income(收入)变量
5  elif sales <= 50000:
6      income = base + 20000 * 0.05 + (sales - 20000) * 0.08
7  else:
8      income = base + 20000 * 0.05 + (50000 - 20000) * 0.08 + (sales - 50000) * 0.1
9  print("%.2f" % (income))    #将income变量的值保留两位小数输出
```

图3-2 实例"计算销售人员工资"的程序代码

相关知识

Python程序包括格式框架、注释、变量、表达式、分支语句、函数等语法元素。以下主要介绍其程序的格式框架、注释、变量命名与保留字、赋值语句、

[①] 本书实例的程序代码均包含在本书数字资源包中,教师可提供给学生使用。

input()函数、分支语句和print()函数。

一、程序的格式框架

Python语言采用严格的"缩进"来表明程序的格式框架。缩进指每一行代码开始前的空白区域，用来表示代码之间的包含和层次关系。不需要缩进的代码顶行编写，不留空白。代码编写中，缩进可以用Tab键实现，也可以用多个空格（一般是四个空格）实现，但两者不混用。

严格的缩进可以约束程序结构，有利于维护代码结构的可读性。例如，在实例"计算销售人员工资"的9行代码中，第4、6、8行存在缩进，表明这些代码在逻辑上属于之前紧邻的无缩进代码行的所属范畴。

缩进表达了所属关系，有时缩进代码包含在if-elif-else这种判断结构中，如图3-3所示。一般来说，判断、循环、函数、类等语法形式能够通过缩进包含一批代码，进而表达对应的语义。

```
sales = float(input("请输入销售额："))
base = 2000
if sales <= 20000:
    income = base + sales * 0.05
elif sales <= 50000:
    income = base + 20000 * 0.05 + (sales-20000) * 0.08
else:
    income = base + 20000 * 0.05 + (50000-20000) * 0.08 + (sales-50000) * 0.1
print("%.2f" % (income))
```

图3-3　Python程序的格式框架

即问即答

以下保留字不直接用于表示分支结构的是（　　）。

A. if　　　　　B. elif　　　　　C. else　　　　　D. in

二、注释

注释是程序员在代码中加入的一行或多行信息，用来对语句、函数、数据结构等方法进行说明，提升代码的可读性。注释是辅助性文字（解释代码的含义），会被编译或解释器略去，不会被计算机执行。单行注释以#开头，实例"计算销售人员工资"中第1、2、3、4、9行代码后都有注释，例如第1行的注释是：#将输入的销售额转换成浮点类型数据赋值给sales（销售额）变量。

即问即答

以下关于注释的描述中，错误的是（　　）。

A. 注释不会被计算机执行

B. 注释的作用是提升代码的可读性

C. 注释以"*"开头

D. 注释以"#"开头

三、变量命名与保留字

与数学概念类似，Python 程序采用"变量"来保存和表示具体的数据值。为了更好地使用变量等其他程序元素，需要给它们关联一个标识符（名字），关联标识符的过程称为命名。命名用于保证程序元素的唯一性。例如，实例"计算销售人员工资"中，sales、base 和 income 是接收输入数据的变量名字。

Python 语言允许采用大写字母、小写字母、数字、下划线和汉字等字符及其组合给变量命名，但名字的首字符不能是数字，中间不能出现空格，长度没有限制。

变量命名一般建议采用驼峰式命名法。驼峰式命名法是指变量名是由一个或多个单词连接在一起，单词之间没有空格或下划线，单词通过首字母大写进行区分而构成的唯一识别符。驼峰式命名法又分为小驼峰和大驼峰。小驼峰命名规则是：除第一个单词之外，其他单词首字母大写。大驼峰命名规则是：所有单词首字母大写。

即问即答

以下各项中，属于合法的 Python 变量名的是（　　）

A. 0meta　　　B. meta0　　　C. input　　　D. meta0 + 8

注意

标识符对大小写敏感，python 和 Python 是两个不同的名字。

一般地，程序员可以为程序元素选择任何喜欢的名字，但这些名字不能与 Python 的保留字相同。Python3.x 版本共有 33 个保留字，如表 3-1 所示。与其他标识符一样，Python 的保留字也对大小写敏感。例如，in 是保留字，而 In 则不是，程序员可以定义其为变量使用。

表 3-1　Python 3 的 33 个保留字列表

False	None	True	and	as	assert
break	class	continue	def	del	elif
else	except	finally	for	from	global
if	import	in	is	lambda	nonlocal
not	or	pass	raise	return	try
while	with	yield			

即问即答

下列各项中，不属于 Python 保留字的是（　　）

A. def　　　B. elif　　　C. type　　　D. import

注意

Python 3 系列可以采用中文等非英语语言字符对变量命名。由于存在输入法切换、平台编码支持、跨平台兼容等问题，从编程习惯和兼容性角度考虑，一般不建议采用中文等非英语语言字符对变量命名。

四、赋值语句

程序中产生或计算新数据值的代码称为表达式，类似于数学中的计算公式。表达式以表达单一功能为目的，运算后产生运算结果，运算结果的类型由操作符或运算符决定，如实例"计算销售人员工资"中第1、2、4、6、8等行都包含表达式。

在 Python 语言中，"="表示"赋值"，即将等号右侧的计算结果赋给左侧变量，包含等号（=）的语句称为赋值语句。比如，实例"计算销售人员工资"第1行表示将等号右侧 input() 函数的结果转换成浮点数赋值给左侧变量 sales。

五、input()函数

实例"计算销售人员工资"中的第1行使用了一个 input() 函数从控制台获得用户输入，无论用户在控制台输入什么内容，input() 函数都以字符串类型返回结果。

```
sales=float(input("请输入销售额:"))
```

在获得用户输入之前，input() 函数可以包含一些提示性文字，使用方法如下：

```
<变量> = input(<提示性文字>)
```

需要注意，无论用户输入的是字符或是数字，input() 函数统一按照字符串类型输出。例如，当用户输入数字 1 024.128 时，input() 函数以字符串形式输出。

```
>>>input("请输入:")
请输入:1024.128
1024.128
```

字符串类型的数据是不能进行计算的，因此用 float() 将其转换成浮点型数据。

六、分支语句

分支语句是控制程序运行的一类重要语句，它的作用是根据判断条件选择程序执行路径，使用方式如下：

```
if<条件1>:
  <语句块1>
elif<条件2>:
  <语句块2>
…
else:
  <语句块N>
```

其中，if、elif、else 都是保留字，else 后面不增加条件，表示不满足其他 if

语句的所有其余情况。实例"计算销售人员工资"中第3、5、7行采用了"if-elif-else"类型的分支语句，如下：

```
if sales <= 20000:
elif sales <= 50000:
else:
```

其中，第3行if语句包含第一个条件表达式：

```
sales <= 20000:
```

该表达式表示判断sales的值是否小于或等于20 000，如果小于或等于，则返回True，否则返回Fase

对于if语句来说，表达式返回True时，执行第4行语句，如果返回False，则执行第5行的elif语句，判断下一个条件

同理，第5行elif语句判断sales的值是否小于或等于50 000，如果条件成立，则继续执行第6行语句，否则执行第8行语句

第7行的else语句没有判断条件，表示当所有if、elif条件都不满足时所执行的语句。该语句表示用户输入的数值大于50 000

🔗 链接

项目五将介绍有关分支语句的更多使用方法

七、print()函数

📝 笔记

print("%.nf"%(income))函数表示输出四舍五入保留小数点后n位有效数字的浮点数值。比如，在实例"计算销售人员工资"中第9行：

```
print("%.2f"%(income))
```

这表示四舍五入保留小数点后面2位有效数字输出变量income的值

当输出纯字符信息时，可以直接将待输出内容传递给print()函数。比如：

```
print("请党放心，强国有我！")
```

print()函数输出的内容可以使用双引号，也可以使用单引号和三引号。如果想要在同一行输出多个内容，需要将内容用英文半角逗号隔开；若要多行显示输出的内容，需要使用三引号

任务实施

一、新建文件夹

（1）在Jupyter Notebook主界面的"New"下拉列表中选择"Folder"，建立

049

一个新文件夹，默认文件夹名为"Untitled Folder"。

（2）勾选"Untitled Folder"文件夹，单击"Rename"按钮，在打开的重命名窗口中输入"项目三"，单击"重命名"按钮，文件夹名称修改完成，如图3-4所示。

图 3-4　新建"项目三"文件夹

二、新建Python 3文件

（1）在Jupyter Notebook主界面中，单击"项目三"，单击右上方"New"的下拉列表，选择"Python 3"。

（2）此时将打开一个名为"Untitled"的可编辑Python程序代码的新Notebook页面，单击标题栏的文件名"Untitled"，打开重命名窗口，输入新文件名"3.1"，单击"重命名"按钮即可完成Jupyter Notebook文件名的修改，如图3-5所示。

图 3-5　新建"3.1"Python 3 文件

三、新建Markdown单元

（1）在Jupyter Notebook主界面的工具栏的"代码"下拉列表中选择"Markdown"项，如图3-6所示。

图 3-6　新建 Markdown 单元

（2）在编辑框中输入"### 计算销售人员工资"（注意###之后有一个空格），如图3-7所示，单击工具栏的"保存"按钮。

图 3-7　编辑 Markdown 单元文本

（3）单击 Jupyter Notebook 主界面的工具栏的"运行"按钮，运行 Markdown 单元，运行结果如图 3-8 所示。

图 3-8　运行 Markdown 单元

四、新建代码单元

（1）在 Jupyter Notebook 主界面的代码编辑框中输入图 3-2 中的 9 行代码，如图 3-9 所示，单击"保存"按钮。

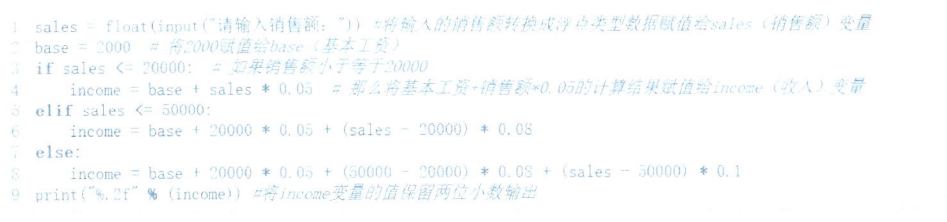

📝 笔记

```
1  sales = float(input("请输入销售额："))   #将输入的销售额转换成浮点类型数据赋值给sales（销售额）变量
2  base = 2000    # 将2000赋值给base（基本工资）
3  if sales <= 20000:    # 如果销售额小于等于20000
4      income = base + sales * 0.05    # 那么将基本工资+销售额*0.05的计算结果赋值给income（收入）变量
5  elif sales <= 50000:
6      income = base + 20000 * 0.05 + (sales - 20000) * 0.08
7  else:
8      income = base + 20000 * 0.05 + (50000 - 20000) * 0.08 + (sales - 50000) * 0.1
9  print("%.2f" % (income))   #将income变量的值保留两位小数输出
```

图 3-9　编辑代码单元

（2）单击 Jupyter Notebook 主界面的工具栏的"运行"按钮，运行代码单元，此时在代码单元下方出现"请输入销售额"的文本框，如图 3-10 所示。

图 3-10　运行代码单元

（3）在文本框中输入"40000"，按"回车"键，程序会计算出结果"4600.00"显示在下方，如图 3-11 所示。

图 3-11　代码单元运行结果

（4）单击 Jupyter Notebook 主界面的工具栏的"保存"按钮保存"3.1"Jupyter Notebook 文件。

知识拓展

一、运算模式

每个程序都有统一的运算模式，即输入数据、处理数据和输出数据，这种朴素运算模式形成了程序的基本编写方法，即 IPO（Input，Process，Output）方法。

输入（Input）是一个程序的开始。程序要处理的数据有多种来源，因此形成了多种输入方式，包括文件输入、网络输入、控制台输入、交互界面输入、随机数据输入、内部参数输入等。

程序的输出方式包括控制台输出、图形输出、文件输出、网络输出、操作系统内部变量输出等。

处理（Process）是程序对输入数据进行计算产生输出结果的过程。计算问题的处理方法统称为"算法"，它是程序最重要的组成部分，算法是一个程序的灵魂。

下面将应用 IPO 方法来解决汇率换算问题。

▶ **实例　汇率换算**　汇率也叫汇价，指两种货币之间的比价、兑换率。一个国家货币法定含金量和其他国家货币法定含金量之比，是决定货币对外汇率的基础。2022 年 1 月 21 日人民币与美元的汇率：1 美元 =6.34 人民币，如何利用计算机程序进行汇率的换算？

输入：带 CNY 或 USD 标志的货币值。

处理：根据货币标志选择适当的汇率转换算法。

输出：带 CNY 或 USD 标志的货币值。

根据汇率的定义，汇率兑换是以 1 个单位货币兑换他国货币的多少来表示的。2022 年 1 月 21 日人民币与美元的汇率：1 美元 =6.34 人民币。因此，汇率转换算法如下：

CNY =（1/6.34）USD

USD = 6.34 CNY

根据 IPO 描述和算法设计，编写的汇率换算程序如图 3-12 所示。

汇率换算

```
1  # 1USD = 6.34CNY
2  CurrencyStr = input("请输入带有符号的货币值：")   #将输入的带有符号的货币金额字符串赋值给CurrencyStr变量
3  if CurrencyStr[-1] in ['D', 'd']:              #如果字符串中最后一个字符是"D"或"d"
4      CNY = eval(CurrencyStr[0:-3]) * 6.34        #那么将金额*6.34的计算结果赋值给CNY变量
5      print("兑换后的金额是{:.2f}CNY".format(CNY))   #将CNY变量的值保留两位小数输出
6  elif CurrencyStr[-1] in ['Y', 'y']:
7      USD = eval(CurrencyStr[0:-3]) / 6.34
8      print("兑换后的金额是{:.2f}USD".format(USD))
9  else:
10     print("输入格式错误")                         #否则输出"输入格式错误"
```

图 3-12 实例"汇率换算"程序代码

单击"运行"按钮，输入带有美元标志的金额，程序运行结果如图 3-13 所示。

```
1  # 1USD = 6.34CNY
2  CurrencyStr = input("请输入带有符号的货币值：")   #将输入的带有符号的货币金额字符串赋值给CurrencyStr变量
3  if CurrencyStr[-1] in ['D', 'd']:              #如果字符串中最后一个字符是"D"或"d"
4      CNY = eval(CurrencyStr[0:-3]) * 6.34        #那么将金额*6.34的计算结果赋值给CNY变量
5      print("兑换后的金额是{:.2f}CNY".format(CNY))   #将CNY变量的值保留两位小数输出
6  elif CurrencyStr[-1] in ['Y', 'y']:
7      USD = eval(CurrencyStr[0:-3]) / 6.34
8      print("兑换后的金额是{:.2f}USD".format(USD))
9  else:
10     print("输入格式错误")                         #否则输出"输入格式错误"
请输入带有符号的货币值：100USD
兑换后的金额是634.00CNY
```

图 3-13 美元兑换人民币的运行结果

选择"汇率换算"程序代码单元，再次单击"运行"按钮，输入带有人民币标志的金额，程序运行结果如图 3-14 所示。

```
1  # 1USD = 6.34CNY
2  CurrencyStr = input("请输入带有符号的货币值：")   #将输入的带有符号的货币金额字符串赋值给CurrencyStr变量
3  if CurrencyStr[-1] in ['D', 'd']:              #如果字符串中最后一个字符是"D"或"d"
4      CNY = eval(CurrencyStr[0:-3]) * 6.34        #那么将金额*6.34的计算结果赋值给CNY变量
5      print("兑换后的金额是{:.2f}CNY".format(CNY))   #将CNY变量的值保留两位小数输出
6  elif CurrencyStr[-1] in ['Y', 'y']:
7      USD = eval(CurrencyStr[0:-3]) / 6.34
8      print("兑换后的金额是{:.2f}USD".format(USD))
9  else:
10     print("输入格式错误")                         #否则输出"输入格式错误"
请输入带有符号的货币值：100CNY
兑换后的金额是15.77USD
```

图 3-14 人民币兑换美元的运行结果

二、字符串

存储和处理文本信息在计算机应用中十分常见。文本在程序中用字符串

（string）类型来表示。在 Python 语言中，字符串是用两个双引号""或者单引号''括起来的零个或多个字符。实例"汇率换算"中第 2、3、5、6、8、10 行代码都包含字符串。

字符串是字符的序列，可以按照单个字符或字符片段进行索引。字符串包括两种序号体系：正向递增序号和反向递减序号，如图 3-15 所示。如果字符串长度为 L，正向递增以最左侧字符序号 0 向右依次递增，最右侧字符序号为 L–1；反向递减序号以最右侧字符序号 –1 向左依次递减，最左侧字符序号为 –L。实例"汇率换算"中第 3 行 CurrencyStr[–1] 表示字符串 CurrencyStr 变量的最后一个字符。

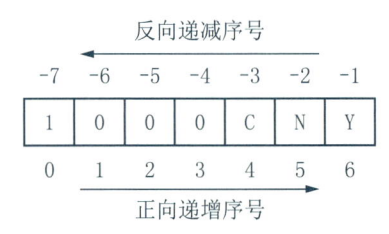

图 3-15　Python 字符串的两种序号体系

Python 字符串也提供区间访问方式，采用[N:M]格式，表示字符串中从 N 到 M（不包含 M）的子字符串，其中，N 和 M 为字符串的索引序号，可以混合使用正向递增序号和反向递减序号。实例"汇率换算"中第 4、7 行的 CurrencyStr[0:–3] 表示字符串 CurrencyStr 变量第 0 个字符开始到反向第 3 个字符（但不包含第 3 个字符）的子串。

Python 语言有丰富的字符串处理方法，以汇率换算实例中的语句为例，假如用户输入的字符串是 1 000USD，相应的字符串操作结果下：

```
>>>CurrencyStr = "1000USD"
>>>print(CurrencyStr[-1])
D
>>>print(CurrencyStr[0:-3])
1000
```

第 2、4 行语句中用方括号和逗号组成的类型叫列表，其格式为：[元素 1，元素 2，…，元素 n]。

🔗 链接

列表类型在程序设计中十分常用，项目六将详细介绍列表类型的使用。

三、函数

实例"汇率换算"中第 4、7 行是赋值语句，如下所示，其实现了 IPO 描述中两种货币的具体转换公式。这两行语句中包含了 eval() 函数。

```
CNY = eval(CurrencyStr[0:-3]) * 6.34
USD = eval(CurrencyStr[0:-3]) / 6.34
```

eval（<字符串>）函数是 Python 语言中一个十分重要的函数，它能够以 Python 表达式的方式解析并执行字符串，并将返回结果输出。例如：

```
>>>x = 1
>>>eval("x + 1")
2
```

简单地说，eval（<字符串>）的作用是将输入的字符串转变成 Python 语句，并执行该语句。实例"汇率换算"中使用 eval() 函数将用户的部分输入（CurrencyStr[0:-3]），将字符串转换成数字，假设输入 "1000USD"，经过 eval() 函数处理，将变成 Python 内部可进行数学运算的数值 1000。

```
>>>CurrencyStr = "1000USD"
>>>eval(CurrencyStr[0:-3])
1000
```

如果用户希望输入一个数字（小数或负数），并用程序对这个数字进行计算，可以采用 eval（input<输入提示字符串>）的组合，例如：

```
>>>value = eval(input("请输入要计算的数值:"))
请输入要计算的数值:1024.128
>>>print(value*2)
2048.256
```

四、基本算术运算

实例"汇率兑换"中第 4、7 行表达式中，等号右侧进行了算术运算。Python 支持 +、-、*、/ 和 **（幂）5 种基本算术运算操作。表达式右侧的含义是将 CurrencyStr 字符串中除后 3 位外的子串转换成数字，再对数字进行乘法和除法运算。

大显身手

请参照任务一实例"计算销售人员工资"的步骤完成实例"汇率换算"的代码编辑及运行。

试一试 制作思维导图

任务一思维导图如图 3-16 所示。

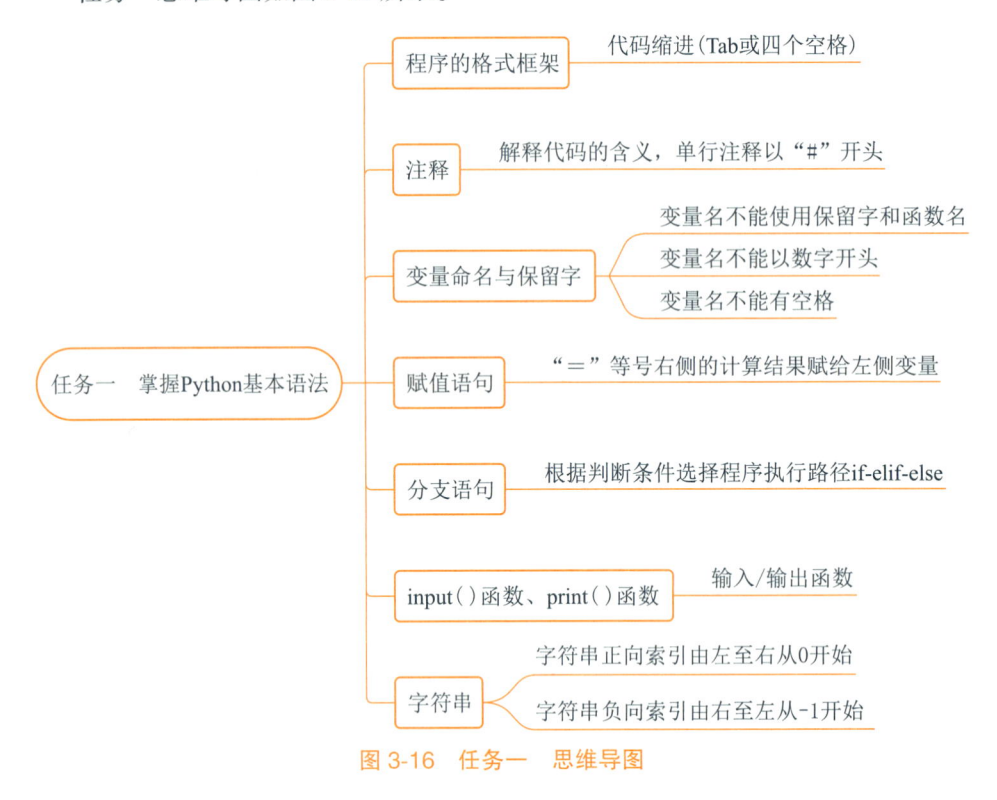

```
任务一 掌握Python基本语法
├── 程序的格式框架 —— 代码缩进(Tab或四个空格)
├── 注释 —— 解释代码的含义,单行注释以"#"开头
├── 变量命名与保留字
│   ├── 变量名不能使用保留字和函数名
│   ├── 变量名不能以数字开头
│   └── 变量名不能有空格
├── 赋值语句 —— "="等号右侧的计算结果赋给左侧变量
├── 分支语句 —— 根据判断条件选择程序执行路径if-elif-else
├── input()函数、print()函数 —— 输入/输出函数
└── 字符串
    ├── 字符串正向索引由左至右从0开始
    └── 字符串负向索引由右至左从-1开始
```

图 3-16 任务一 思维导图

项目三　Python语法基础运用

任务二
理解算法的基本结构

任务描述

▶ **实例　红色五角星**　电影《闪闪的红星》中，红军第五次反围剿失败，冬子爹跟随红军主力被迫撤离根据地，临行前他给潘冬子留下一颗闪闪的红星，告诉冬子无论遇到什么困难，看着这颗红星就一定能找到方向。

绘制一颗红星如图3-17所示。

📝 笔记

图3-17　红色五角星

实例"红色五角星"的程序代码如图3-18所示。

红色五角星

```
1  import turtle   #引用turtle库
2  turtle.setup(600,400,100,200) #设置画布大小和位置
3  turtle.penup()   #抬起画笔
4  turtle.forward(-100)  #移动画笔
5  turtle.pendown()  #落下画笔
6  turtle.pensize(10)  #设置画笔粗细
7  turtle.pencolor("red")  #设置画笔颜色
8  turtle.fillcolor("red") #设置填充颜色
9  turtle.begin_fill()  #开始填充
10 for i in range(5):  #设置循环次数
11     turtle.forward(200)  #设置画笔前进距离
12     turtle.right(144) #设置画笔方向
13 turtle.end_fill()  #结束填充
14 turtle.hideturtle()  #隐藏画笔
15 turtle.done()   #完成绘画
```

图3-18　实例"红色五角星"程序代码

实例"红色五角星"与实例"计算销售人员工资"有几个显著的不同：

057

第一，这个程序没有使用显式的用户输入输出，即没有 input() 函数和 print() 函数。

第二，这个程序绝大多数代码行都是 <a>.<b>() 形式，代码行中没有赋值语句。

第三，这个程序的第 11、12、13 行与实例"计算销售人员工资"的 if-elif-else 结构不同。

相关知识

一、算法的概念

"巧妇难为无米之炊"，数据解决的是"米"的问题，算法就是巧妇做饭的"方法和步骤"。算法，顾名思义，就是计算方法，主要解决"做什么"和"怎么做"的问题。算法有优劣之分，一般来说，方法简单、运算步骤少的算法更可取。

二、算法的特性

算法有以下五个重要的特性。

（一）输入

一个算法有零个或多个输入，即在算法开始之前，对算法最初给出的量。

（二）输出

一个算法有一个或多个输出，即同输入有某个特定关系的量。一个算法可以没有输入，但必须要有输出，因为人们想要得到处理结果。

（三）确定性

算法的每一个步骤，必须是有确切定义的，不应是含糊不清、模棱两可的。对于每种情况，有待执行的动作必须有严格和清晰的规定。

（四）有穷性

一个算法必须总是在执行有穷步骤之后结束。

（五）可行性

一般地，一个算法应是可行的。这意味着算法中所有有待实现的运算必须都是基本的，即它们原则上都是能够精确运行的，而且人们用笔和纸做有穷次运算即可完成。

三、算法的基本结构

任何简单或复杂的算法都可以由顺序结构、分支结构、循环结构这三种基本结构组合而成。

（一）顺序结构

顺序结构是最简单的程序结构，程序中各个操作是按照它们在源代码中的排列顺序，自上而下、依次执行的。

顺序结构的流程图如图3-19所示。程序开始后先执行语句块1，然后再执行语句块2。

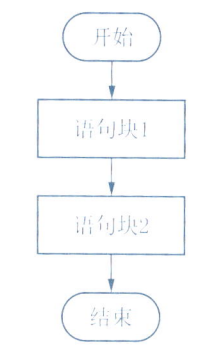

图 3-19　顺序结构流程图

（二）分支结构

分支结构也称为选择结构，通过判断给定的条件，进而控制程序的流程。它会根据某个特定的条件进行判断后，选择其中某个流程分支执行。

分支结构流程如图3-20所示。程序开始后执行条件判断，若判断结果为真，执行语句块1，否则执行语句块2。实例"计算销售人员工资"和实例"汇率兑换"即是分支结构程序。

📝 笔记

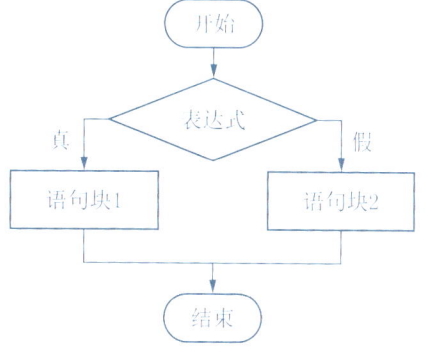

图 3-20　分支结构流程图

（三）循环结构

循环结构是指在程序中需要反复执行某个或某些操作，直到条件为真或假时才停止循环的一种程序结构。根据判断条件，循环结构又可细分为"当型循环结构"（即先判断再执行）和"直到型循环结构"（即先执行后判断）两种形式。

当型循环结构流程如图3-21所示。当给定条件满足"循环判断"时执行"语句块"，然后再回到循环体；当给定条件不满足时，直接跳出结束循环。为了避免死循环的出现，需要在循环体中添加"循环变量"作为结束循环的条件。实例"红色五角星"即属于当型循环结构程序。

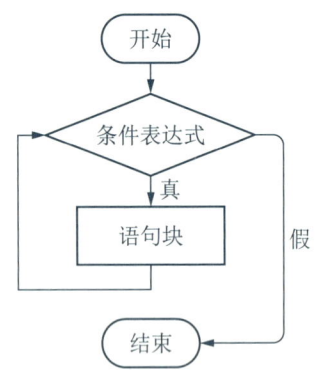

图 3-21 当型循环结构流程图

实例"红色五角星"中第 10、11、12 行是一个由保留字 for 引导的整体,这是一种循环结构,称为"遍历循环"。

```
for i in range(5):
    turtle.forward(200)
    turtle.right(144)
```

实例"红色五角星"中第 10 行的 for 循环表示第 11、12 行代码连续执行 5 次。

🔗 **链接**

循环语句将在项目五中详细讲解。

for 语句的循环格式如下:

```
for i in range(<循环次数>):
    <语句块1>
```

💬 **即问即答**

以下保留字中,能够实现对一组语句的循环执行的是(　　)。

A. for 和 in　　　　　　　　　　B. if 和 else

C. range()　　　　　　　　　　D. while 和 def

四、库的调用方法

<a>.<b>() 是 Python 编程的一种典型表达形式,它可以表示调用一个对象 <a> 的方法 <b>(),也可以表示调用一个函数库 <a> 中的函数 <b>()。

实例"红色五角星"中使用了用于绘制图形的 turtle 库,并在第 1 行代码中通过保留字 import 引用这个函数库。

```
import turtle
```

实例"红色五角星"的第 2 行到第 15 行调用了 turtle 库中若干函数来绘制五角星,所有被调用的函数都使用了 <a>.<b>() 形式。

🔄 链接

这种通过使用函数库并利用库中函数进行编程的方法是 Python 语言最重要的特点，称为"模块编程"。函数与模块编程将在项目七详细讲解。

五、turtle 库的基本函数

（一）turtle 平面坐标体系

turtle 库绘制图形有一个基本框架：一个小海龟在坐标系中爬行，其爬行轨迹形成了绘制图形。对于小海龟来说，有"前进""后退""旋转"等爬行行为，对坐标系的探索通过"前进方向""后退方向""左侧方向"和"右侧方向"等小海龟自身角度方位来完成。刚开始绘制时，小海龟位于画布中央，此处坐标为(0，0)，行进方向为水平右方。例如，用如下代码绘制如图 3-22 所示的图坐标体系。

```
turtle.setup(600,400,100,200)
```

图 3-22　turtle 平面坐标体系

实例"红色五角星"第 2 行使用了 turtle.setup() 函数，该函数各参数的关系如图 3-23 所示，其具体定义如下：

```
turtle.setup(width,height,startx,starty)
```

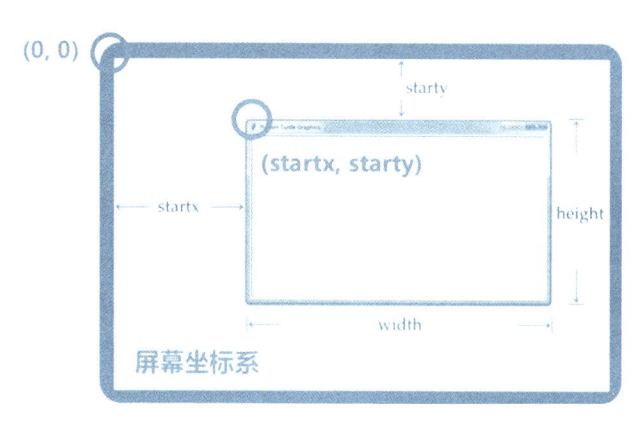

图 3-23　turtle.setup() 函数的参数含义

turtle.setup() 函数的作用：设置主窗体的大小和位置。

其参数如下：

width：窗口宽度，如果值是整数，表示像素值；如果值是小数，表示窗口宽度与屏幕的比例。

height：窗口高度，如果值是整数，表示像素值；如果值是小数，表示窗口高度与屏幕的比例。

startx：窗口左侧与屏幕左侧的像素距离，如果值是None，窗口位于屏幕水平中央。

starty：窗口顶部与屏幕顶部的像素距离，如果值是None，窗口位于屏幕垂直中央。

即问即答

关于下列代码的执行结果，以下选项的描述错误的是（　　）。

```
turtle.setup(600,400,100,200)
```

A. 建立了一个长600、高400像素的窗体
B. 窗体中心在屏幕中的坐标值是（100，200）
C. 窗体顶部与屏幕顶部的距离是100像素
D. 窗体左侧与屏幕左侧的距离是200像素

（二）画笔控制函数

1. turtle.penup()和turtle.pendown()函数

```
turtle.penup()
turtle.pendown()
```

turtle中的画笔（即小海龟）可以通过一组函数来控制，第3行的turtle.penup()函数和第5行的turtle.pendown()函数是一组，它们分别表示抬起画笔和落下画笔，函数定义如下：

turtle.penup()的作用：抬起画笔，之后移动画笔不绘制形状。

其参数：无。

turtle.pendown()的作用：落下画笔，之后移动画笔将绘制形状。

其参数：无。

2. turtle.pensize()函数

```
turtle.pensize(width)
```

turtle.pensize()函数的作用：设置画笔宽度，当无参数输入时返回当前画笔宽度。

其参数：width表示设置画笔线条宽度，如果为None或者为空，则函数返回当前画笔宽度。

3. turtle.pencolor() 函数

`turtle.pencolor(colorstring)`

turtle.pencolor() 函数的作用：设置画笔颜色，当无参数输入时返回当前画笔颜色。

其参数：colorstring 表示颜色的字符串，例如，"purple" "red" "blue" 等

即问即答

以下选项中，修改 turtle 画笔颜色的函数是（　　）

A. pencolor()　　　　　　　　B. seth()
C. pensize()　　　　　　　　 D. colormode()

（三）形状绘制函数

1. turtle.forward() 函数

`turtle.forward(distance)`

turtle.forward() 函数的作用：控制画笔当前行进方向前进一个距离

其参数：distance 表示行进距离的像素值，当值为负数时，表示向相反方向前进。

实例"红色五角星"中第 4、11 行分别表示向画笔当前前进方向或反方向行进一段距离，进而绘制一条直线。第 4 行代码由于配合了第 3 行抬起画笔函数，因此，它将不绘制一条直线，而是将画笔移动到某个位置。

2. turtle.goto() 函数

`turtle.goto(x,y)`

turtle.goto() 函数的作用：以屏幕中间为原点（0，0）形成四象限的坐标体系中，让海龟沿着绝对坐标进行运动。

其参数如下：

x：横坐标位置，当值为正数时，小海龟向右移动；当值为负数时，小海龟向左移动。

y：纵坐标位置，当值为正数时，小海龟向上移动；当值为负数时，小海龟向下移动。

3. turtle.right() 函数

`turtle.right(to_angle)`

turtle.right() 函数的作用：改变画笔绘制方向，设置小海龟当前行进方向为 to_angle，该角度是绝对方向角度值。

其参数：to_angle 表示角度的整数值

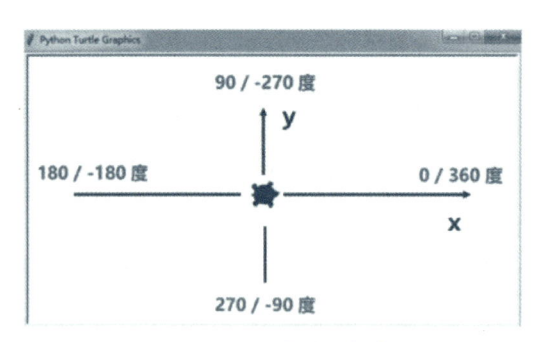

图 3-24　turtle 角度坐标体系

turtle 角度坐标体系如图 3-24 所示，供 turtle.right() 等函数使用。需要注意的是，turtle 库的角度坐标体系以正东向为绝对 0 度，这也是小海龟初始爬行方向，正西向为绝对 180 度，这个方向坐标体系是方向的绝对方向体系，与小海龟爬向当前方向无关。因此，可以利用这个绝对坐标体系随时更改小海龟的前进方向。

实例"红色五角星"中第 12 行将小海龟的前进方向设定为 144 度，之后小海龟向这个方向前进。

即问即答

turtle 绘图中角度坐标系的绝对 0 度的方向在（　　）。

A. 画布正右方　　　　　　　　B. 画布正左方
C. 画布正上方　　　　　　　　D. 画布正下方

4. turtle.circle() 函数

```
turtle.circle(radius, extent)
```

turtle.circle() 函数的作用：根据半径 radius 绘制 extent 角度的弧形。

其参数如下：

radius：弧形半径，当值为正数时，半径在小海龟左侧，当值为负数时，半径在小海龟右侧。

extent：绘制弧形的角度，当不设置参数或参数设置为 None 时，绘制整个圆形。

即问即答

下列代码的执行结果是（　　）。

```
turtle.circle(-90,90)
```

A. 绘制一个半径为 90 像素的整圆形
B. 绘制一个半径为 90 像素的弧形，圆心在小海龟当前行进的右侧
C. 绘制一个半径为 90 像素的弧形，圆心在小海龟当前行进的左侧
D. 绘制一个半径为 90 像素的弧形，圆心在画布正中心

任务实施

一、新建Python 3文件

（1）在Jupyter Notebook主界面中，单击"项目三"，单击右上方"New"的下拉列表，选择"Python 3"。

（2）此时将打开一个名为"Untitled"的可编辑Python程序代码的新Notebook页面，单击标题栏的文件名"Untitled"，打开重命名窗口，输入新文件名"3.2"，单击"重命名"按钮即可完成Jupyter Notebook文件名的修改，如图3-25所示。

图3-25 新建"3.2"Python 3文件

二、安装turtle库

（1）在Jupyter Notebook主界面的代码编辑框中输入代码"pip install ipyturtle2"，如图3-26所示。

图3-26 安装turtle库代码

（2）单击Jupyter Notebook主界面的工具栏的"运行"按钮，安装完成后会在代码单元下方显示安装完成，最后一行信息是"Successfully installed ipyturtle2-0.8.1"，即说明turtle库安装成功。

三、新建Markdown单元

（1）在Jupyter Notebook主界面的工具栏的"代码"下拉列表中选择"Markdown"项，如图3-27所示。

图3-27 新建Markdown单元

（2）在编辑框中输入"### 红色五角星"（注意###之后有一个空格），如图3-28所示，单击工具栏的"保存"按钮。

图 3-28　编辑 Markdown 单元文本

（3）单击 Jupyter Notebook 主界面的工具栏的"运行"按钮，运行 Markdown 单元，运行结果如图 3-29 所示。

图 3-29　运行 Markdown 单元

四、新建代码单元

（1）在 Jupyter Notebook 主界面的代码编辑框中输入图 3-9 所示的 15 行代码，如图 3-30 所示，单击"保存"按钮。

```
1  import turtle   #引用turtle库
2  turtle.setup(600,400,100,200) #设置画布大小和位置
3  turtle.penup()   #抬起画笔
4  turtle.forward(-100)  #移动画笔
5  turtle.pendown()   #落下画笔
6  turtle.pensize(10)  #设置画笔粗细
7  turtle.pencolor("red")  #设置画笔颜色
8  turtle.fillcolor("red")  #设置填充颜色
9  turtle.begin_fill()  #开始填充
10 for i in range(5):  #设置循环次数
11     turtle.forward(200) #设置画笔前进距离
12     turtle.right(144) #设置画笔方向
13 turtle.end_fill()  #结束填充
14 turtle.hideturtle()  #隐藏画笔
15 turtle.done()  #完成绘画
```

图 3-30　编辑代码单元

图 3-31　代码单元运行结果

（2）单击 Jupyter Notebook 主界面工具栏的"运行"按钮，运行代码单元，此时在新打开的 Python Turtle Graphics 中显示出了一个红色五角星，如图 3-31 所示。

（3）单击 Jupyter Notebook 主界面的工具栏的"保存"按钮保存"3.2" Jupyter Notebook 文件。

知识拓展

引用函数库还可以使用如下的方法：

from <库名> import <函数名>
from <库名> import *

此时，调用该库的函数时不再需要使用库名，直接使用如下格式：

<函数名>(<函数参数>)

▶ 实例　黄色五角星　采用第二种库引用方式完成黄色五角星绘制，如图 3-32 所示。

图 3-32　黄色五角星

实例"黄色五角星"的程序代码，如图 3-33 所示。

黄色五角星

```
1  from turtle import *  #引用turtle库
2  setup(600, 400, 100, 200)
3  penup()
4  fd(-100)
5  pendown()
6  pensize(10)
7  color("yellow")  #设置画笔颜色为黄色
8  fillcolor("yellow")  #设置填充颜色为黄色
9  begin_fill()
10 for i in range(5):
11     forward(200)
12     right(144)
13 end_fill()
14 hideturtle()
15 done()
```

图 3-33　实例"黄色五角星"程序代码

两种函数库引用方式各有优点：

第一种方式采用<a>.<b>() 方式调用库中函数，能够标明函数来源，在引用较多库时代码可读性更好。

第二种方式利用保留字直接引用库中函数，可以使代码更简洁。

但是，当用户已经定义了一个函数<b>，库中的函数名<b>将会与用户自定义的函数名冲突，由于 Python 程序要求函数命名唯一，所以，当函数名冲突时，Python 解释器会以最近的函数定义为准。

因此，建议采用第一种库引用方式，使用<a>.<b>()方式调用库函数。

即问即答

以下选项中，不能正确引用 turtle 库进而使用 setup() 函数的是（ ）。

A. from turtle import *

B. import turtle

C. import turtle as t

D. import setup from turtle

程序代码：
奥运五环

大显身手

▶ **实例** **奥运五环** 2022 年 2 月 4 日北京冬奥会开幕，奥运五环旗象征着五大洲的团结，象征全世界的运动员以公正、坦率的比赛和友好的精神在奥林匹克运动会上友好相见，欢聚一堂，以促进奥林匹克运动的发展，如图 3-34 所示。如何利用计算机程序绘制奥运五环？

图 3-34 奥运五环

奥运五环是由 5 种颜色的圆环相嵌组成的图形，这 5 个圆环的颜色不同，位置不同，但是形状相同，都是大小相同的圆环，最直观的分析思路是分别在相应的位置画不同颜色的圆环，比如画第 1 个蓝色的圆环需要将画笔左移一定的位置，画出一定半径的圆环，再将画笔抬起后右移一定的位置，落下笔后画圆环，以此类推，画出其他 3 个圆环，这是典型的顺序结构流程，这 5 个圆环一起组成奥运五环图。

请参照任务二实例"红色五角星"的步骤完成实例"奥运五环"的代码编辑及运行。

思考

小海龟分别画 5 个圆环，能不能用更少的代码画出同样的奥运五环图呢？

试一试制作思维导图

请总结任务二的学习内容，并制作相应的思维导图。

项目总结　　　　　　　　　　　　　　　　　　　　笔记

通过本项目的学习掌握 Python 基本语法、算法结构和 turtle 库的基本用法。

技能训练

一、单项选择题

1. 以下各项中，属于合法的 Python 标识符的是（　　）
   A. 6B9909　　　B. _　　　C. class　　　D. it's

2. 以下各项中，不属于 Python 语言保留字的是（　　）
   A. try　　　B. None　　　C. int　　　D. del

3. 以下 Python 语句中，能在屏幕上输出 Hello World 的是（　　）
   A. printf（"Hello World"）
   B. print "Hello World"
   C. printf "Hello World"
   D. print（"Hello World"）

4. 下列 Python 赋值语句中，不合法的是（　　）
   A. sum = 2022
   B. 2022 = sum
   C. sum = sum + 1
   D. sum = 2022 + 2202

5. 变量 m= input()，若此时运行此语句，输入数字 6，则返回值的数据类型为（　　）。

  A. 数值型　　　B. 整型　　　C. 字符串型　　　D. 空值

6. 以下各项中，属于格式化输出浮点数时的占位符的是（　　）。

  A. %d　　　B. %f　　　C. $s　　　D. f

7. 以下各项中，不属于 IPO 模型的是（　　）。

  A. Input　　　B. Program　　　C. Output　　　D. Process

8. 字符串是一个字符序列，例如字符串 s，从右侧向左第二个字符用（　　）索引。

  A. s［0:-2］　　　B. s［2］　　　C. s［-2］　　　D. s［:-2］

9. 关于下列代码的执行结果，以下选项描述错误的是（　　）。

```
turtle.setup(800,500,200,200)
```

  A. 建立了一个长 800、高 500 像素的窗体

  B. 窗体中心在屏幕中的坐标值是（200，200）

  C. 窗体顶部与屏幕顶部的距离是 200 像素

  D. 窗体左侧与屏幕左侧的距离是 200 像素

10. 以下选项中，能够让画笔在移动中不绘制图形的是（　　）。

  A. penup()　　　　　　　　B. pendown()

  C. circle()　　　　　　　　D. nodraw()

二、实操题

1. 请参照任务一的实例，输入"你的姓名"，输出"你的姓名，欢迎来到 Python 课堂！"

2. 请参照任务一的实例，用 print() 输出以下格式的内容：

****

Welcome to Python Language Study Garden!

****

3. 请上网搜索如何用 turtte 库画一朵太阳花，参照任务二的实例，尝试绘制一朵属于自己的太阳花。

项目四

Python基本数据类型操作

学习目标

知识目标

1. 了解 Python 数据类型的分类。
2. 掌握 Python 中数字类型的定义及其运算规则。
3. 掌握 Python 中字符串类型的定义及其运算规则。

技能目标

1. 能正确区分 Python 中数据的类型。
2. 能熟练操作数字类型数据和字符串类型数据。

素养目标

1. 培养财经商贸类专业的基本数据素养，提高学生对数据存储的理解和应用能力，为理解组合数据打下良好的基础。
2. 培养财经商贸类专业的计算思维和沟通意识，提高与计算机进行交互的能力，为解决财务计算问题打下良好的基础。
3. 通过实例"坚持的力量"，理解"绳锯木断，水滴石穿"，培养诚毅的品格，认识到每天坚持努力，未来的人生会有质的飞跃。
4. 通过实例"记账规则"，了解中国古代龙门账的思想，继承中华传统文化，体现文化自信。

项目导入

在计算机中的数据为什么要分类存储呢，所有数据都用统一的形式存储岂不是更省事？这个问题一直困扰着元小宇同学。

孔子曰："子之武城，闻弦歌之声。夫子莞尔而笑，曰：'割鸡焉用牛刀？'"。"杀鸡焉用宰牛刀"，同样是刀，但用途不同，如果用错了刀，就会陷入"大材小用"或"不堪使用"的尴尬境地。

在计算机语言中，任何数据都需要占用内存，但不同数据类型占据内存的大小是不同的，而且不同类型的数据所需要进行的操作也不尽相同。为了不浪费存储空间，也为程序能够高效地对各种不同的数据进行操作，需要对数据进行分类管理，这就是数据类型。

元小宇同学似乎明白了数据分类的意义，暗下决心要好好学习数据类型的知识，为程序设计打好基础。

▶▶ 项目框架

本项目框架如图 4-1 所示。

```
项目四  Python基本数据类型操作 ─┬─ 任务一  数字类型分类与操作
                              └─ 任务二  字符串类型认知与操作
```

图 4-1 项目四 框架

任务一
数字类型分类与操作

任务描述

▶ **实例 坚持的力量** "绳锯木断、水滴石穿",只要坚持不懈,力量虽小也能做成艰难的事情。坚持的力量到底有多大呢?假设我们每天进步一点点(1%),一年后我们的能力是年初的多少倍呢?请用 Python 程序来算一下吧。

实例"坚持的力量"的程序代码如图 4-2 所示。

坚持的力量

```
1  a = 1   # 假设年初能力值为1
2  print("假设年初的能力值为: ", a)   # 输出年初的能力值
3  print(type(a))   # 输出年初能力值的数据类型
4  DayUp = 0.01   # 假设每天努力1%
5  print("假设每天努力: ", DayUp)
6  print(type(DayUp))
7  x = a + DayUp   # 每天努力后的能力值
8  y = 365   # 一年365天
9  print("努力一年: ", y, "天")
10 print(type(y))
11 print("一年后的能力值为年初的: ","%.2f"% pow(x, y), "倍")   # 输出一年后的能力值
```

图 4-2 实例"坚持的力量"程序代码

💬 **讨论**

选择努力的好处有哪些?

相关知识

表示数字或数值的数据类型称为数字类型。

一、数字类型分类

Python 语言数字类型主要包括整型(int)、浮点型(float)、布尔型(bool)、复数型(complex)四种类型。

（一）整型

整型与数学中整数的概念一致，实例"坚持的力量"中，a 的数据类型为整型，y 的数据类型也为整型。

```
a = 1
print(type(a))
```

输出结果为〈class 'int'〉，即整型。

知识拓展

type() 函数的含义是输出变量的数据类型。

整型共有 4 种进制表示：十进制、二进制、八进制和十六进制。默认情况，整数采用十进制，其他进制需要增加引导符号，如表 4-1 所示。二进制数以 0b 引导，八进制数以 0o 引导，十六进制数以 0x 引导，大小写字母均可使用。

表 4-1　整型的 4 种进制表示

进制种类	引导符号	描　述
十进制	无	默认情况，如 1010、-425
二进制	0b 或 0B	由字符 0 和 1 组成，如 0b101、0B101
八进制	0o 或 0O	由字符 0 到 7 组成，如 0o711、0O711
十六进制	0x 或 0X	由字符 0 到 9、a 到 f、A 到 F 组成，如 0xABC

整型理论上的取值范围是 [$-\infty, \infty$]，实际上的取值范围受限于运行 Python 程序的计算机内存大小。除极大数的运算外，一般认为整型没有取值范围限制。

即问即答

以下选项中，不属于整型的是（　　）。

A. 0B1010　　　B. 88　　　C. 0x9a　　　D. 0E99

（二）浮点型

浮点型与数学中实数的概念一致，表示带有小数的数值。Python 语言要求所有浮点数必须带有小数部分，小数部分可以是 0，这种设计可以区分浮点数和整数。浮点数有两种表示方法：十进制表示和科学记数法表示。任务描述中，DayUp 的数据类型为浮点型。

```
DayUp = 0.01
print(type(DayUp))
```

输出结果为〈class 'float'〉，即浮点型。

科学记数法使用字母 e 或 E 作为幂的符号，以 10 为基数，4.3e-3 和 9.6E5 也是浮点型，其含义如下：

$$\langle a \rangle e \langle b \rangle = a * 10^b$$

4.3e-3 的值为 0.004 3；9.6E5 也可以表示为 96E+5，其值为 960 000.0。

⚠ 注意

浮点型与整型由计算机的不同硬件单元执行，处理方法不同，在计算机内部的表示也不同。

即问即答

以下选项中，不属于浮点型的是（　　）。

A. 0.0　　　　B. 96e4　　　　C. 0x89　　　　D. 9.6E5

（三）布尔型

布尔型是计算机专用的数据类型，只有2个值：True 和 False，可以理解为特殊的整型（Ture=1，False=0）。布尔型常用在分支结果条件判断和循环控制中。例如：

```
print(True)
print(type(True))  #输出True的数据类型
```

运行结果为：

True

<class 'bool'> 即 True 的数据类型为布尔型。

⚠ 注意

True 和 False 是 Python 的保留字，在使用时要注意首字母大写，否则程序会报错。

（四）复数型

复数型与数学中的复数的概念一致，是由实部和虚部组成的。在 Python 语言中，复数的虚数部分通过后缀"J"或"j"来表示，例如：

12.8+4j   -6.6+8j

复数型中实数部分和虚数部分的数值都是浮点类型。

即问即答

以下选项中，对复数类型的描述错误的是（　　）。

A. 复数的虚数部分通过后缀 J 或 j 来表示

B. 对复数 z，使用 z.real 获得实数部分

C. 对复数 z，使用 z.imag 获得虚数部分

D. 复数的虚数部分是整数类型

二、数字类型操作

Python 解释器为数字类型提供数值运算符、赋值运算符、数值运算函数等操作方法。

（一）数值运算符

Python 提供了 7 个基本的数值运算符，如表 4-2 所示。这些运算符由 Python 解释器直接提供，不需要引用标准或第三方函数库，也叫做内置运算符。

表 4-2 算术运算符含义及实例

运算符	描 述	实 例
+	两个对象相加	2＋7 输出结果 9
－	得到一个负数或一个数减去另一个数	7－2 输出结果 5
*	两个数相乘或返回一个被重复若干次的字符串	2*7 输出结果 14
/	返回两个数相除的结果，得到浮点数	7/2 输出结果 3.5
//	取整除，返回相除后结果的整数部分（向下取整）	7//2 输出结果 3
%	取模，返回除法的余数，结果符号与除数一致	7%2 输出结果 1
**	幂，x**y 返回 x 的 y 次幂	2**7 输出结果 128

这 7 个操作符与数学习惯一致，运算结果也符合数学意义。运算的结果可能改变数字类型，3 种数字类型之间存在一种逐渐扩展的关系，具体如下：

整数→浮点数→复数

这是因为整数可以看成是浮点数没有小数的情况，浮点数可以看成是复数虚部为 0 的情况。

在实例"坚持的力量"中，x=a+DayUp，即 x 的值等于 a 的值加上 DayUp 的值，结果为 1.01。

即问即答

% 运算符的含义是（   ）。

A．x 与 y 之商
B．x 与 y 的整数商
C．x 与 y 之商的余数
D．x 的 y 次幂

（二）赋值运算符

表 4-2 中所有算术运算符（+、-、*、/、//、%、**）都有与之对应的增强赋值运算符，如表 4-3 所示。

表 4-3 赋值运算符含义及实例

运算符	描 述	实 例
=	简单的赋值运算符	x=y
+=	加法赋值运算符	x+=y 等效于 x=x+y
-=	减法赋值运算符	x-=y 等效于 x=x-y
*=	乘法赋值运算符	x*=y 等效于 x=x*y
/=	除法赋值运算符	x/=y 等效于 x=x/y
//=	取整除赋值运算符	x//=y 等效于 x=x//y
%=	取模赋值运算符	x%=y 等效于 x=x%y
**=	幂赋值运算符	x**=y 等效于 x=x**y

（三）数值运算函数

Python 解释器提供了一些内置函数，在这些内置函数之中，有 6 个函数与数值运算相关，如表 4-4 所示。

表 4-4　内置的数值运算函数

函　　数	描　　述	实　　例
abs（x）	x 的绝对值	x=-2，abs（x）输出结果 2
divmod（x，y）	（x//y，x%y），输出为元组形式（也称为元组类型）	x=-2，y=3，divmod（x，y）输出结果（-1，1）
pow（x，y，[，z]）	（x**y）%z，[ ]表示该参数可以省略，即 pow（x，y）与 x**y 相同	x=-2，y=3，z=4，pow（x，y，z）输出结果 0；pow（x，y）输出结果 -8
round（x[，ndigits]）	对 x 四舍五入，保留 ndigits 小数 round（x）返回四舍五入的整数值	m=2.346 7，n=2，round（m，n）输出结果 2.35
max（X_1，X_2，…，X_n）	X_1，X_2，…，X_n 的最大值，n 没有限定	max（x，y，m，n）输出结果 3
min（X_1，X_2，…，X_n）	X_1，X_2，…，X_n 的最小值，n 没有限定	min（x，y，m，n）输出结果 -2

注：pow（）可以计算 x 的 y 次幂的值，例如，pow（2，4）输出结果是 16，实例中变量赋值相同。

（四）比较运算符

比较运算符的运算结果是布尔型数据，Python 语言中支持的比较运算符的含义及实例如表 4-5 所示。

表 4-5　比较运算符含义及实例

运算符	描　　述	实　　例
==	等于，比较对象是否相等	1==2 输出结果 False
!=	不等于，比较两个对象是否不相等	1!=2 输出结果 True
>	大于，x>y，返回 x 是否大于 y	1>2 输出结果 False
<	小于，x<y，返回 x 是否小于 y	1<2 输出结果 True
>=	大于等于，x>=y，返回 x 是否大于或等于 y	1>=2 输出结果 False
<=	小于等于，x>=y，返回 x 是否小于或等于 y	1<=2 输出结果 True
is	是对象，判断两个标识符是不是引用自同一个对象	x is y，如果引用的是同一个对象，则返回 True，否则返回 False
is not	不是对象，判断两个标识符是不是引用自不同对象	x is not y，如果引用的不是同一个对象，则返回 True，否则返回 False

（五）逻辑运算符

Python 语言中支持的逻辑运算符的含义及实例如表 4-6 所示。

表 4-6　逻辑运算符的含义及实例

运算符	描　　述	实　　例
and	a and b，逻辑与运算，等价于数学中的"且"	当 a 和 b 两个表达式都为真时，a and b 的结果才为真，否则为假
or	a or b，逻辑与运算，等价于数学中的"或"	当 a 和 b 两个表达式都为假时，a or b 的结果才是假，否则为真
not	not a，逻辑非运算，等价于数学中的"非"	如果 a 为真，那么 not a 的结果为假；如果 a 为假，那么 not a 的结果为真，相当于对 a 取反

笔记

（六）成员运算符

Python 语言中支持的逻辑运算符的含义及实例如表 4-7 所示。

表 4-7 成员运算符的含义及实例

运算符	描 述	实 例
in	如果在指定的序列中找到值，则返回 True；否则返回 False	x in y，如果 x 在 y 序列中，则返回 True
not in	如果在指定的序列中没有找到值，则返回 True；否则返回 False	x in y，如果 x 不在 y 序列中，则返回 True

（七）运算符优先级

优先级是运算符号进行的先后顺序，类似数学中的加减乘除四则混合运算规则。Python 中可以通过圆括号()来提升运算符的优先级。

Python 语言中支持的运算符的含义及优先级如表 4-8 所示。

表 4-8 运算符的含义及优先级

运算符	描 述	由高到低优先级
**	求幂	8
*、/、//、%	乘、除、整除、取模	7
+、-	加、减	6
<、<=、>、>=、!=、==、is、is not	比较运算符	5
in、not in	成员运算符	4
not x	逻辑运算符"非"	3
and	逻辑运算符"与"	2
or	逻辑运算符"或"	1

例如：

```
print(6+4*4-2/5)
print(6+2**3)
print(6+2**3>1)
print(6+2**3>1 and 1)
print(6+2-1**3>1 and 1 and False)
print(6+2-1**3>1 and (0 and False))
```

运行结果为：

21.6
14
True
1
False
0

任务实施

一、新建文件夹

（1）在 Jupyter Notebook 主界面的"New"下拉列表中选择"Folder"，建立一个新文件夹，默认文件夹名为"Untitled Folder"。

（2）勾选"Untitled Folder"文件夹，单击"Rename"按钮，在打开的重命名窗口中输入"项目四"，单击"重命名"按钮，文件夹名称修改完成，如图 4-3 所示。

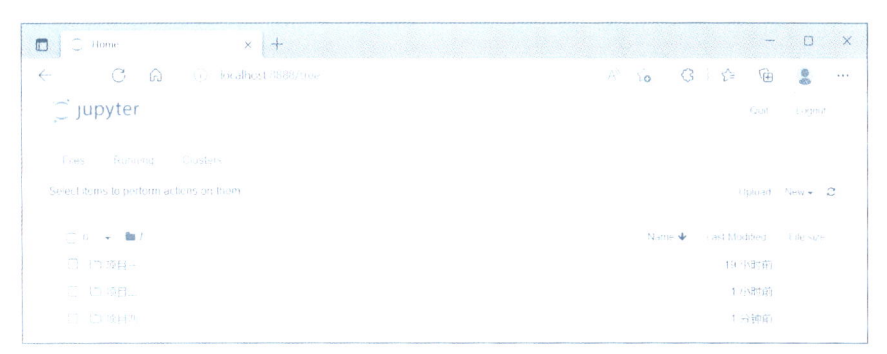

图 4-3　新建项目四文件夹

二、新建Python3文件

（1）在 Jupyter Notebook 主界面中，单击"项目四"，单击右上方"New"的下拉列表，选择"Python3"。

（2）此时将打开一个名为"Untitled"的可编辑 Python 程序代码的新 Notebook 页面，单击标题栏的文件名"Untitled"，打开重命名窗口，输入新文件名"4.1"，单击"重命名"按钮即可完成 Jupyter Notebook 文件名的修改，如图 4-4 所示。

图 4-4　新建"4.1" Python3 文件

三、新建Markdown单元

（1）在 Jupyter Notebook 主界面工具栏的"代码"下拉列表中选择"Markdown"项，如图 4-5 所示。

图 4-5　新建 Markdown 单元

（2）在编辑框中输入"### 坚持的力量"（注意 ### 之后有一个空格），如图 4-6 所示，单击工具栏的"保存"按钮。

图 4-6　编辑 Markdown 单元文本

（3）单击 Jupyter Notebook 主界面工具栏的"运行"按钮，运行 Markdown 单元，运行结果如图 4-7 所示。

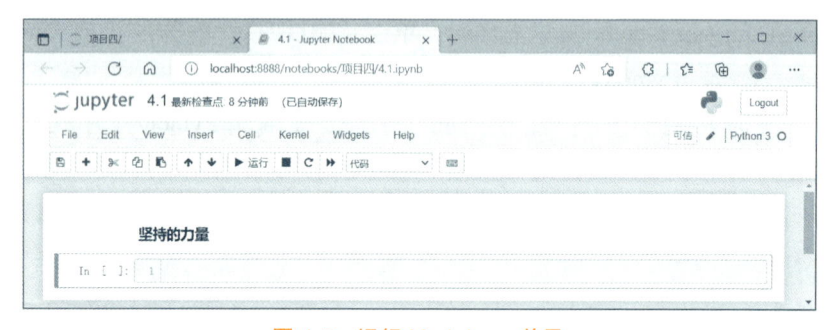

图 4-7　运行 Markdown 单元

四、新建代码单元

（1）在 Jupyter Notebook 主界面的代码编辑框中输入如图 4-2 所示的 11 行代码，如图 4-8 所示，单击"保存"按钮。

```
1  a = 1  # 假设年初能力值为1
2  print("假设年初的能力值为：", a)  # 输出年初的能力值
3  print(type(a))  # 输出年初能力值的数据类型
4  DayUp = 0.01  # 假设每天努力1%
5  print("假设每天努力：", DayUp)
6  print(type(DayUp))
7  x = a + DayUp  # 每天努力后的能力值
8  y = 365  # 一年365天
9  print("努力一年：", y, "天")
10 print(type(y))
11 print("一年后的能力值为年初的：","%.2f"% pow(x, y), "倍")  # 输出一年后的能力值
```

图 4-8　编辑代码单元

（2）单击 Jupyter Notebook 主界面工具栏的"运行"按钮，运行代码单元，此时在代码单元下方出现如图 4-9 所示的运行结果。

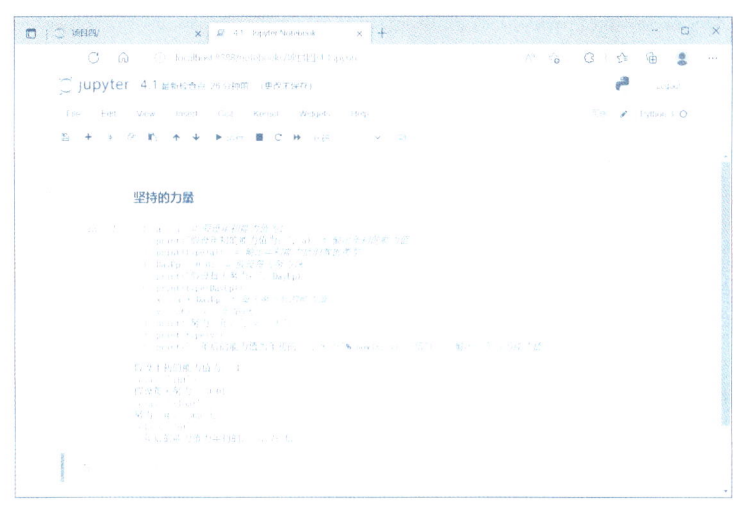

图 4-9　运行代码单元

（3）单击 Jupyter Notebook 主界面工具栏的"保存"按钮保存"4.1"Jupyter Notebook 文件。

知识拓展

模运算（%）在编程中十分常用，主要应用于具有周期规律的场景。例如，一个星期 7 天，用 day 代表日期，则 day%7 可以表示星期；对于一个整数 n，n%2 的取值是 0 或者 1，可以判断整数 n 的奇偶。本质上，整数的模运算 n%m 能够将整数 n 映射到 [0，m-1] 的区间中。

大显身手

实例　货币的时间价值

美国曼哈顿岛的历史可以追溯到 1626 年，当时这里仅仅是一个荒岛。最初荷兰人只用了价值 60 荷兰盾（约合 24 美元）的玻璃珠从印第安人手里买下了这个荒岛。

曼哈顿岛是纽约的核心，是纽约五个区中面积最小的，仅有 59.5 平方千米。但是这个小岛是美国的金融中心，曼哈顿岛南部的华尔街是美国财富的象征。目前的曼哈顿岛价值不菲，现在看来是不是觉得荷兰人的这笔交易非常划算呢？（算一算才知道划不划算。美国 2021 年 GDP 为 23.04 万亿美元。）

假设荷兰人当时不买曼哈顿岛，而是用这 24 美元去做投资，我们仅以每年 8% 的收益率（复利）来计算，到 395 年后，这笔资金价值多少钱？

请参照实例"坚持的力量"的方法设计程序,计算出395年后(即2021年)24美元的价值是多少,用数据判断荷兰人的这笔交易是否划算。

请参照任务一实例"坚持的力量"的步骤完成实例"货币的时间价值"的代码编辑及运行。

试一试制作思维导图

任务一思维导图如图4-10所示。

任务一 数字类型分类与操作

- **数字类型分类**
  - 整型与数学中整数的概念一致,共有4种进制表示:十进制、二进制、八进制和十六进制
  - 浮点型与数学中实数的概念一致,有两种表示方法:十进制表示和科学计数法表示
  - 布尔型是计算机专用的数据类型,只有2个值:True和False,可以理解为特殊的整型
  - 复数型与数学中的复数的概念一致,都是由实部和虚部组成的

- **数字类型操作**
  - 数值运算符:+、-、*、/、//、%、**
  - 赋值运算符:=、+=、-=、*=、/=、//=、%=、**=
  - 数值运算函数:abs(x)、divmod(x, y)、pow(x, y, [, z])、round(x[, ndigits])、max($X_1, X_2, \cdots, X_n$)、min($X_1, X_2, \cdots, X_n$)
  - 比较运算符:==、!=、>、<、>=、<=、is、is not
  - 逻辑运算符:and、or、not
  - 成员运算符:in、not in
  - 运算符优先级:幂;乘、除、整除、取模;加、减;比较运算符;成员运算符、逻辑运算符

图4-10 任务一 思维导图

任务二
字符串类型认知与操作

任务描述

> **实例　记账规则**　"有借必有贷、借贷必相等"是借贷记账法的记账规则。假设"有借必有贷"是第 1 个字符串，"借贷必相等"是第 2 个字符串，如何把这两个字符串拼接成一句话（中间用逗号隔开），又如何分两行输出，又如何提取其中的"借贷"和"相等"两个子串呢？中国古代龙门账的记账规则是"有来必有去、来去必相等"，如何把"有借必有贷、借贷必相等"替换成"有来必有去、来去必相等"呢？

"记账规则"的程序代码如图 4-11 所示。

记账规则

```
1  str1 = "有借必有贷"        #定义字符串str1
2  str2 = "借贷必相等"
3  print(str1, str2, sep=',')    #输出字符串str1和str2，以","连接
4  print(str1, str2)              #输出字符串str1和str2
5  print(str1)                    #输出字符串str1
6  print(str2)
7  print(str2[0:2])               #输出字符串str2的前两个字符
8  print(str2[-2:])               #输出字符串str2的后两个字符
9  print("有{}必有{}、{}必相等".format("来","去","来去"))  #字符串格式化输出
10 print("有{0}必有{1}、{0}{1}必相等".format("借","贷"))
```

图 4-11　实例"记账规则"程序代码

相关知识

一、字符串的定义

字符串是字符的序列表示，可以由一对单引号（'）、双引号（"）或三引号（"""）构成。其中，单引号和双引号都可以表示单行字符串，两者作用相同。使用单引号时，双引号可作为字符串的一部分；使用双引号时，单引号可以作为字符

串的部分。三引号可以表示单行或者多行字符串。

例如：

```
print('"有借必有贷，借贷必相等"')
print("'有借必有贷，借贷必相等'")
print('''"有借必有贷"
'借贷必相等'
是借贷记账法的记账规则''')
```

输出结果为：

```
"有借必有贷，借贷必相等"
'有借必有贷，借贷必相等'
"有借必有贷"
'借贷必相等'
是借贷记账法的记账规则
```

input()函数将用户输入的内容当作一个字符串类型，这是获得用户输入的常用方式。Print()函数可以直接打印字符串，这是输出字符串的常用方式。

例如：

```
Cash=input("请输入库存现金金额:")
CashIncome=1000
print(Cash)
print(type(Cash))
print(CashIncome)
print(type(CashIncome))
CashBalances=Cash+CashIncome
print(CashBalances)
print(type(CashBalances))
```

运行结果如下：

```
请输入库存现金金额:2000
2000
<class 'str'>
1000
<class 'int'>
---------------------------------------------------------
TypeError                    Traceback(most recent call last)
<ipython-input-2-13c61d2bd303> in <module>
    5 print(CashIncome)
```

```
      6 print(type(CashIncome))
----> 7 CashBalances = Cash + CashIncome
      8 print(CashBalances)
      9 print(type(CashBalances))
TypeError:can only concatenate str (not "int") to str
```

从运行结果提示里可以看出，程序并没有输出变量 CashBalances（现金余额）的值，而是给出了报错信息。报错信息的含义是变量 Cash 和 CashIncome 的数据类型不同，不能进行运算，其原因是 input( ) 函数将用户输入的内容默认为一个字符串类型(str)，而变量 CashIncome 是通过赋值定义的，其数据类型是整数型(int)。

我们需要计算的 CashBalances（现金余额）是整数型数据或浮点型数据，此时就需要把 input( ) 函数接收的数据转换成相应的类型，然后再计算。

修改后的程序如下：

```
Cash = float(input("请输入库存现金金额:"))
CashIncome = 1000
print(Cash)
print(type(Cash))
print(CashIncome)
print(type(CashIncome))
CashBalances = Cash + CashIncome
print(CashBalances)
print(type(CashBalances))
```

📝 笔记

修改后的程序运行结果如下：

```
请输入库存现金金额:2000
2000.0
<class 'float'>
1000
<class 'int'>
3000.0
<class 'float'>
```

二、字符串的转义

反斜杠字符（\）是一个特殊字符，在字符串中表示转义，即该字符与后面相邻的一个字符共同组成了新的含义。例如，\n 表示换行、\\ 表示反斜杠、\' 表示单引号、\" 表示双引号、\t 表示制表符（Tab）、\r 表示回车、\000 表示空字符、\f 表示换页等。

例如：

print("借贷记账法的记账规则:\n有借必有贷\t借贷必相等")

程序运行结果如下：

借贷记账法的记账规则：
有借必有贷   借贷必相等

即问即答

字符串是一个连续的字符序列，下列选项可以实现打印字符信息的换行的是（   ）。

A. 使用空格　　　　　　　　　B. 使用转义符 \\
C. 使用 \n　　　　　　　　　　D. 使用"\ 换行"

三、字符串的操作符

Python 提供了 5 个字符串的基本操作符，如表 4-9 所示。

表 4-9　字符串操作符

操作符	描述
x + y	连接两个字符串 x 与 y
x * n 或 n * x	复制 n 次字符串 x
x in s	如果 x 是 s 的子串，返回 True，否则返回 False
str[i]	索引，返回第 i 个字符
str[N:M]	切片，返回索引第 N 到第 M 的子串，其中不包含 M

例如：

```
str1 = "有借必有贷"
str2 = "借贷必相等"
print(str1 + str2)
print("借" in str1)
print(str1[1])
print(str2[0:2])
```

程序运行结果如下：

有借必有贷借贷必相等
True
借
借贷

四、字符串的内置函数

Python 解释器提供了一些内置函数,其中有 6 个函数与字符串处理相关,如表 4-10 所示。

表 4-10 字符串内置函数

函数	描述
len(x)	返回字符串 x 的长度,也可返回其他组合数据类型元素个数
str(x)	返回任意类型 x 所对应的字符形式
chr(x)	返回 Unicode 编码 x 对应的单字符
ord(x)	返回单字符表示的 Unicode 编码
hex(x)	返回整数 x 对应十六进制数的小写形式字符串
oct(x)	返回整数 x 对应八进制数的小写形式字符串

例如:

```
TotalAssets = 10000.08
print("H公司的资产总额是:" + str(TotalAssets) + "万元")
print("H公司的资产总额是:" + TotalAssets + "万元")
```

程序运行结果如下:

H公司的资产总额是:10000.08万元

即问即答

下列各项中,能够获取字符串 s 长度的是(　　)

A. s.len( )　　　　　　　　B. s.length

C. length(s)　　　　　　　D. len(s)

五、字符串的内置方法

字符串具有类似 <a>.<b>( ) 形式的字符串处理函数,在面向对象中,这类函数被称为"方法"。字符串类型共包含 43 个内置方法,限于篇幅,这里仅介绍其中常用的 8 种方法,如表 4-11 所示(其中 str 代表字符串或变量)。

表 4-11 常用的字符串内置方法

方法	描述
str.lower( )	返回字符串 str 的副本,全部字符小写
str.upper( )	返回字符串 str 的副本,全部字符大写
str.count(sub [, start [, end]])	返回 str[start:end] 中 sub 子串出现的次数
str.format( )	返回字符串 str 的一种排版格式
str.join(iterable)	返回一个新字符串,由组合数据类型 iterable 变量的每个元素组成,元素间用 str 分隔
str.split(sep=None, maxsplit=-1)	返回一个列表,由 str 根据 sep 被分隔的部分构成
str.center(width [, fillchar])	字符串居中函数
str.title( )	返回字符串 str 的副本,字符串的每个单词首字母大写

例如：

```
str1 = "人生苦短，我用Python"  # 定义str1
print(str1.upper())  # 输出字符串str1中所有字符大写
str2 = "借贷相等"  # 定义str2
print(str2.center(40,'-'))  # 输出字符串str2居中
str3 = "Python is a very popular programming language"
print(str3.split())  # 输出字符串str3分隔后的列表
```

程序运行结果如下：

```
人生苦短，我用PYTHON
---------------- 借贷相等 ----------------
['Python','is','a','very','popular','programming','language']
```

六、字符串类型的格式化

为什么会有字符串类型的格式化问题呢？例如，一个程序希望输出如下内容：

"<u>2021</u>年：<u>M</u>公司的净资产收益率为<u>10</u>%。"

其中，下划线内容可能会变化，需要由特定函数运算结果进行填充，最终形成上述格式字符串作为输出结果。字符串格式化用于解决字符串和变量同时输出时的格式安排。Python语言主要采用format()方法进行字符串格式化。

（一）format()方法的基本使用

字符串format()方法的基本使用格式如下：

`<模板字符串>.format(<逗号分隔的参数>)`

模板字符串由一系列槽组成，用来控制修改字符串中嵌入值出现的位置，其基本思想是将format()方法中逗号分隔的参数按照序号关系替换到模板字符串的槽中。槽用大括号（{}）表示，如果大括号中没有序号，则按照出现顺序替换，如图4-12所示。如果大括号中指定了使用参数的序号，则按照序号对应参数替换，参数从0开始编号。调用format()方法后会返回一个新的字符串。

"{}年：{}公司的净资产收益率为{}%。".format("2021", "Meta", 10)

字符串中槽{}的顺序：0 1 2

format()中参数的顺序：0 1 2

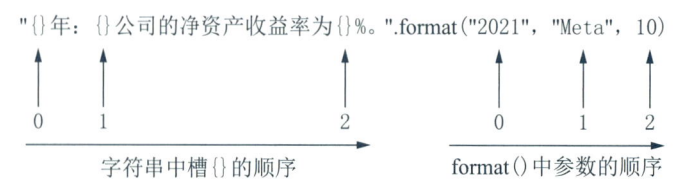

图4-12 format()方法的槽顺序和参数顺序

（二）format()方法的格式控制

format()方法中模板字符串的槽除了包括参数序号，还可以包括格式控制信息。此时，槽的内部样式如下：

{<参数序号>:<格式控制标记>}

格式控制标记包括<填充><对齐><宽度><,><.精度><类型>6个字段，这些字段都是可选的，可以组合使用。

<填充><对齐>和<宽度>是三个相关字段。<填充>是指宽度内除了参数外的字符采用什么方式表示，默认采用空格，可以通过填充更换。<对齐>是指参数在宽度内输出时的对齐方式，分别使用<、>和^这3个符号表示左对齐、右对齐和居中对齐。<宽度>是指当前槽的设定输出字符宽度，如果该槽对应的format()参数长度比<宽度>设定值大，则使用参数实际长度；如果该值的实际位数小于指定宽度，则位数将被默认以空格字符补充。

格式控制标记中的逗号（,）用于显示数字类型的千位分隔符，例如：

<.精度>表示两个含义，由小数点（.）开头。对于浮点数，精度表示小数部分输出的有效位数。对于字符串，精度表示输出的最大长度。

<类型>表示输出整数和浮点数类型的格式规则。对于整数类型，输出格式包括b、c、d、o、x、X六种；对于浮点数类型，输出格式包括e、E、f、%四种。

例如：

```
print("{}年:{}公司的净资产收益率为{}%。".format("2021","M",10))
print("{0}年:{1}公司的净资产为{2:,}元。".format("2021","M",123456789))
print("{0}年:{1}公司的净资产为{2}元。".format("2021","M",123456789))
print("{0}年:{1}公司的核心利润率为{2:.2f}%。".format("2021","M",16.6783))
```

程序运行结果如下：

```
2021年:M公司的净资产收益率为10%。
2021年:M公司的净资产为123,456,789元。
2021年:M公司的净资产为123456789元。
2021年:M公司的核心利润率为16.68%。
```

任务实施

一、新建Python3文件

（1）在 Jupyter Notebook 主界面中，单击"项目四"，单击右上方"New"的下拉列表，选择"Python3"。

（2）此时将打开一个名为"Untitled"的可编辑 Python 程序代码的新 Notebook 页面，单击标题栏的文件名"Untitled"，打开重命名窗口，输入新文件名"4.2"，单击"重命名"按钮即可完成 Jupyter Notebook 文件名的修改，如图 4-13 所示。

图 4-13　新建"4.2"Python3 文件

二、新建Markdown单元

（1）在 Jupyter Notebook 主界面工具栏的"代码"下拉列表中选择"Markdown"项，如图 4-14 所示。

图 4-14　新建 Markdown 单元

（2）在编辑框中输入"### 记账规则"（注意 ### 之后有一个空格），如图 4-15 所示，单击工具栏的"保存"按钮。

图 4-15　编辑 Markdown 单元文本

（3）单击 Jupyter Notebook 主界面的工具栏的"运行"按钮，运行 Markdown

单元，运行结果如图 4-16 所示。

图 4-16　运行 Markdown 单元

三、新建代码单元

（1）在 Jupyter Notebook 主界面的代码编辑框中输入图 4-11 所示的 10 行代码，如图 4-17 所示，单击"保存"按钮。

```
1  str1 = "有借必有贷"   #定义字符串str1
2  str2 = "借贷必相等"
3  print(str1, str2, sep=',')  #输出字符串str1和str2，以","连接
4  print(str1, str2)   #输出字符串str1和str2
5  print(str1)   #输出字符串str1
6  print(str2)
7  print(str2[0:2])   #输出字符串str2的前两个字符
8  print(str2[-2:])   #输出字符串str2的后两个字符
9  print("有{}必有{}，{}必相等".format("来","去","来去"))  #字符串格式化输出
10 print("有{0}必有{1}，{0}{1}必相等".format("借","贷"))
```

图 4-17　编辑代码单元

（2）单击 Jupyter Notebook 主界面的工具栏的"运行"按钮，运行代码单元，此时在代码单元下方出现运行结果，如图 4-18 所示。

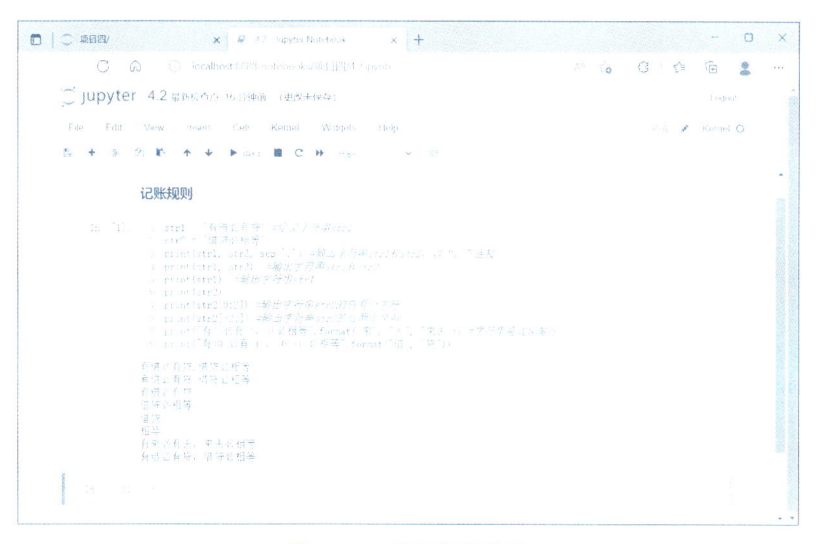

图 4-18　运行代码单元

（3）单击 Jupyter Notebook 主界面的工具栏的"保存"按钮保存"4.2" Jupyter Notebook 文件。

大显身手

▶ **实例　账户期末余额**　资产类账户的期末余额＝期初借方余额＋本期借方发生额－本期贷方发生额。假设"资产类账户的期末余额""期初借方余额""本期借方发生额""本期贷方发生额"分别是4个字符串，如何把这两个字符串拼接成一句话（中间用逗号隔开）？如何把"资产类账户的期末余额＝期初借方余额＋本期借方发生额－本期贷方发生额。"替换成"负债类账户的期末余额＝期初贷方余额＋本期贷方发生额－本期借方发生额。"呢？

请参照任务二实例"记账规则"的步骤完成实例"账户期末余额"的代码编辑与运行。

程序代码：
账户期末余额

试一试制作思维导图

请总结任务二的学习内容，并制作相应的思维导图。

项目总结

通过本项目的学习，掌握Python基本数据类型及其运算。

技能训练

一、单项选择题

1. abs（3-4j）的运算结果为（　　）
   A. 3　　　　　B. 4　　　　　C. 5　　　　　D. 5.0

2. 整数、浮点数与复数间采用运算符运算得到的运算结果的数据类型为（　　）
   A. 整数　　　B. 浮点数　　　C. 复数　　　D. 不确定类型

3. 100//3 的执行结果是（　　）
   A. 3
   B. 33
   C. 0.333 333 333 333 336
   D. 33.333 333 333 333 336

4. 下面代码的执行结果为（　　）

```
1.34e+4+9.87e+6j.real
```

   A. 13 400.0　　B. 1.34e-4　　C. 9 882 300.0　　D. 9.87e+6

5. 100/.3 的运算结果为（　　）
   A. 3
   B. 33
   C. 33.333 333 333 333 336
   D. 333.333 333 333 333 337

6. val=pow（2，1000），下列代码能返回 val 结果的长度值的是（　　）
   A. len（val）　　　　　　　B. len（pow（2，1000））
   C. len（str（val））　　　　D. 以上答案均不正确

7. 下面代码的执行结果为（　　）

```
name = "Python语言程序设计课程"
print(name[0],name[2:-2],name[-1])
```

   A. Pthon语言程序设计　程
   B. Pthon语言程序设计　课
   C. Pthon语言程序设计课　程
   D. Pthon语言程序设计课　课

8. hex（255）的执行结果为（　　）
   A. '0xff'　　　B. '-0xff'　　　C. 0xff.0　　　D. 0xff

9. 下面代码的执行结果为（　　）

```
s='PYTHON'
print("{0:3}".format(s))
```

   A. PYT　　　B. PYTH　　　C. THON　　　D. PYTHON

10. 以下关于字符串 .strip() 的功能说明中，正确的是（　　）
    A. 去掉字符串两侧指定字符
    B. 按照指定字符分割字符串为数组

C. 替换字符串中特定字符　　　　D. 连接两个字符串序列

二、实操题

1. 请写出以下程序的运行结果。

print（1921 / 7）

print（1949 // 10）

print（1921 << 1949+7&10）

print（2021-1921）

2. 请写出以下程序的运行结果。

print（"1949年10月1日"," 中华人民共和国成立"）

print（str.capitalize（"china"））

print（" 中国共产党的生日是：\n7月1日"）

print（"{}年{}月{}日{}时第{}届冬奥会在{}开幕".format（"2022", "2", "4", "8", "24", " 北京"））

3. 请写出以下程序的运行结果。

print（int（1921.71））

print（float（1927））

print（str（1949.101））

print（str（7.1 + 8.1））

4. 请设计输出如下格式的古诗词。

定风波

苏轼

莫听穿林打叶声，何妨吟啸且徐行。

竹杖芒鞋轻胜马，谁怕？一蓑烟雨任平生。

料峭春风吹酒醒，微冷，山头斜照却相迎。

回首向来萧瑟处，归去，也无风雨也无晴。

5. 现行工作日每周工作五天，假设每个工作日都努力工作，每个工作日能力值都能提高1%；而每个双休日都休息，则每日能力值下降1%，请参照实例"坚持的力量"计算一年后能力值是年初的多少倍？

项目五
Python程序设计

学习目标

知识目标

1. 了解 Python 程序设计的基本结构。
2. 掌握 Python 分支结构的运用。
3. 掌握 Python 循环结构的运用。
4. 掌握 if 语句、for 语句、while 语句的语法结构。

技能目标

1. 能正确区分不同分支结构的应用场景。
2. 能正确区分 for 语句、while 语句的应用场景。
3. 能熟练应用分支结构 if 语句、循环结构 for 语句和 while 语句。

素养目标

1. 通过分支结构的学习提高财经商贸类专业领域解决问题的能力，拓展数学逻辑思维。
2. 培养通过计算机语言解决学习及工作中问题的意识。
3. 通过实例"成绩等级评定"，了解学习的重要性，根据学习成绩的高低，以奋发图强，奋勇争先。
4. 通过设计个人所得税、企业所得税 Python 程序，了解我国社会主义税收的本质是国家筹集社会主义建设资金的工具，是为广大居民利益服务的，体现了一种"取之于民、用之于民"的社会主义分配关系，公民在享受多种服务的同时，必须承担依法纳税的义务。

项目导入

马上放暑假了，元小宇需要到 12306 网站购买回家的火车票，可是他发现自己的密码忘记了，当他第一次输入错误的时候，系统提示"用户或密码错误"，接下来只要他输入错误，系统就会这样提示，如果连续输错 3 次密码，账号将被锁定 20 分钟，还好他第三次输入正确，顺利进入网站开始购票，输入出发地、目的地、出发时间，查询出多个车次，选择合适车次开始预定，当所有的信息填写完毕之后，他开始提交订单，进行网上支付，这时他又发现自己的银行卡密码也忘记了，连续输入两次错误，第三次不敢输入了，因为一旦输入错误，银行卡就会被锁定，此时他只能选择取消订单，第二天重新购买，因为第二天银行卡还有三次机会。

生活中有很多需要判断且反复操作的事情，比如，分数低于 60 分就不及格，就需要补考，所有课程及格才能顺利毕业；面部或指纹识别错误时，就需要进行重新验证；企业产生利润就需要纳税，亏损就不需要纳税；个人如果违法，就需要受到惩罚；等等。其实这些都可以利用机器语言来理解，判定所给定的条件是否满足，根据判定的结果（真或假）决定执行什么操作，同时也可以让这些操作在给定的条件内反复循环，直到不符合给定的条件。这就是本项目程序设计所要学习的内容，掌握本项目内容，就可以利用 Python 语言设计出小程序，明白计算机语言的逻辑。

项目框架

本项目框架如图 5-1 所示。

项目五 Python程序设计
- 任务一 分支结构程序设计
- 任务二 循环结构程序设计

图 5-1 项目五 框架

任务一
分支结构程序设计

任务描述

▶ **实例 成绩等级评定** "少壮不努力,老大徒伤悲"作为新时代的大学生,不应虚度光阴,而应发奋图强,认真学习专业知识,为伟大祖国贡献自己的一份力量。作为教师,也可以多方位地鼓励学生,激发学生学习积极性,因此在对学生进行学习成绩等级评定时,可以适当地增加一些鼓舞人心的话语。

"成绩等级评定"的程序代码如图 5-2 所示。

成绩等级评定

```
1  score = eval(input('请输入您的考试成绩:'))
2  if 100>=score>=90:    #分数值评定90~100
3      print('成绩优秀!棒!')    #打印成绩优秀!棒!
4  if 90>score>=80:
5      print('成绩良好!离优秀仅"步之遥"!')
6  if 80>score>=70:
7      print('成绩中等!争取更上一层楼!')
8  if 70>score>=60:
9      print('成绩及格!刚刚达成!')
10 if 60>score:
11     print('成绩不及格!加油!')
```

图 5-2 实例 "成绩等级评定" 程序代码

📝 笔记

相关知识

在实际工作中,常常需要判断某个条件是否达成而决定下一步的任务是否执行,或者如何执行。例如,一家公司的利润如果大于零,那么按照国家规定,企业就需要缴纳企业所得税;某个客户如果无力偿还货款,企业就需要计提坏账准备。对于这些类似的情况,在 Python 中如果仅使用顺序结构控制那是无法达成的,所以就需要引入选择结构。Python 中的 if 语句就实现了简单的选择结构控制,如果需要更多的条件判断,那就需要使用 if-elif 结构来实现。

一、单分支结构

Python 中的单分支结构是通过简单的 if 语句结构构成,具体的语法格式如下:

```
if <条件>:
    <语句块>
```

if 语句中的条件内容可以使用任何能够产生 True 或 False 的语句或函数,一般形成判断条件的关系操作符有 6 个,分别为:<(小于)、<=(小于等于)、>(大于)、>=(大于等于)、==(等于)、!=(不等于)。结构中的语句块必须与 if 所在行形成缩进表达包含的关系,否则将不作为 if 语句中的内容。当 if 后面的条件为 True(真)时,执行语句块中的内容,当 if 后面的条件为 False(假)时,语句块中的语句会被跳过。

单分支结构的流程图如图 5-3 所示。

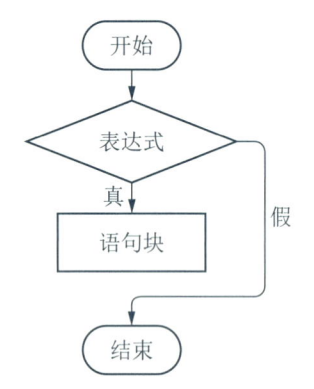

图 5-3 单分支结构控制流程图

⚠ 注意

在选择和循环结构中,条件表达式的值为 False 的情况如下:False、0、0.0、空值 None、空序列对象(空列表、空元组、空集合、空字典、空字符串)、空 range 对象、空迭代对象。除此以外,均为 True。

例如,实例"成绩等级评定"中,使用了 5 组 if 语句来判定成绩的等级,当输入的成绩满足第一个 if 语句条件时(即成绩在 90～100),则会返回第一个与之对应的语句块(成绩优秀!赞!);如果输入的成绩不满足第一个 if 语句条件,那么会跳过到第二个 if 语句条件进行判断,假如符合第二个 if 条件(成绩在 80～90),那么会返回第二个 if 语句中的语句块(成绩良好!离优秀仅一步之遥!);同理,Python 会一直判断输入的信息是否满足条件,如果某一个条件成立,那么将会返回与之对应的语句块内容。

❓ 即问即答

当 Python 条件表达式的计算结果是( )时,认为是 True,即条件成立。
A. 0 B. 空列表 C. -10 D. None

二、双分支结构

在实际工作中有这样一种情形，如果条件成立，则需要执行某些操作，如果条件不成立，则需要执行另外一些操作，这时，就需要编写双分支结构。例如，当登录密码正确时，允许进一步访问；当密码有误时，则提示密码错误重新输入。Python 中的双分支结构是通过 if-else 语句形成，语法格式如下：

```
if <条件>:
    <语句块 1>
else:
    <语句块 2>
```

语句块 1 是在 if 条件为 True 时执行的一个或多个语句序列，而语句块 2 是 if 条件为 False 时执行的一个或多个语句序列，这时将会跳过语句块 1。

双分支结构的流程图如图 5-4 所示。

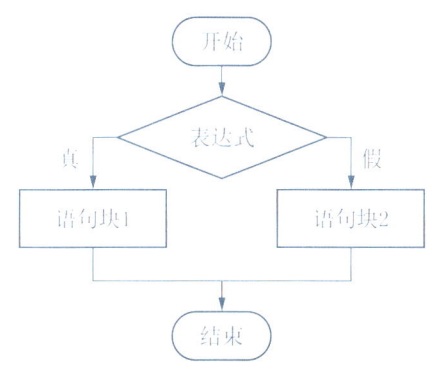

图 5-4 双分支结构控制流程图

> **笔记**

▶ **实例　企业所得税申报**　判断企业本期是否缴纳企业所得税，如果企业的利润总额是大于 0 的，那么企业需要按照 25% 的企业所得税税率缴纳企业所得税。如果企业利润总额小于 0，代表企业是亏损的，那么就不需要缴纳企业所得税，但是仍需要在税务系统中进行 0 申报企业所得税。

（1）分析问题。首先我们需要确定 if 语句的条件是什么？企业是否缴纳企业所得税的是根据企业的利润总额是否大于 0 来确定的。所以，if 语句的条件就是利润总额大于 0 或者小于等于 0。如果条件是利润总额大于 0，那么，语句块 1 就是按照 25% 的税率缴纳企业所得税，语句块 2 就是不需要缴纳企业所得税。如果条件是利润总额小于等于 0，那么语句块 1 就是不需要缴纳企业所得税，而语句块 2 就是按照 25% 的税率缴纳企业所得税。

（2）格式转换。由于语句块中涉及所得税的计算，因此我们需要将用户输入的利润总额信息进行格式转换，这里可以使用函数 eval() 或者函数 float()。

（3）设计算法。首先定义利润总额变量，通过函数 eval() 或者函数 float() 将

函数 input() 输入的企业利润总额信息进行数据类型转换，并赋值。然后设定 if 条件语句，条件可以为利润总额大于 0，接着设计与之对应的语句块 1 的内容，返回利润总额乘以 25% 并保留两位小数。最后设定语句块 2 的内容，返回 0 申报企业所得税。

（4）编写程序。将企业利润总额是否大于 0 作为条件，判断是否需要缴纳企业所得税，可以编写以下代码，如图 5-5 所示。

企业所得税申报

```
1  Total_profits = eval(input('请输入本期企业利润总额：'))
2  if Total_profits > 0: #如果利润总额大于0
3      print('本期应缴纳的企业所得税：', '%.2f'%(Total_profits * 0.25)) #那么企业所得税为利润总额的25%
4  else:
5      print('本期可以0申报企业所得税！')
```

图 5-5 实例"企业所得税申报"程序代码

除此，也可以编写：

```
>>>Total_profits = eval(input('请输入本期企业利润总额：'))
>>>if Total_profits <= 0:
>>>    print('本期可以0申报企业所得税！')
>>>else:
>>>    print('本期应缴纳的企业所得税：',"%.2f"%(Total_profits * 0.25))
```

知识拓展

Python 中的双分支结构还有一种更简洁的表达方式，适合通过判断返回特定值，语法格式如下：

<表达式1> if <条件> else <表达式2>

例如，实例"企业所得税申报"可以修改代码为：

```
>>>Total_profits = eval(input('请输入本期企业利润总额：'))
>>>print('本期应缴纳的企业所得税：'"%.2f"%(Total_profits * 0.25) if Total_profits >0 else '本期可以0申报企业所得税！')
```

即问即答

Python 中双分支结构的表达语法是（　　　）

A. if…if…　　　　　　　　　　B. if…else…

C. if…elif…　　　　　　　　　 D. if…elif…else…

三、多分支结构

在实际工作中，可能会存在有多个条件需要进行判断的情形，比如个税的 7 级累进税率，达到不同的应纳税额，适用不同的税率。那么这时候简单的双分支结构就不能满足实际需求，于是就需要使用 Python 中的多分支结构，它是双分支

结构的扩展。Python 依此评估寻找第一个结果为 True 的条件，执行该条件下的语句块，结束后跳过整个 if-elif-else 结构，执行后面的语句。如果没有任何条件成立，else 下面的语句块将被执行。多分支语句格式如下：

```
if <条件 1>:
    <语句块 1>
elif <条件 2>:
    <语句块 2>
…
elif <条件 n>:
    <语句块 n>
else:
    <语句块 n+1>
```

多分支结构的流程图如图 5-6 所示。

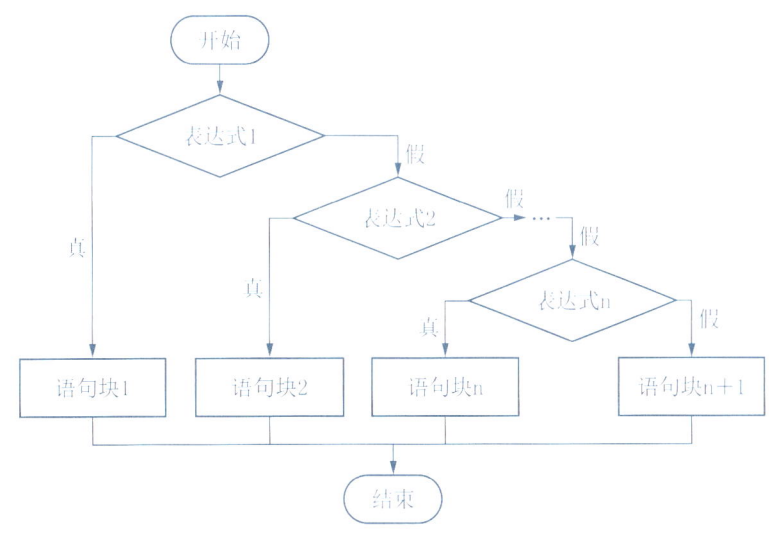

图 5-6 多分支结构控制流程图

⚠ **注意**

多分支结构中，几个分支语句之间是存在一定的逻辑关系的，不能随意颠倒顺序。因为在 Python 中是按照先后顺序来逐个判断条件是否达成，如果条件达成，将返回对应的语句块，则跳过后面的条件。例如，可以将实例"成绩等级评定"的单分支结构修改为多分支结构，代码如下：

```
>>>score = eval(input('请输入您的考试成绩：'))
>>>if 100 >=score >= 90:
>>>    print('成绩优秀！赞！')
>>>elif score >= 80:
```

```
>>>     print('成绩良好！离优秀仅一步之遥！')
>>>elif score >= 70:
>>>     print('成绩中等！争取更上一层楼！')
>>>elif score >= 60:
>>>     print('成绩及格！刚刚达线！')
>>>else:
>>>     print('成绩不及格！加油！')
```

💬 **讨论**

如果我们将上述代码的 80 分和 70 分交换，当我们输入考试成绩为 85 分时，Python 返回的结果是什么？

❓ **即问即答**

下列各项中，属于 Python 多分支结构的是（　　）。

A. if…if 　　　　　　　　　　　B. if…else

C. if…elif 　　　　　　　　　　D. if…elif…else

▶ **实例　工资薪金个税计算**　如何制作一个个人所得税计算的小程序，只要输入对应的工资薪金信息，就可以计算出应该缴纳的个人所得税金额。

（1）分析问题。首先确定计算个人所得税的大概思路，在工资薪金个税计算过程中，个人所得税的计算公式 =（工资总额 − 60 000 − 专项扣除 − 专项附加扣除 − 其他扣除）× 税率 − 速算扣除数。因此，我们需要定义几个变量，如工资总额、专项扣除、专项附加扣除、其他扣除，它们组成了应纳税所得额。然后，需要根据应纳税所得额来判定所属的税率及速算扣除数，这样就需要把不同的税率作为条件进行逐一判定，当判定应纳税所得额属于某一个税率时，则个税的计算就按照对应的公式进行。最后我们输出计算出来的个人所得税。

（2）格式转换。定义工资、专项扣除、附加扣除等变量时，需要将用户输入的金额，由字符串转换为浮点数，因为一般我们的工资金额是有两位小数的。另外，对应缴纳的个人所得税金额保留两位小数。

（3）设计算法。分别定义每月的工资额、每月专项扣除、每月附加扣除为变量 a、b、c，并据此定义应纳税所得额为（a + b + c）× 12 − 60 000，接着根据工资薪金个人所得税 7 级累进税率设定条件，如应纳税所得额大于 960 000、大于 660 000，然后设定对应条件的语句块，即应纳个税等于应纳税所得额乘以税率减去速算扣除数。最后，输出保留两位小数的个人所得税。

（4）编写程序。首先分别定义计算个税的几个变量，然后根据税率表设定 if-elif-else 语句，最后打印输出计算结果。具体代码如图 5-7 所示。

（5）运行。运行"工资薪金个税计算"代码块，提示输入工资、四险一金、附加扣除等金额，运行结果如图 5-7 所示。

项目五　Python程序设计

工资薪金个税计算

```
1  a = float(input("请输入当月应发工资额："))
2  b = float(input("请输入每月四险一金金额："))
3  c = float(input("请输入附加扣除额："))
4  salary = (a - b - c) * 12 - 60000  # 计算应纳税所得额
5  if salary > 960000:  # 如果应纳税所得额超过960000
6      cal_salary = salary * 0.45 - 181920  # 按适应支付税号应纳税年所得额以45%减去181920
7  elif salary > 660000:
8      cal_salary = salary * 0.35 - 85920
9  elif salary > 420000:
10     cal_salary = salary * 0.30 - 52920
11 elif salary > 300000:
12     cal_salary = salary * 0.25 - 31920
13 elif salary > 144000:
14     cal_salary = salary * 0.20 - 16920
15 elif salary > 36000:
16     cal_salary = salary * 0.10 - 2520
17 elif salary > 0:  # 如果所纳税所得额超过0，不超过36000
18     cal_salary = salary * 0.03  # 按适应支付税号应纳税所得率以3%
19 else:  # 否则
20     cal_salary = 0  # 无需纳税额
21 print("您当年应缴纳的个人所得税为：", "%.2f" % cal_salary)
```

```
请输入当月应发工资额：10000
请输入每月四险一金金额：1000
请输入附加扣除额：1000
您当年应缴纳的个人所得税为：3060.00
```

图 5-7　实例"工资薪金个税计算"程序运行

任务实施

一、新建文件夹

在 Jupyter Notebook 主界面的"New"下拉列表中选择"Folder",建立一个新文件夹,默认文件夹名为"Untitled Folder"。勾选"Untitled Folder"文件夹,单击"Rename"按钮,将文件夹名称修改为"项目五"。

二、新建Python 3文件

(1) 在 Jupyter Notebook 主界面中,单击"项目五",单击右上方"New"的下拉列表,选择"Python 3"。

(2) 将默认打开名为"Untitled"的可编辑 Python 程序代码的新 Notebook 页面,将其重命名为"5.1"。

三、新建Markdown单元

在 Jupyter Notebook 主界面的工具栏的"代码"下拉列表中选择"Markdown"项,在编辑框中输入"### 成绩等级评定"(注意 ### 之后有一个空格),并对其运行。

四、新建代码单元

(1) 在 Jupyter Notebook 主界面的代码编辑框中输入图 5-2 所示的 11 行代码。

(2) 单击 Jupyter Notebook 主界面的工具栏的"运行"按钮,运行代码单元,此时在代码单元下方出现"请输入您的考试成绩:",如果输入"95.5",按"Enter",此时会在显示运行结果为"成绩优秀！赞！",运行结果如图 5-8 所示。

103

图 5-8 实例"成绩等级评定"程序运行

（3）单击 Jupyter Notebook 主界面工具栏的"保存"按钮保存"5.1"Jupyter Notebook 文件。

知识拓展

在 Python 中可以将单分支、双分支以及多分支结构组合起来使用，这样就可以组成 if 语句的嵌套，一般的语法表达式有三种，如图 5-9 所示。

```
形式一：
if 条件1:
    if 条件2:
        语句块1
    else:
        语句块2

形式二：
if 条件1:
    if 条件2:
        语句块1
    else:
        语句块2
else:
    语句块3

形式三：
if 条件1:
    if 条件2:
        语句块1
    else:
        语句块2
else:
    if 条件3:
        语句块3
    else:
        语句块4
```

图 5-9 if 语句嵌套形式

形式一的执行过程是：如果条件 1 为 True，继续判断条件 2，如果条件 2 也为 True，则执行语句块 1，否则执行语句块 2；如果表达式 1 为 False，则执行整个 if 语句块后面的语句。

形式二的执行过程是：条件 1 为 True 时，判断条件 2，如果条件 2 为 True，执行语句块 1，然后结束整个选择结构；如果条件 2 为 False，执行语句块 2，然后结束整个选择结构。条件 1 为 False 时，执行语句块 3，然后结束整个选择结构。

形式三的执行过程是：条件1为True时，判断条件2，如果条件2为True，执行语句块1，如果条件2为False，执行语句块2；条件1为False时，判断条件3，如果条件3为True，执行语句3；如果条件3为False，执行语句块4。

即问即答

下列选项中，关于分支嵌套的描述正确的是（　　）

A. 分支嵌套结构中，只有满足条件才会执行嵌套中的分支结构

B. 分支嵌套中的程序必定会执行嵌套中的分支结构

C. 分支嵌套结构最多有3层

D. 使用分支嵌套可以简化逻辑

大显身手

▶ **实例　年终奖个税计算**　试着设计计算年终奖应纳个人所得税的Python程序：居民个人取得全年一次性奖金符合规定的，在2023年12月31日前，可以不并入当年综合所得，以全年一次性奖金收入除以12个月得到的数额，按照按月换算后的综合所得税率表，如表5-1所示，确定适用税率和速算扣除数，单独计算纳税。计算公式为：应纳税额＝全年一次性奖金收入×适用税率－速算扣除数。

表5-1　按月换算后的综合所得税率表

级数	全月应纳税所得额	税率	速算扣除数
1	不超过3 000元的	3%	0
2	超过3 000元至12 000元的部分	10%	210
3	超过12 000元至25 000元的部分	20%	1 410
4	超过25 000元至35 000元的部分	25%	2 660
5	超过35 000元至55 000元的部分	30%	4 410
6	超过55 000元至80 000元的部分	35%	7 160
7	超过80 000元的部分	45%	15 160

请设计Python程序计算年终奖个税的金额。

试一试制作思维导图

任务一思维导图如图 5-10 所示。

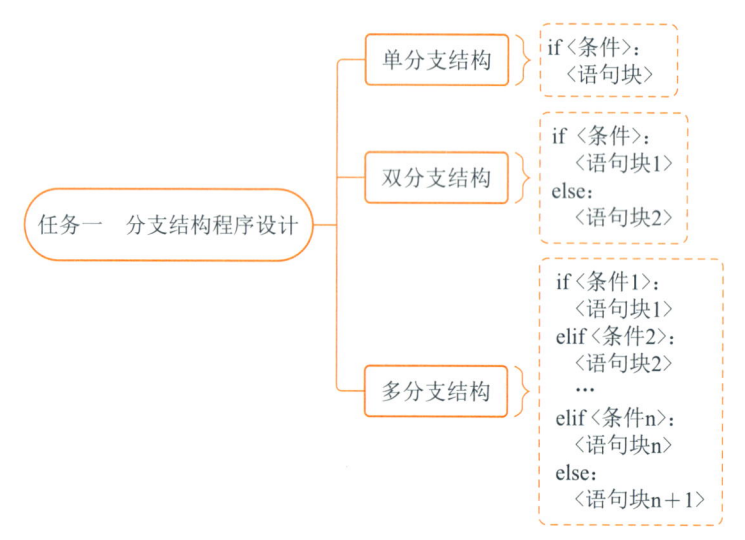

```
                            ┌─ 单分支结构 ─ if <条件>:
                            │                  <语句块>
                            │
                            │                  if <条件>:
任务一  分支结构程序设计 ──┼─ 双分支结构 ─    <语句块1>
                            │                  else:
                            │                  <语句块2>
                            │
                            │                  if <条件1>:
                            │                      <语句块1>
                            │                  elif <条件2>:
                            │                      <语句块2>
                            └─ 多分支结构 ─    …
                                               elif <条件n>:
                                                   <语句块n>
                                               else:
                                                   <语句块n+1>
```

图 5-10 任务一 思维导图

项目五　Python程序设计

任务二
循环结构程序设计

任务描述

▶　**实例　年数总和法计提折旧**　随着近年来我国产业技术升级换代加快，为了进一步鼓励企业扩大投资，财政部、税务总局联合发布了《关于扩大固定资产加速折旧优惠政策适用范围的公告》，将适用固定资产加速折旧优惠的行业范围扩大至全部制造业领域。试着为制造业设计一个固定资产年数总和法计提折旧的 Python 程序，便于企业财务人员对未来作出合理的估计。

实例"年数总和法计提折旧"的程序代码如图 5-11 所示。

年数总和法计提折旧

```
1  a = eval(input('请输入固定资产原值(元)：'))
2  b = eval(input('请输入固定资产使用年限(年)：'))
3  c = input('请输入固定资产残值率(%)：')
4  c = float(c.strip('%')) / 100   # 去除残值率中的百分号，将其转换为小数
5  h = 0   # 设定累加值
6  for i in range(1, b + 1):
7      h += i   # 计算年数总和
8  for i in range(b, 0, -1):   # 倒序循环
9      d_rate = i / h   # 年数总和法折旧率计算
10     p_depreciation = a * (1 - c) * d_rate / 12   # 计提月折旧
11     print('第{}年每月折旧额为：{:.2f}'.format(b-i+1, p_depreciation))
```

图 5-11　实例"年数总和法计提折旧"程序代码

✎　笔记

相关知识

在实际工作中，经常需要反复地完成一些事项，如提取每个月的财务数据、计提固定资产折旧。为了解决这些问题，Python 中提供了一种循环的概念，它是让计算机自动完成重复工作的一种方式。根据循环执行次数的不同，循环可以分为确定次数循环和非确定次数循环。确定次数循环指循环体对循环次数有明确的定义。这类循环在 Python 中被称为"遍历循环"，它的循环次数采用遍历结构中的元素个数来体现，具体采用 for 语句实现。非确定次数循环是指程序不确定循

107

环体可能的执行次数，它通过条件判断是否继续执行循环体。Python 提供了根据判断条件执行程序的无限循环，采用 while 语句实现。

一、遍历循环

在 Python 中可以使用 for 语句实现遍历循环，循环执行次数根据遍历结构中元素的个数来确定。遍历循环可以理解为从遍历结构中逐一提取元素，放在循环变量中，对于所提取的每一个元素执行一次语句块。基本语法结构是：

```
for <循环变量> in <遍历结构>:
    <语句块>
循环变量
```

遍历循环的流程图如图 5-12 所示。

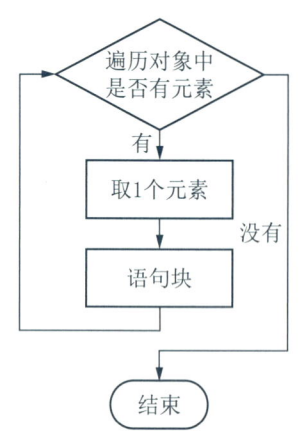

图 5-12　遍历循环流程图

遍历结构可以是字符串、文件、组合数据类型或函数 range() 等，常用的使用方式有 4 种，如图 5-13 所示。

for i in str: <语句块>	for i in fi: <语句块>	for i in list: <语句块>	for i in range(n): <语句块>
遍历字符串 str	遍历文件 fi 每行	遍历列表 list	遍历循环 n 次

图 5-13　for 遍历循环方式

分别举例如图 5-14 所示。

实例"年数总和法计提折旧"中一共使用了两次遍历循环，第一次是为了计算固定资产使用寿命的年份和，进而求出年数总和法折旧率的分母。具体操作是，先设定循环值的原始值，即赋值变量 h 为 0，然后里面遍历循环 "for i in range（1，b+1）:" 语句，每循环一次为 h 加一次 i，i 在 1～b+1 间

```
for i in 'student':            fi = open('Python.txt','r')    for i in [1,2,3,4,5]:    for i in range(5):
    print(i)                   for i in fi:                       print(i)                 print(i)
输出结果：                         print(i)                   输出结果：                输出结果：
s                              输出结果：                      1                        0
t                              123                            2                        1
u                              456                            3                        2
d                              789                            4                        3
e                                                             5                        4
n
t
```

图 5-14 for 遍历循环举例

循环，相当于当 i 是 1 时，h=0+i=1，当 i 是 2 时，h 经过上一次循环后变为 1，所以新的循环中 h=1+i=3，依此类推，当循环结束时，h=0+1+2+…+b。注意循环不包含最后的 b+1，以及 h+=i 即表达每循环一次，在原 h 的基础上增加 i。

知识拓展

函数 range（ ）返回的是一个可迭代对象（类型是对象），而不是列表类型。函数语法是 range（start，stop，step），start 代表计数从 start 开始，默认是从 0 开始；stop 代表计数到 stop 结束，但不包括 stop；step 代表步长，默认为 1。如在 Python 中输入 range（5），输出的内容是 range（0，5）。如果将其应用到遍历循环 for 语句中，就会输出 0、1、2、3、4，不包含 5。这样 range（ ）函数就可以快速地输出一系列数字，从指定的第 1 个参数值开始，到第 2 个参数值结束（不包含第 2 个参数值）。

实例"年数总和法计提折旧"中的第 2 次遍历循环是增加了一次倒序遍历循环，j 从 b 开始循环，每次步长增加 -1，即减少 1：

>>>for j in range(b,0,-1):

j 遍历循环为 b，b-1，b-2，…，1

j/h 即代表固定资产年数总和法的年折旧率，每年的月折旧额就是（原值 - 残值）× 折旧率 /12

最后打印输出第（b+1-j）年对应的每月折旧额，使用 f'{}' 语句，并对月折旧额保留两位小数。

注意

遍历循环中的缩进，是用于判断代码行与前一个代码行的关系的。在实例"年数总和法计提折旧"的第二次遍历循环中，首先计算固定资产每年的折旧率，然后在计算出年折旧率的基础上求得月折旧额，因此应在同一次遍历循环内，将缩进保持一致。最后打印输出每年对应的月折旧额，如果不缩进，打印输出的将是循环后的结果，即只显示最后一期的折旧额，而为了显示每期的月折旧额，可以进行缩进，保持与 j 一样的循环次数。

知识拓展

Python 中 f'{}' 的用法,是用于格式化输出,字符串定义以 f 开头,使用 {} 包裹变量,方便字符串的定义。如在实例"年数总和法计提折旧"中,{b+1-j} 代表输出每一次遍历循环 b+1-j 的值。

即问即答

Python 遍历结构不可以是（　　　）。

A. 字符串　　　B. 文件　　　C. 组合数据　　　D. 空值

知识拓展

遍历循环还存在一种扩展模式,基本使用方法如下:

```
for <循环变量> in <遍历结构>:
    <语句块1>
else:
    <语句块2>
```

与之前的遍历循环不同,当 for 循环执行完成后,程序会继续执行 else 语句后的语句块,因此,往往可以在 else 后增加判断循环执行情况的语句,如循环结束。

▶ **实例　奥运五环**　在项目三中使用了 turtle 库绘制奥运五环,接下来我们利用 for 语句完成奥运五环的绘制。

实例"奥运五环"的程序代码如图 5-15 所示。

奥运五环

```
1  from turtle import *  #调用turtle库
2  pensize(10)  #设定画笔尺寸10
3  colors=["blue","black","red","yellow","green"]  #画笔5种颜色分别为蓝、黑、红、黄、绿
4  for i in range(5):  #遍历循环5次对应五环
5      penup()  #抬起画笔
6      if (i >= 3):
7          goto(55+110*(i-4),-75)  #移动画笔
8      else:
9          goto(110+110*(i-2),-25)
10     pendown()  #落下画笔
11     pencolor(colors[i])  #遍历画笔颜色
12     circle(45)  #画半径45的圆
13 hideturtle()  #隐藏画笔
14 done()  #停止画笔绘制
```

图 5-15　实例"奥运五环"程序代码

二、无限循环

在实际工作中,有些重复性内容可以预先确定出来,如固定资产折旧年限、一年有 12 个月和 4 个季度,但有些工作内容无法确定重复执行的次数,如估计销售量何年达到预定目标、最低采购成本是多少等。这时候,就需要根据条件编写新的循环结构,在 Python 中把这种根据条件进行循环的语法,称为无限循环,又称条件循环。无限循环一直保持循环操作直到循环条件不满足才结束,不需要提前确定循环次数。

Python 通过保留字 while 实现无限循环，基本使用方法如下：

```
while <条件>：
    <语句块>
```

其中，条件与 if 语句中的判断条件一样，结果为 True 或 False。当条件判断为 True 时，循环体重复执行语句块内容；当条件为 False 时，循环终止，执行与 while 同级别缩进的后续语句。

即问即答

Python 通过（　　　）保留字实现无限循环

A. for…in…　　　B. while　　　C. if…else　　　D. if…elif…else

▶ **实例　增长目标**　"凡事预则立，不预则废"，甲公司在对未来发展进行战略规划时，决定以行业领头羊为标杆企业，确定公司每年需实现资产的 10% 增长率、利润 15% 的增长率，预计多少年后可以达到行业标杆的水平呢？已知目前甲公司资产总额为 10 000 万元，利润为 1 000 万元；行业标杆企业资产为 20 000 万元，利润为 4 000 万元。

（1）分析问题　甲公司具体哪一年可以达到标杆企业资产和利润规模，暂时无法确定，大概的资产和利润增长目标是确定的，那么只要按照增长目标无限地循环下去，循环至达到标准即可停止。

（2）设计算法　定义初始资产和利润为循环起点，每增长一次，年份增加一年，当利润增长到 4 000、资产增长到 20 000 时停止循环，最后输出达到目标的年份。

📝 笔记

（3）编写程序　根据以上分析设计，编写代码如图 5-16 所示。

（4）运行　运行"增长目标"代码块，运行结果如图 5-16 所示。

增长目标

```
1  assets = 10000  # 定义资产总额为10000
2  profit = 1000   # 定义净利润为1000
3  year = 2022     # 定义2022年为year
4  while assets <= 20000 or profit <= 4000:  # 循环条件为资产达到20000，或者利润达到4000
5      assets *= 1.1   # 资产每年增长10%
6      profit *= 1.15  # 利润每年增长15%
7      year += 1       # 每循环一次年份加1
8  print(year, '年达到公司增长目标！')
```

2032 年达到公司增长目标！

图 5-16　实例"增长目标"程序代码

三、循环保留字 break 和 continue

在 Python 循环结构中，有两个保留字 break 和 continue 可以用来辅助控制循环的执行。break 是终止循环的执行，即循环代码遇到 break，就不再循环，程序跳出最内层 for 或者 while 循环。跳出后，程序继续执行后续的代码。在实际工作中，我们可能需要在一系列的文件或者数据中进行查找某个文件或者值，当我们找到的时候，就可以停止我们的查找工作，这时候 break 就很有用处。通常 break 语句和 if 语句搭配使用，表示在某种情况下跳出循环。continue 是结束本次循环，继续下一次循环，即本次循环剩下的代码不再执行，但会进行下一次循环。具体可以参考图 5-17，对两个保留字的举例对比。

```
for i in "student":
    if i =="t":
        continue
    print(i, end = "")
输出结果：
suden
```

```
for i in "student":
    if i =="t":
        break
    print(i, end = "")
输出结果：
s
```

图 5-17　break 和 continue 对比

任务实施

一、新建Python 3文件

（1）在 Jupyter Notebook 主界面中，单击"项目五"，单击右上方"New"的下拉列表，选择"Python 3"。

（2）将默认打开名为"Untitled"的可编辑 Python 程序代码的新 Notebook 页面，将其重命名为"5.2"。

二、新建Markdown单元

在 Jupyter Notebook 主界面工具栏的"代码"下拉列表中选择"Markdown"项，在编辑框中输入"### 年数总和法计提折旧"（注意 ### 之后有一个空格），并对其运行。

三、新建代码单元

（1）在 Jupyter Notebook 主界面的代码编辑框中输入图 5-12 所示的 11 行代码。

（2）单击 Jupyter Notebook 主界面工具栏的"运行"按钮，运行代码单元，此时在代码单元下方出现"请输入固定资产原值（元）："，如果输入"10 000"，按"Enter"，提示文字"请输入固定资产使用寿命（年）："，如果输入"5"，按"Enter"，提示文字"请输入固定资产残值率（%）："，如果输入"5%"，按"Enter"，此时会显示运行结果如图 5-18 所示。

项目五　Python程序设计

图5-18　实例"年数总和法计提折旧"程序运行

（3）单击Jupyter Notebook主界面工具栏的"保存"按钮保存"5.2"。

知识拓展

print函数和end参数的作用：Python中默认是print（）会在结尾自动增加换行；而用end参数，可以用end指定的内容替换换行，比如空格，就是调整print函数不换行；再比如end="---"，就是在添加end的print输出语句和下一个输出语句之间不换行且添加---

即问即答

下列关于Python循环结构的说法中，错误的是（　　　）

A. 遍历循环中的遍历结构可以是字符串、文件、组合数据类型和range对象等

B. break可用于跳出内层的for或者while循环

C. continue语句可用于跳出当前层次的循环

D. while可实现无限循环结构

▶ 实例　数学趣题　我国古代数学名著《孙子算经》中记载了一道数学趣题：今有物不知其数，三三数之剩二、五五数之剩三、七七数之剩二、问物几何？答曰：二十三。

实例"数学趣题"程序运行如图5-19所示。

数学趣题

```
1  for number in range(1000):
2      if (number%3 ==2) and (number%5 ==3) and (number%7 ==2):  # 判断是否符合除以3余2、除以5余3、除以7余2
3          print("答曰：这个数是",number)  # 输出符合条件的数
4          break    # 跳出for循环
```

答曰：这个数是 23

图5-19　实例"数学趣题"程序运行

💬 讨论

如果将实例"数学趣题"中 break 修改为 continue，结果会变成什么，为什么会发生这样的变化？

👍 大显身手

> **实例　韩信点兵**　淮安民间传说着一则故事——"韩信点兵"。
>
> 韩信带 1 500 名兵士打仗，战死四五百人，站 3 人一排，多出 2 人；站 5 人一排，多出 4 人；站 7 人一排，多出 3 人。韩信很快说出人数：1 004。
>
> 参照实例"数学趣题"的程序代码，请你设计 Python 程序计算验证韩信所说的人数是否正确。

程序代码：韩信点兵

📚 知识拓展

在使用 Python 设计程序时，经常会发生一些程序异常的情况，这时就需要使用 try-except 语句进行异常处理。它的语法结构是：

```
try:
    <语句块 1>
except<异常类型>:
    <语句块 2>
```

语句块 1 是正常执行的程序内容，当发生异常时执行 except 保留字后面的语句块 2。

程序的异常和错误可能引起程序执行错误而退出，但却是两个不同的概念，程序错误可以是语法错误，程序无法执行；而异常可能是程序语法是正确的，但在运行的时候，会发生与我们期望不一致的例外情况。

👍 大显身手

> **实例　学期平均绩点计算**　国内大部分高校对学生课程考核都采用学分绩点制，课程绩点是一门课程的成绩系数，学分绩点是指通过课程绩点来反映考核成绩的优劣。学分绩点的计算公式：
>
> 课程的学分绩点 = 课程绩点 × 该课程的学分数
>
> 考核成绩与课程绩点的对应关系假设为：90 分及以上为 4 绩点，80 分及以上为 3 绩点，70 分及以上为 2 绩点，60 分及以上为 1 绩点，60 分以下为 0 绩点。

程序代码：学期平均绩点计算

平均学分绩点可作为衡量学生总体学习质量的主要指标，可按学期或学年进行计算，作为学生综合考评和评优的重要依据。平均学分绩点的计算公式：

$$学期或学年的平均学分绩点 = \frac{\sum(课程绩点 \times 学分)}{\sum 课程学分}$$

试着设计学期平均绩点计算的 Python 程序。

试一试制作思维导图

请总结任务二的学习内容，并制作相应的思维导图。

📝 笔记

项目总结

本项目主要介绍了 Python 中分支结构和循环结构的概念及基本操作，并采用实例对其使用方法进行了详细解读。

技能训练

一、单项选择题

1. 以下保留字中，不属于分支或循环逻辑的是（　　）
   A. elif　　　　B. in　　　　C. for　　　　D. while
2. 在 Python 语言中，使用 for…in… 方式形成的循环不能遍历的类型是（　　）
   A. 字典　　　　B. 列表　　　　C. 浮点数　　　　D. 字符串

3. 以下关于 Python 语言 try 语句的描述中，错误是（　　）。

A. 一个 try 代码块可以对应多个处理异常的 except 代码块

B. 当执行 try 代码块触发异常后，会执行 except 后面的语句

C. try 用来捕捉执行代码发生的异常，处理异常后能够回到异常处继续执行

D. try 代码块不触发异常时，不会执行 except 后面的语句

4. Python 语言中用来表示代码块所属关系的语法是（　　）。

　　A. 缩进　　　　B. 括号　　　　C. 花括号　　　　D. 冒号

5. 以下描述中，错误的是（　　）。

A. 编程语言中的异常和错误是完全相同的概念

B. Python 脚本程序发生了异常后，如果不处理，运行结果不可预测

C. try-except 可以在函数、循环体中使用

D. Python 通过 try、except 等保留字提供异常处理的功能

6. 以下关于 Python 循环结构的描述中，错误的是（　　）。

A. continue 只结束本次循环

B. 遍历循环中的遍历结构可以是字符串、文件、组合数据类型和 range（）函数等

C. Python 通过 for、while 等保留字构建循环结构

D. break 用来结束当前当次语句，但不跳出当前的循环体

7. 以下构成 Python 循环结构的方法中，正确的是（　　）。

　　A. if　　　　B. loop　　　　C. while　　　　D. do…for

8. 以下代码绘制的图形是（　　）。

```
import turtle as t
for i in range(1,5):
    t.fd(50)
    t.left(90)
```

　　A. 五边形　　　　B. 正方形　　　　C. 三角形　　　　D. 五角星

9. 以下关于 Python 语言的描述中，正确的是（　　）。

A. 条件 11<=22<33 是合法的，输出 True

B. 条件 11<=22<33 是合法的，输出 False

C. 条件 11<=22<33 是不合法的

D. 条件 11<=22<33 是不合法的，抛出异常

10. 以下代码的输出结果是（　　）。

```
for i in range(1,6):
    if i%4 == 0:
        break
```

```
    else:
        print(i,end =",")
```

A. 1、2、3、5、　　B. 1、2、3、4、　　C. 1、2、3、　　D. 1、2、3、5、6

二、实操题

1. 猜体重游戏　在程序中预设一个自己的真实体重，让用户通过键盘输入所猜的体重，如果大于真实体重，那么提示"我没那么重！"；如果小于真实体重，那么提示"我也想那么瘦！"，如此循环，直至猜中为止，提示"恭喜你，终于猜对了！不要告诉别人啊！"

2. 快递计费　首重8元/千克，续重5元/千克，试着设计一个快递计价器程序，费用保留两位小数。

3. 年终绩效奖金计算　某公司绩效考核分为A、B、C、D四档，对应的年底绩效奖金分别为20 000元、15 000元、10 000元、5 000元。如果员工综合得分在90分及以上，那么绩效考核认定为A；80分及以上，那么绩效考核认定为B；70分及以上，那么绩效考核认定为C；70分以下，那么绩效考核认定为D。员工综合得分由部门打分和公司打分两个部分组成，其中部门打分权重为0.6，公司打分权重为0.4。试设计年终绩效奖金计算的Python程序。

4. 绘画圆形蚊香　试着利用绘图turtle库和for语句，画出笔尺寸为30、最小半径为10、最大半径为200、弧形角度为60的蚊香。

项目六
Python组合数据类型运用

学习目标

知识目标

1. 了解Python组合数据类型的应用场景。
2. 掌握Python列表类型的操作方法。
3. 掌握Python字典类型的操作方法。

技能目标

1. 能正确区分Python中组合数据类型的使用方法。
2. 能熟练地将组合数据类型应用于程序设计中。

素养目标

1. 培养使用各种数据解决问题的意识，便于日后财务工作中养成组合数据分析的习惯。
2. 培养财经商贸类专业相关的辨析能力，为将组合数据类型应用于程序设计作准备。
3. 通过实例"奥运志愿者"，学习志愿者为国家无私奉献的精神，增强为社会服务、为国家奉献的情怀。
4. 通过实例"中国品牌全球占有率"，了解中国制造在全球的领先地位，加强民族自豪感，养成积极学习知识、努力创造，争取为国家贡献自己的一份力量的品质。

项目导入

大数据时代的到来，让我们的生活发生了翻天覆地的变化，购物软件会根据

你的购买习惯推送你感兴趣的东西，社交软件会根据你的社交圈推送共同好友，导航打车软件会根据实时路况信息给你推荐行驶路线等。生活中面对的不再是单一变量、单一数据，而是大批量的数据的集合。如果将眼前众多的数据进行逐一处理显然会降低效率，那么将众多数据罗列起来，用一条或者多条 Python 语句对其进行批量化处理，必然会大大提高运行效率，简化工作。而 Python 中的组合数据类型正是满足了这个需求，不管是字符串，还是元组、列表、集合、字典，它们只是类型不同，但它们的共性是都属于组合数据类型，相较于 C 语言，Python 可以将多个同类型或不同类型的数据组织起来，提供单一表示，使数据更加有序、更加容易操作，因此更加方便进行大批量的数据处理工作。

本项目介绍的就是 Python 中的组合数据类型，它包括三大类：序列类型、集合类型、映射类型。掌握了 Python 的组合数据类型的应用，将会为更复杂的程序设计打好基础，并提高设计的效率。

▶▶ 项目框架

本项目框架如图 6-1 所示。

图 6-1　项目六　框架

财务大数据基础

任务一
列表运用

任务描述

> **实例　奥运志愿者**　2022年2月4日，我国国家体育馆再次举办奥运会开幕式，成为世界上第一个举行过夏季和冬季奥运会开幕式的体育场馆。在1.9万名志愿者中，1.4万名是在校大学生，他们充满着对冬奥会的热爱、对志愿服务的信念，表现出极强的能动性、创造性。"奉献、友爱、互助、进步"的志愿精神，将成为越来越多新时代青年的座右铭，激励他们投身于"有一分热，发一分光""我为人人、人人为我"的志愿服务中。

实例"奥运志愿者"的程序代码如图6-2所示。

奥运志愿者

```
1  list = [2022, '1.4万', '中国大学生', '志愿者', '服务', 'Olympic']
2  print(list[0])    # 输出列表第一个元素
3  print(list[-6])   # 输出列表倒数第四个元素
4  list[0] = '2022年'  # 修改第一个元素为"2022年"
5  print(list)       # 输出列表
6  list.append('Winter Games')  # 末尾增加"Winter"
7  list.insert(3, '青年')  # 在第二个元素后或第三个元素位置添加"青年"
8  print(list)
9  del list[3]       # 删除第二个元素或第三个元素
10 list.pop()        # 删除末尾元素
11 print(list)
12 list.sort()       # 列表重新排序
13 print(list)
```

图6-2　实例"奥运志愿者"程序代码

相关知识

组合数据类型能够将多个同类型或不同类型的数据组织起来，通过单一的表示使数据操作更有序、更容易。根据数据之间的关系，组合数据类型可以分为三类：序列类型、集合类型和映射类型。

序列类型是一个元素向量，元素之间存在先后关系，如字符串（str）、元组

(tuple)、列表(list)。字符串(str)可以看成是单一字符的有序组合,由于字符串类型十分常用且单一字符串只表达一个含义,也被看作是基本数据类型。元组(tuple)是包含0个或多个数据项的不可变序列类型。元组生成后是固定的,其中任何数据项不能替换或删除。列表则是一个可以修改数据项的序列类型,使用也最灵活。序列类型一般有11个通用操作符和函数,如表6-1所示。

表6-1 序列类型通用操作符和函数

操作符	描 述
x in s	如果x是序列s的元素,返回True,否则返回False
x not in s	如果x是序列s的元素,返回False,否则返回True
s+t	连接两个序列s和t
s*n 或 n*s	将序列s复制n次
s[i]	索引,返回s中的第i个元素,i是序列的序号
s[i:j]或 s[i:j:k]	切片,返回序列s中第i到j以k为步长的元素子序列
len(s)	返回序列s的长度
min(s)	返回序列s的最小元素,s中元素需要可比较
max(s)	返回序列s的最大元素,s中元素需要可比较
s.index(x)或 s.index(x,i,j)	返回序列s从i开始到j位置中第一次出现元素x的位置
s.count(x)	返回序列s中出现x的总次数

✎ 笔记

集合类型是一个元素集合,元素之间无序,相同元素在集合中唯一存在,不可重复。元素类型只能是固定数据类型(整数、浮点数、字符串、元组等),列表、字典类型本身是可变数据类型,所以不能作为集合的元素。Python提供了一种同名的数据类型——集合(set)。

映射类型是"键—值"数据项的组合,每个元素是一个键值对,表示为(key,value),元素之间是无序的,键值对是一种二元关系,键(key)表示一个属性,也可以理解为一个类别或项目,值(value)则是属性的内容,这样一个键值对就刻画出一个属性和它的值,Python中以字典(dict)来体现这样的属性和值的映射关系组合。

一、列表类型的概念

列表(list)是由一系列按特定顺序排列的元素组成的有序序列,属于序列类型,通过序号进行访问,第一个列表元素的索引序号为0,第二个列表元素的索引序号为1。与元组不同,列表的长度和内容都是可变的,可自由对列表中的数据项进行增加、删除或替换。列表没有长度限制,元素类型可以不同,可以使用所有字母、数字或者姓名等组成,使用非常灵活。

在Python中,用方括号[ ]来表示列表,并用逗号来分隔其中的元素。除此,Python也可以通过list( )函数将元组或字符串转化成列表。

二、列表类型的操作

列表除了可以应用序列类型的 11 个操作符和函数外，还有 14 个常用的函数和方法，如表 6-2 所示。

表 6-2　列表函数和方法

函数或方法	描　　述
list［i］=x	替换列表第 i 项元素为 x
list［i:j］=list1	用新 list1 列表元素替换第 i 到第 j 项元素，不含第 j 项
del list［i:j］	删除列表第 i 到第 j 项数据，不含第 j 项
list *=n	更新列表，其元素重复 n 次
list.append（x）	在列表末尾添加新的元素 x
list.count（x）	统计 x 在列表中出现的次数
list.extend（list1）	在列表末尾一次性追加另一个序列 list1 的多个值
list.index（x）	从列表中找出 x 第一个匹配项的索引位置
list.insert（i, x）	将对象 x 插入到列表第 i 位置
list.pop（i）	移除列表中的第 i 个元素，并且返回该元素的值
list.remove（x）	移除列表中出现的第一个 x
list.reverse（）	将原列表中元素进行翻转
list.set（）	列出列表中不重复的元素集合
list.sort（）	对原列表进行排序

（一）列表元素的索引

列表类型索引规则如图 6-3 所示。

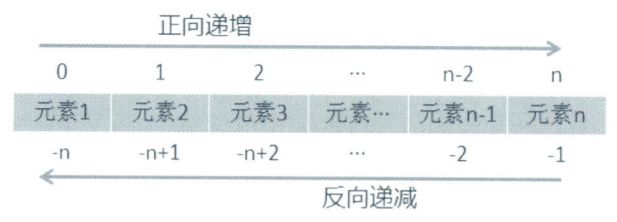

图 6-3　列表类型索引规则

在 Python 中，第 1 个列表元素的索引为 0，第 2 个列表元素的索引为 1，以此类推，例如：list =［2022, '1.4 万', '中国大学生', '志愿者', '服务', 'Olympic'］，列表一共有 6 个元素，print（list［0］）则代表 list 这个列表的第 1 个元素，Python 会输出结果 2022。除此，Python 中也定义了最后一个位置的索引号为 –1，倒数第二个位置的索引号为 –2，因此列表中的 2022，也可以写成 print（list［–6］）。

```
>>>list =[2022,'1.4万','中国大学生','志愿者','服务','Olympic']
>>>print(list[0])
>>>print(list[-6])
```
输出结果均为<2022>

即问即答

（　　）是列表中的最后一个索引

A. -1　　　　　　　　　　　　B. 0

C. 列表的长度　　　　　　　　D. 列表的长度的负数

（二）修改、添加和删除列表元素

列表是一个十分灵活的数据结构，它具有处理任意长度、混合类型数据的能力，用户可以自由地修改、添加和删除列表元素。想要修改列表中某一个位置的元素，可指定列表名和要修改的元素的索引，再指定该元素的新值。例如：将list列表中第一个元素修改为"2022年"。

```
>>>list[0]='2022年'
>>>print(list)
```
输出结果为<['2022年','1.4万','中国大学生','志愿者','服务','Olympic']>

如果想要对列表添加元素，可以使用append（）和insert（），append（）是在列表的末尾添加元素，insert（）则是在列表中某一个位置插入元素，例如：在list列表末尾添加"Winter"，在"中国大学生"后面添加"青年"，索引的位置应该为2，而不是3。

```
>>>list.append('Winter Games')
>>>list.insert(3,'青年')
>>>print(list)
```
输出结果为<['2022年','1.4万','中国大学生','青年','志愿者','服务','Olympic','Winter Games']>

删除列表元素一般有三种方式，分别为del语句、pop（）和remove（）函数。使用del可删除任何位置处的列表元素，条件是知道其索引位置，而pop（）默认是删除列表末尾的元素，如果需要删除特定位置的元素，则同样需要指定索引位置。两者的区别在于，如果你要从列表中删除一个元素，且不再以任何方式使用它，就使用del语句；如果你要在删除元素后还能继续使用它，就使用方式pop（）。remove（）方式主要用于不知道列表中的想要删除元素的位置，根据想要删除的值来删除列表元素，例如：不知道"青年"在列表中的位置，那么使用remove（'青年'）就可以把这个元素删除。

```
>>>del list[3] 或 del list[3:4]
>>>list.pop( )
>>>print(list)
```
输出结果为<['2022年','1.4万','中国大学生','志愿者','服务','Olympic']>

💬 即问即答

下列选项中，不可以删除列表List=['阿里巴巴','腾讯','华为','百度']中的'腾讯'元素的是（　　）。

A. del List[-3]　　　　　　B. List.pop（1）

C. List.pop（2）　　　　　D. List.remove（'腾讯'）

📚 知识拓展

Python列表中冒号一般用于定义分片、步长。例如，list[:n]表示从第0个元素到第n个元素（但是不包括第n个元素），list[1:]则表示该列表中的第1个元素到最后一个元素。当我们使用Python处理列表的一部分元素时，这就叫做切片。

例如：list[3:4]代表读取列表中的第三个元素，也就是从第一个开始数的第四个元素'青年'，list[3:5]则代表读取列表中的第三和第四个元素，即'青年''志愿者'。

（三）列表排序

在Python中，可以使用三种方法对列表进行排序，一是用sort（）方法对列表进行正序排序，一旦排序，将会永久性地修改列表元素的顺序；二是用reverse（）方法将列表中的元素反转排序；三是用sorted（）方法，既能保留原列表不做修改，又能得到已经排序好的列表。

```
>>>list.sort( )
>>>print(list)
```
输出结果为<['1.4万','2022年','Olympic','中国大学生','志愿者','服务']>

💬 即问即答

对列表进行排序的方法是（　　）。

A. sort（）　　B. list（）　　C. len（）　　D. max（）

（四）创建数值列表

在公司财务工作中，一般都是使用数字（收入金额、成本费用、货币资金、资产总额等）对公司经营情况进行评价，随着大数据的普及应用，数据可视化将更多地处理数字组成的集合。而列表非常适合用于存储数字集合，为此Python

提供了一些方法高效地处理数字列表，如内置函数 range（），参见项目五中的说明。下面举例如下：

>>>number = list(range(1,10))
>>>print(number)
输出结果为<[1,2,3,4,5,6,7,8,9]>

使用函数 range（）时，还可指定步长。例如要输出 1 ～ 10 以内的奇数，那么可以编写代码为：

>>>number = list(range(1,10,2))
>>>print(number)
输出结果为<[1,3,5,7,9]>

在 Python 中，可以使用 range（）创建各种数字集合。

即问即答

关于 range（）函数，下面说法不正确的是（　　）
A. range（）函数中的参数可以是一个、两个或三个
B. range（5）和 range（0:5）是等价的
C. range（5）和 range（0、5、1）是等价的
D. range（ord（'a'），ord（'z'））是合法的

笔记

任务实施

一、新建文件夹

在 Jupyter Notebook 主界面的"New"下拉列表中选择"Folder"，建立一个新文件夹，默认文件夹名为"Untitled Folder"，勾选"Untitled Folder"文件夹，单击"Rename"按钮，将文件夹名称修改为"项目六"。

二、新建Python3文件

（1）在 Jupyter Notebook 主界面中，单击"项目五"，单击右上方"New"的下拉列表，选择"Python3"。

（2）将默认打开名为"Untitled"的可编辑 Python 程序代码的新 Notebook 页面，将其重命名为"6.1"。

三、新建Markdown单元

在 Jupyter Notebook 主界面工具栏的"代码"下拉列表中选择"Markdown"项，在编辑框中输入"### 奥运志愿者"（注意 ### 之后有一个空格），并对其运行。

四、新建代码单元

（1）在 Jupyter Notebook 主界面的代码编辑框中输入图 6-2 所示的 13 行代码。

（2）单击 Jupyter Notebook 主界面的工具栏的"运行"按钮，运行代码单元。运行结果如图 6-4 所示。

图 6-4 实例"奥运志愿者"程序运行

程序运行结果解释如下：

① 列表 list 第一个元素为 2022。

② 列表 list 倒数第四个元素为 2022。

③ 修改列表第一个元素为 2022 年，输出修改后的列表。

④ 在列表末尾添加 Winter Games、在第三个元素位置添加青年，输出添加后的列表。

⑤ 删除第三个元素青年，输出删除后的列表。

⑥ 输出重新排序后的列表。

（3）单击 Jupyter Notebook 主界面工具栏的"保存"按钮，保存"6.1"Jupyter Notebook 文件。

大显身手

实例　0~10偶数的平方　筛选出 0 到 10 中的偶数，并对其进行平方计算。

请你设计实例"0~10中偶数的平方"的程序代码。

实例　套路贷　某大学生为了购买最新款的折叠屏手机，于是通过网上贷款平台以每日万分之五的利率贷款 10 000 元，请问大学四年后，他需要归还网贷平台本息和多少钱呢？

请你设计实例"套路贷"的程序代码。

程序代码：0~10中偶数的平方

程序代码：套路贷

试一试 制作思维导图

任务一的思维导图如图 6-5 所示

```
                        ┌─ 有序序列
           ┌─ 列表类型认知 ─┼─ 序号访问
           │              ├─ 长度和内容可变
           │              └─ 方括号[]表示，逗号分隔
任务一 列表运用 ┤
           │              ┌─ 列表元素的索引
           └─ 列表类型操作 ─┼─ 修改、添加和删除列表
                          ├─ 列表排序
                          └─ 创建数值列表
```

图 6-5　任务一　思维导图

任务二 字典运用

任务描述

▶ **实例 中国品牌全球占有率** 近几年中国品牌迅速崛起，在多个领域逐渐占据全球头号交椅，据统计，大疆无人机在全球市场占有率约为 80%，TP-LINK 路由器在全球占有率约为 70%，华为 5G 业务在全球占有率约为 35.7%，宁德时代动力电池全球占有率约为 32.6%，海康威视在全球安防市场占有率约为 29.8%。

实例"中国品牌全球占有率"的程序代码如图 6-6 所示。

中国品牌全球占有率

```
1  # 中国品牌全球占有率
2  d1 = {'大疆无人机':'80%','TP_LINK路由器':'70%','华为5G':'35.7%','宁德时代动力电池':'32.6%','海康威视安防':'29.8%'}
3  print(d1)
4  list1 = ['大疆无人机','TP_LINK路由器','华为5G','宁德时代动力电池','海康威视安防']    # 使用字典的键创建列表
5  list2 = ['80%','70%','35.7%','32.6%','29.8%']    # 使用字典的值创建列表
6  zipobj = zip(list1, list2)    # 打包为元组的列表
7  d2 = dict(zipobj)
8  print(d2)
9  d3 = dict(大疆无人机='80%', TP_LINK路由器='70%', 华为5G='35.7%', 宁德时代动力电池='32.6%', 海康威视安防='29.8%')
10 print(d3)
11 print(d1['华为5G'])    # 访问字典d1中'华为5G'对应的值
12 print(d1.get('大疆无人机'))    # 访问字典d1中'大疆无人机'对应的值
13 print(d1.keys())    # 返回字典d1所有的键
14 print(d1.values())    # 返回字典d1所有的值
15 print(list(d3.values()))    # 以列表类型打印字典d3所有值
16 d1['福耀玻璃'] = '25%'    # 添加键值对
17 print(d1.items())    # 返回字典d中所有的键值对信息
18 d1['福耀玻璃'] = '25.00%'    # 修改'福耀玻璃'键的值为25.00%
19 print(tuple(d1.values()))    # 打印字典d1所有值
20 del d1['大疆无人机']    # 删除'大疆无人机'键值对
21 d1.pop('福耀玻璃')    # 删除'福耀玻璃'键值对
22 print(d1)
23 d1.clear()    # 清除字典d1
24 print(d1)
25 for i in d2.keys():
26     print(i)
27 for key, value in d2.items():
28     print(key + '的全球市场占有率是' + value + '。')
```

图 6-6 实例"中国品牌全球占有率"程序代码

相关知识

一、字典类型的概念

字典是 Python 中用于存放具有映射关系的数据类型，它相当于保存了两组数据，其中一组数据是关键数据，被称为 key；另一组数据可通过 key 来访问，被称为 value。字典就是由这样的有对应关系的"键值对"组成的。在实际生活中有很多这样的事例，比如，通过身份证号查询自己的成绩、车票信息等，那么身份证号就是 key，成绩或者车票信息就是对应的 value，成绩系统或购票系统中就是存储了很多这样的"键值对"，可以快速地根据关键信息检索出对应的数据信息。

由于字典中的 key 是非常关键的数据，而且程序需要通过 key 来访问 value，因此字典中的 key 不允许重复，如果重复将会覆盖之前出现的 key。字典中的键和值可以是任意数据类型，包括程序自定义的类型。在 Python 中可以通过大括号建立，键和值通过冒号连接，不同的键值对通过逗号隔开，键值对之间没有先后顺序。

二、字典类型的操作

在 Python 中字典有着非常灵活高效的操作方法。使用大括号创建字典，使用中括号可以添加新的键值对。除此之外还有内置函数或方法可供使用，如表 6-3 所示。

表 6-3 字典函数和方法

函数或方法	描述
del d[k]	删除字典 d 中键 k 对应的数据值
k in d	判断键 k 是否在字典 d 中，如果在则返回 True，否则返回 False
d.keys()	返回字典 d 中所有的键信息
d.values()	返回字典 d 中所有的值信息
d.items()	返回字典 d 中所有的键值对信息
d.get(k, default)	键 k 存在，则返回相应值，不存在则返回 default 值
d.pop(k, default)	键 k 存在，则取出相应值，取出后要删除字典中对应的键值对，不存在则返回 default 值
d.popitem()	随机从字典 d 中取出一个键值对，以元组 (key, value) 形式返回
d.clear()	删除所有的键值对
len(d)	返回字典 d 中元素的个数

（一）创建字典

创建字典可以有两种方法，一种是使用大括号直接创建字典，另一种是使用 Python 内置函数 dict() 以及 zip() 创建。例如，实例"中国品牌全球占有率"中的字典 d1 是使用大括号直接创建，字典 d2 使用 zip() 函数和 dict() 创建，

字典 d3 直接使用 dict（ ）函数创建。

1. 使用大括号创建字典

```
>>>d1={'大疆无人机':'80%','TP_LINK路由器':'70%','华为5G':'35.7%','宁德时代动力电池':'32.6%','海康威视安防':'29.8%'}
>>>print(d1)
输出结果为<{'大疆无人机':'80%','TP_LINK路由器':'70%','华为5G':'35.7%','宁德时代动力电池':'32.6%','海康威视安防':'29.8%'}>
```

2. 使用 zip（ ）函数和 dict（ ）函数创建

先将字典中的键创建一个列表 list1，再将字典中的值创建一个列表 list2，然后通过 zip（ ）函数将两个列表打包为新元组组成的新列表 zipobj，接着通过 dict（ ）函数将其转换为字典。

```
>>>list1=['大疆无人机','TP_LINK路由器','华为5G','宁德时代动力电池','海康威视安防']
>>>list2=['80%','70%','35.7%','32.6%','29.8%']
>>>zipobj=zip(list1,list2)
>>>d2=dict(zipobj)
>>>print(d2)
输出结果为<{'大疆无人机':'80%','TP_LINK路由器':'70%','华为5G':'35.7%','宁德时代动力电池':'32.6%','海康威视安防':'29.8%'}>
```

知识拓展

Python 中的 zip（ ）函数用于将可迭代的对象作为参数，将对象中对应的元素打包成一个个元组，然后返回由这些元组组成的列表。如果各个迭代器的元素个数不一致，则返回列表长度与最短的对象相同，利用 * 号操作符，可以将元组解压为列表。

3. 使用 dict（ ）函数创建

```
>>>d3=dict(大疆无人机='80%',TP_LINK路由器='70%',华为5G='35.7%',宁德时代动力电池='32.6%',海康威视安防='29.8%')
>>>print(d3)
输出结果为 <{'大疆无人机':'80%','TP_LINK路由器':'70%','华为5G':'35.7%','宁德时代动力电池':'32.6%','海康威视安防':'29.8%'}>
```

即问即答

使用语句 D = dict（[（'a', 'b'）,（'c', 'd'）]）创建的字典为（　　）。

A. {a: b, c: d}　　　　　　　　B. {'a': 'b', 'c': 'd'}
C. {（'a': 'b'）:（'c': 'd'）}　　D. {'a': 'c', 'b': 'd'}

（二）访问字典中的键和值

1. 使用方括号访问值

要获取字典中与键相关联的值，可先指定字典名，再将需要访问的键放入方括号中。

```
>>>print(d1['华为5G'])
```
输出结果为<35.7%>

2. 使用 get（）函数访问值

```
>>>print(d1.get('大疆无人机'))
```
输出结果为<80%>

以上访问字典的两种方式主要的区别在于：get（）函数在发现键不存在时，Python 可以返回默认值，而使用方括号的方式访问，会提示错误。此外，在 Python 中还可以使用内置函数 keys（）输出字典中所有的键，使用 values（）内置函数输出字典中所有的值。

```
>>>print(d1.keys())
```
输出结果为<dict_keys(['大疆无人机','TP_LINK路由器','华为5G','宁德时代动力电池','海康威视安防'])>
```
>>>print(d1.values())
```
输出结果为<dict_values(['80%','70%','35.7%','32.6%','29.8%'])>
```
>>>print(list(d3.values()))
```
输出结果为<['80%','70%','35.7%','32.6%','29.8%']>

知识拓展

如果在 Python 中希望获得更好的数据显示效果，可以使用 list（）和 tuple（）函数将字典键值转换成相应的数据类型。例如，print（list（d.keys（）））可以将字典中的所有键转换成列表类型，print（tuple（d.values（）））可以将字典中的所有值转换成元组类型。

（三）添加或修改字典键值对

Python 中的字典是一种动态结构，可随时添加键值对，只需要指定字典名，用方括号括起需要添加的键和对应的值即可。例如，实例"中国品牌全球占有率"中添加福耀玻璃全球市场占用率 25% 到字典 d1 中，并使用 items（）函数返回所有字典的键值对。

```
>>>d1['福耀玻璃']='25%'
>>>print(d1.items())
```

输出结果为<dict_items([('大疆无人机','80%'),('TP_LINK 路由器','70%'),('华为 5G','35.7%'),('宁德时代动力电池','32.6%'),('海康威视安防','29.8%'),('福耀玻璃','25%')])>

要修改字典中的值，可依次指定字典名、用方括号括起的键以及与该键相关联的新值。例如将福耀玻璃全球市场占用率 25% 改为 "25.00%"。

```
>>>d1['福耀玻璃'] = '25.00%'
>>>print(tuple(d1.values()))
```
输出结果为<('80%','70%','35.7%','32.6%','29.8%','25.00%')>

（四）删除字典键值对

对于字典中不再需要的信息，可以使用 del 语句和 pop（）函数将相应的键值对彻底删除。使用 del 语句时，必须指定字典名和要删除的键。如实例"中国品牌全球占有率"使用 del 语句删除字典 d1 中的"大疆无人机"，使用 pop（）函数删除"福耀玻璃"，与此同时键对应的值也会同时被删除，而保留其他的字典键值对。

```
>>>del d1['大疆无人机']
>>>d1.pop('福耀玻璃')
>>>print(d1)
```
输出结果为<{'TP_LINK 路由器':'70%','华为 5G':'35.7%','宁德时代动力电池':'32.6%','海康威视安防':'29.8%'}>

在 Python 中，还可以使用内置函数 clear（）清空字典中所有的键值对，对一个字典执行 clear（）方法之后，该字典就会变成一个空字典。

```
>>>d1.clear()
>>>print(d1)
```
输出结果为<{}>

⚠ **注意**

Python 中字典中的键值对一旦删除，将永远消失，如果想再次使用，只能采用重新添加键值对的方式。

（五）字典的遍历

在 Python 中，字典可以存储成千上万个键值对，基于此，可以对字典进行遍历，可以遍历字典的所有键值对，也可以遍历字典的键或者值。如果遍历所有的键值对，则需要使用函数 items（），如果遍历键或者值，则使用函数 keys（）和 values（）。

```
>>>for i in d2.keys():
>>>print(i)
```
输出结果为 < 大疆无人机
TP_LINK 路由器
华为5G
宁德时代动力电池
海康威视安防 >

为了遍历字典键值对时让人更加清晰地明白键值对之间所表达的关系，可以在键值对之间加入注释信息。例如，"中国品牌全球占有率"实例中遍历键值对时，加入"的全球市场占有率是"

```
>>>for key, value in d2.items():
>>>print(key+ ' 的全球市场占有率是 '+ value +'。')
```
输出结果为 < 大疆无人机的全球市场占有率是80%。
TP_Link 路由器的全球市场占有率是70%。
华为5G的全球市场占有率是35.7%。
宁德时代动力电池的全球市场占有率是32.6%。
海康威视安防的全球市场占有率是29.8%。>

📝 笔记

任务实施

一、新建Python3文件
（1）在 Jupyter Notebook 主界面中，单击"项目六"，单击右上方"New"的下拉列表，选择"Python3"。
（2）将默认打开名为"Untitled"的可编辑 Python 程序代码的新 Notebook 页面，将其重命名为"6.2"。

二、新建Markdown单元
在 Jupyter Notebook 主界面的工具栏的"代码"下拉列表中选择"Markdown"项，在编辑框中输入"### 中国品牌全球占有率"（注意###之后有一个空格），并对其运行。

三、新建代码单元
（1）在 Jupyter Notebook 主界面的代码编辑框中输入图6-6所示的28行代码。
（2）单击 Jupyter Notebook 主界面的工具栏的"运行"按钮，运行代码单元

运行结果如图 6-7 所示。

```
{'大疆无人机': '80%', 'TP_LINK路由器': '70%', '华为5G': '35.7%', '宁德时代动力电池': '32.6%', '海康威视安防': '29.8%'}
{'大疆无人机': '80%', 'TP_LINK路由器': '70%', '华为5G': '35.7%', '宁德时代动力电池': '32.6%', '海康威视安防': '29.8%'}
{'大疆无人机': '80%', 'TP_LINK路由器': '70%', '华为5G': '35.7%', '宁德时代动力电池': '32.6%', '海康威视安防': '29.8%'}
35.7%
80%
dict_keys(['大疆无人机', 'TP_LINK路由器', '华为5G', '宁德时代动力电池', '海康威视安防'])
dict_values(['80%', '70%', '35.7%', '32.6%', '29.8%'])
['80%', '70%', '35.7%', '32.6%', '29.8%']
dict_items([('大疆无人机', '80%'), ('TP_LINK路由器', '70%'), ('华为5G', '35.7%'), ('宁德时代动力电池', '32.6%'), ('海康威视安防', '29.8%'), ('福耀玻璃', '25%')])
['80%', '70%', '35.7%', '32.6%', '29.8%', '25.00%']
{'TP_LINK路由器': '70%', '华为5G': '35.7%', '宁德时代动力电池': '32.6%', '海康威视安防': '29.8%'}
{}
大疆无人机
TP_LINK路由器
华为5G
宁德时代动力电池
海康威视安防
大疆无人机的全球市场占有率是80%。
TP_LINK路由器的全球市场占有率是70%。
华为5G的全球市场占有率是35.7%。
宁德时代动力电池的全球市场占有率是32.6%。
海康威视安防的全球市场占有率是29.8%。
```

图 6-7　实例"中国品牌全球占有率"程序运行

（3）单击 Jupyter Notebook 主界面工具栏的"保存"按钮，保存"6.2" Jupyter Notebook 文件。

知识拓展

实际工作中，我们可能想按照特定的顺序排列字典中的键值对，便于我们快速地梳理和查找，为此可以在 for 循环语句中调用 sorted（）函数，这样就会让 Python 列出字典所有键值对时按照列表进行排序。

即问即答

下述代码的运行结果是（　　）。

```
x={1:2}
x[2]=3
print(x)
```

A. {1:2, 2:3}　　　B. {1:3, 2:3}　　　C. {1:3}　　　D. {1:2:3}

大显身手

▶ **实例　项目净现值计算**　某大学生毕业之后想开设公司进行创业，初始投资预计为 100 000 元，他预计未来 10 年公司可能会分别产生 5 000 元、20 000 元、30 000 元、40 000 元、50 000 元、60 000 元、80 000 元、80 000 元、80 000 元、80 000 元的现金流，试着利用财务知识和 Python 语言帮助他作出决策，毕业之后创业是否可行。

请你设计实例"项目净现值计算"的程序代码。

程序代码：项目净现值计算

项目六　Python组合数据类型运用

试一试制作思维导图

请总结任务二的学习内容，并制作相应的思维导图

项目总结

本项目主要介绍了 Python 中组合数据类型中列表、字典、元组、集合等类型的概念及基本操作，并采用实例对其使用方法进行了详解，各数据类型之间的区别如表 6-4 所示

表 6-4　各数据类型的区别

数据类型	序列类型	是否可重复	是否有序	字义符号
列表	可变序列	可重复	有序	[ ]
字典	可变序列	key 不可重复，value 可重复	无序	{key:value}
元组	不可变序列	可重复	有序	( )
集合	可变序列	可重复	无序	{ }

技能训练

一、单项选择题

1. 以下关于 Python 列表的描述中，错误的是（　　）
    A. 列表的长度和内容都可以改变，但元素类型必须相同
    B. 可以对列表进行成员关系操作、长度计算和分片
    C. 列表可以同时使用正向递增序号和反向递减序号进行索引
    D. 可以使用比较操作符（如 > 或 < 等）对列表进行比较

135

2. 以下关于 Python 字典的描述中，错误的是（　　）。

　　A. 在定义字典对象时，键和值用冒号连接

　　B. 在 Python 中，用字典来实现映射，通过整数索引来查找其中的元素

　　C. 字典中的键值对之间没有顺序并且不能重复

　　D. 字典中引用与特定键对应的值，用字典名称和中括号中包含键名的格式

3. 以下用来处理 Python 列表的方法中，错误的是（　　）。

　　A. interleave　　B. append　　C. insert　　D. replace

4. 以下代码的输出结果是（　　）。

```
ls = ['book',23,[2010,'stud1'],20]
print(ls[2][1][-1])
```

　　A. s　　B. stud1　　C. 1　　D. 结果错误

5. 以下代码的输出结果是（　　）。

```
d = {'food':{'cake':1,'egg':5}}
print(d.get('cake','no this food'))
```

　　A. egg　　B. 1　　C. food　　D. no this food

6. 以下代码的输出结果是（　　）。

```
a = [[1,2,3],[4,5,6],[7,8,9]]
s = 0
for c in a:
    for j in range(3):
        s += c[j]
print(s)
```

　　A. 6　　B. 0　　C. 24　　D. 45

7. 在 Python 语言中，不属于组合数据类型的是（　　）。

　　A. 列表类型　　　　　　B. 字符串类型

　　C. 复数类型　　　　　　D. 字典类型

8. 以下代码的输出结果是（　　）。

```
vlist = list(range(5))
print(vlist)
```

　　A. 0；1；2；3；4；　　　　B. 0 1 2 3 4

　　C. 0，1，2，3，4，　　　　D. [0,1,2,3,4]

9. 以下关于列表变量 ls 操作的描述中，错误的是（　　）。

　　A. ls.reverse()：反转列表 ls 中所有元素

B. ls.append（x）：在 ls 最后增加一个元素

C. ls.copy（）：生成一个新列表，复制 ls 的所有元素

D. ls.clear（）：删除 ls 的最后一个元素

10. 以下关于 Python 字典变量的定义中，错误的是（　　）

A. d = {1:［1，2］,3:［3，4］}

B. d = {［1，2］:1,［3，4］:3}

C. d = {（1，2）:1,（3，4）:3}

D. d = {'张三':1,'李四':2}

二、实操题

1. 我国 2017—2021 年的 GDP 分别为 12.31 万亿美元、13.89 万亿美元、14.28 万亿美元、14.72 万亿美元、17.73 万亿美元，请设计 Python 程序计算每年的 GDP 增速。

2. 甲公司打算以月为单位编制滚动预算，试着设计程序，将列表中的每个月份元素一次向后移动一个月份。例如，将［9，10，11，12，1，2，3，4，5，6，7，8］，滚动后为［10，11，12，1，2，3，4，5，6，7，8，9］。

项目七
Python函数认知与调用

学习目标

知识目标

1. 了解 Python 函数的概念及作用。
2. 掌握 Python 函数的定义方法。
3. 掌握 Python 函数不同参数的作用。
4. 掌握 Python 函数的调用方法。

技能目标

1. 能利用 Python 将复杂重复的工作定义为函数,便于工作中直接调用,提高工作效率。
2. 能熟练调用不同类型、不同地址的函数。

素养目标

1. 培养创新实践素养,提高学生解决问题的能力,为后续知识应用打下良好的基础。
2. 培养创造性思维,提高学生使用计算机编程语言化繁为简的能力,为解决财务工作难题打下良好的基础。
3. 通过实例"贴现现金流法",分析创业项目的可行性,培养将知识应用于实际的能力,响应大众创业、万众创新的号召,为"十四五"期间创新驱动发展注入新活力。
4. 通过实例"应收票据贴现息",了解财务工作可以提前做好准备,养成未雨绸缪的工作习惯,提升为管理者提供决策依据的服务意识,提高会计职业道德和素养。

项目七　Python函数认知与调用

项目导入

东汉班固《封燕然山铭》："兹可谓一劳而久逸，暂费而永宁者也。"意思是，辛苦一次，把事情办好，以后就不再费事了。小元同学深知此道理，想在计算机语言中找到可以一劳永逸的方法，从而大大提高自己的工作效率。

Python 中的函数是带有命名的代码块，用于完成具体的工作。在编写程序时，如果需要多次执行同一项任务，就不需要反复编写完成该任务的代码，而只需调用执行该任务的函数即可，让 Python 运行其中的代码。通过使用函数，程序的编写、阅读、测试和修复都将更加容易。小元同学决定认真学习 Python 中的函数，并能自己设定想要的函数来解决问题。

▶▶ 项目框架

本项目框架如图 7-1 所示。

```
                        ┌── 任务一  函数认知
项目七  Python函数认知与调用 ┤
                        └── 任务二  函数调用
```

图 7-1　项目七　框架

笔记

财务大数据基础

任务一
函数认知

任务描述

▶ **实例 贴现现金流法** 随着"大众创业,万众创新"时代的来临,小元同学毕业后想跟室友一起创业,于是他们制订了一份创业计划,并对公司未来的收益进行了简单估计,但是项目是否可行,还需利用财务管理知识进一步测算。试着帮助他们设计一个计算项目净现值的函数,每期项目现金流和贴现率可以不固定,并区分现金流在期末或期初收支等不同情形。

实例"贴现现金流法"的程序代码如图 7-2 所示。

贴现现金流法

```
1  def npv(c, r, n, when):
2      import numpy as np    # 导入numpy库
3      c = np.array(c)    # c代表每期现金流,可以每期不一样,array()创建一组数据
4      r = np.array(r)    # r贴现率,也可以每期不一样,array()创建一组贴现率
5      if when == 1:    # when=1表示期末计数,即普通年金
6          n = np.arange(1, n + 1)    # n为期数
7      if when == 0:    # when=0表示期初计数,即预付年金
8          n = np.arange(0, n)
9      pv = c / (1 + r) ** n
10     return round(pv.sum(), 2)    # 返回折现现金流的合计数
```

图 7-2 实例"贴现现金流法"程序代码

相关知识

一、函数的概念

函数是一段具有特定功能的、可重复使用的语句组,用函数名来表示,并通过函数名进行功能调用,实现单一或者相关联的一些功能。函数也可以看作是一段具有名字的子程序,可以在需要的地方调用执行,不需要重复地编写这些代码块。例如,Python 中的内置函数以及 Python 标准库中的函数,一般不需要了解它们内部实现原理或者代码是什么样的,只需要了解函数的功能,能够达到什么

140

目的，懂得函数的输入输出方式即可。在实际工作中，有很多的函数是用户自己编写的，这些函数被称为自定义函数，它们可以降低编写难度和避免代码重用。

Python 使用 def 保留字定义一个函数，语法形式如下：

```
def <函数名>(<参数列表>):
    <函数体>
    return<返回值列表>
```

二、函数的参数

（一）实参和形参

形参是函数完成其工作所需的一项信息，是指函数在定义时参数列表里面的参数。实参则是调用函数时传递给函数的信息，当调用函数时，将其输入到函数参数括号内，从而执行出函数结果的参数。例如，实例"贴现现金流法"中自定义 npv（c，r，n，when）函数中的 c、r、n、when 就是形参，c = [-100000, 9000, 20000, 80000, 90000] 则是输入到函数的信息，就是函数的实参。

即问即答

下列定义函数的方法中，在 Python 中应用正确的是（　　）

A. class 函数名（类型形参 1，类型形参 2…）

B. function 函数名（形参 1，形参 2，…）

C. def 函数名（形参 1，形参 2，…）

D. def 函数名（类型形参 1，类型形参 2，…）

（二）位置参数

调用函数时，参数传递的值的顺序和形式参数的顺序需要对应，这就需要位置参数。位置参数之后只能是关键字参数。实例"贴现现金流法"中 c、r、n、when 四个参数的位置确定好了，那么当调用函数的时候，如果直接输入函数 npv（ ）中的实参，就应该根据对应关系，先输入 c 的实际值、再输 r 的实际值，依次类推。如果打乱位置参数顺序，那么就会造成函数调用错误。

（三）默认参数

在函数定义的时候，就给函数的形参赋上初值，这个形参就称为默认参数，在函数调用的时候，默认参数不用赋值，默认是设置的初值；如果调用时给默认参数赋值了，则用新的值替代默认值。此外，默认参数在定义时一定要位于位置参数之后，否则会有语法错误。例如，实例"贴现现金流法"中形参 when 如果赋值为 0，那代表函数折现方式采用期初计数，也就是在每年的年初收支现金流。

（四）关键字参数

在调用函数时，参数值并不需要与函数定义中的参数顺序相同，这可以通过关键字参数实现，但所有的关键字参数必须与函数定义中的参数一一对应。例如，实例"贴现现金流法"中，print（npv（r=[0.05，0.05，0.06，0.06，0.06]，c=[-100000，9000，20000，80000，90000]，n=len（c），when=0））中实参的顺序可以与形参不同，不影响其输出结果。

（五）不定长参数

Python自定义函数中有两种不定长参数，第一种是*name，第二种是**name。加了星号*的参数会以元组（tuple）的形式导入，存放所有未命名的变量参数；加了两个星号**的参数会以字典的形式导入。

第一种形式的不定长参数，在传入额外的参数时可以不用指明参数名，直接传入参数值即可，第二种因为返回的是字典，所以传入时需要指定参数名。如图7-3中第1种，*c输出的为元组（3，4，5），而第2种**c返回为字典，因此必须制定字典的键和值，所以fun（）中的实参就需要指定参数名，输出结果则为字典{'d': 3, 'e': 4, 'f': 5}。

```
def fun(a, b, *c):
    print(a)
    print(b)
    print(c)

fun(1, 2, 3, 4, 5)
输出结果：
1
2
(3, 4, 5)
```
第1种*name

```
def fun(a, b, **c):
    print(a)
    print(b)
    print(c)

fun(1, 2, d=3, e=4, f=5)
输出结果：
1
2
{'d': 3, 'e': 4, 'f': 5}
```
第2种**name

图7-3 不定长参数对比

即问即答

函数中定义了2个参数，并且两个参数都指定了默认值，调用函数时参数个数最少为（　　）个。

A. 0　　　　　　B. 2　　　　　　C. 1　　　　　　D. 3

三、函数的变量

Python中一个程序的所有变量并不是在任意位置都可以访问的，能否访问主要取决于这个变量在程序中的哪个位置赋值，变量的作用域决定了在哪个部分程序可以访问哪个特定的变量名称。Python中有两种最基本的变量作用域，分别是局部变量和全局变量。局部变量只能在其被声明的函数内部访问，而全局变量可以在整个程序范围内访问。调用函数时，所有在函数内声明的变量名称都将被加

入到作用域中。如实例"贴现现金流法"中，自定义的npv( )函数，变量c和r都是局部变量，因为只作用于函数内部。

四、函数的返回值

函数的返回值是通过return语句来实现的，return会选择性地向调用方返回一个表达式，并退出函数。如果return语句不带参数值，将返回None。函数也可以没有return语句，此时函数并不返回值。例如实例"贴现现金流法"中return round (pv.sum ( ), 2) 表示返回函数折现现金流的合计数，并保留两位小数。

即问即答

下列关于函数的说法中，不正确的是（　　）

A. 函数可以没有参数

B. 函数可以有多个返回值

C. 函数可以没有return语句

D. 函数都有返回值

任务实施

一、新建文件夹

在Jupyter Notebook主界面的"New"下拉列表中选择"Folder"，建立一个新文件夹，默认文件夹名为"Untitled Folder"。勾选"Untitled Folder"文件夹，单击"Rename"按钮，将文件夹名称修改为"项目七"。

二、新建Python 3文件

（1）在Jupyter Notebook主界面中，单击"项目七"，单击右上方"New"的下拉列表，选择"Python 3"。

（2）将默认打开名为"Untitled"的可编辑Python程序代码的新Notebook页面，将其重命名为"7.1"。

三、新建Markdown单元

在Jupyter Notebook主界面的工具栏的"代码"下拉列表中选择"Markdown"项，在编辑框中输入"### 贴现现金流法"（注意###之后有一个空格），并对其运行。

四、新建代码单元

（1）在Jupyter Notebook主界面的代码编辑框中输入图7-2所示的10行代码。

（2）单击Jupyter Notebook主界面工具栏的"运行"按钮，运行代码单元，运行结果如图7-4所示。

图 7-4　实例"贴现现金流法"程序运行

（3）单击 Jupyter Notebook 主界面工具栏的"保存"按钮，保存"7.1" Jupyter Notebook 文件。

五、运行自定义贴现现金流法函数

为验证自定义函数 npv（），可以为形参赋值。在新的代码单元输入如图 7-5 代码，并运行。

图 7-5　贴现现金流法函数运行①

或直接在自定义函数中赋值，在新的代码单元输入 print（npv（r=［0.05，0.05，0.06，0.06，0.06］，c=［-100000，9000，20000，80000，90000］，n=len（c），when=0）），具体运行如图 7-6 所示。

图 7-6　贴现现金流法函数运行②

以上两种赋值方法，自定义函数 npv（）输出结果均为"64829.33"，代表计算出的项目净现值为 64829.33。

知识百科

等额本金还款方式是指借款人将贷款额平均分担到整个还款期内按每月还款，同时付清自上一个还款日至本次还款期间的贷款余额所产生的利息，但是随着还款时间的推移，还款负担会逐渐减轻，总的利息支出较低。

程序代码：
等额本金还款

大显身手

▶ 实例　等额本金还款　　小元同学近期打算和父母商量购买婚房，经过

他的一番了解发现，付完首付后的贷款可以采用两种归还方式，一种是等额本金还款，另一种是等额本息还款，试着先帮他设计一个等额本金还款方式的自定义函数，便于让他预计出不同贷款金额、不同贷款期限、不同贷款利率下支付的本息和以及总利息支出

试一试制作思维导图

任务一的思维导图如图 7-7 所示

图 7-7　任务一　思维导图

笔记

财务大数据基础

任务二
函数调用

任务描述

▶ **实例 应收票据贴现息** 小元同学毕业后来到一家公司财务部做一名出纳，由于公司需要融通一部分短期资金，于是他提议可以将公司的应收票据拿到银行进行贴现，这样就可以解决燃眉之急，但是具体贴现时间，以及不同银行的贴现率让他无法准确地测算应收票据的贴现息，于是他就想着利用 Python 软件设计一个计算应收票据贴现息的函数，这样只要输入票据日、贴现日、票据期限、贴现率，就可以实时计算出贴现利息，为管理者提供决策依据。

实例"应收票据贴现息"的程序代码如图 7-8 所示。

应收票据贴现息

```
1  import datetime   # 导入datetime库
2  from datetime import *   # 导入datetime库中函数
3  # 自定义lx函数，start_day为票据签发日，days为票据期限，discounted_day为票据贴现日，face_amount为面值，i为贴现利率
4  def lx(start_day, days, discounted_day, face_amount, i):
5      start_day = datetime.strptime(start_day, '%Y-%m-%d')   # 将签发日转换日期格式
6      discounted_day = datetime.strptime(discounted_day, '%Y-%m-%d')   # 将贴现日转换日期格式
7      due_day = start_day + timedelta(days)   # 票据到期日等于签发日加票据期限
8      dis_days = due_day - discounted_day   # 贴现日数等于到期日与贴现日之间的天数
9      lx = face_amount * i / 360 * dis_days.days   # 贴现息等于面值乘以日利率
10     print(round(lx, 2))   # 输出贴现息金额
```

图 7-8 实例"应收票据贴现息"程序代码

💬 **讨论**

以往财务人员都是手工计算贷款利息或者票据贴现息，小元同学使用计算机编程语言解决了这个财务问题，取得了立竿见影的效果，那么编程语言是否可以代替人工呢？

相关知识

Python 调用函数根据函数的类型不同，一般在调用时略有不同，Python 内置

函数可直接调用，自定义函数需要在调用前定义

一、内置函数的调用

Python中提供了约70个内置函数，这些函数可以直接使用，不需要引用Python库，如round（）、eval（）、float（）、list（）、input（）、print（）等函数。

💬 **讨论**

你掌握了几个内置函数的使用呢？

二、模块中函数的调用

Python中的模块，本质上是一个Python程序，以.py作为文件后缀，Python中内置了部分模块，如os、sys、random、xml、time、datetime。想要引入模块中的函数，必须先导入想要使用的模块，导入模块可以使用import<模块名>的方式，如实例"应收票据贴现息"中导入datetime模块，使用import datetime，这里需要注意模块名无需加.py后缀名。如果需要一次导入多个模块，每个模块之间使用逗号分隔，import<模块名1，模块2，…，模块n>。模块成功导入后，就可以引入模块中的函数，方法主要有以下两种：

1. 模块名.函数名（）或模块名.类名

例如，项目三实例"奥运五环"中，引入turtle模块使用绘画函数，如turtle.penup（）。有些模块名可能较长，为了简便，也可以使用as为这些模块起别名，import<模块名>as<别名>，调用函数时，直接使用别名.函数名（），如实例"贴现现金流法"中，为numpy库起别名为np，调用函数直接使用np.函数名（）。

2. form<模块名>import<函数名>

使用"form<模块名>import<函数名>"引入函数，最大的好处是在使用模块内的函数时，不再需要加上模块名作为前缀，而是直接使用函数名（）即可。同样地，如果需要引入模块内的多个函数，可以使用逗号隔开，如form<模块名>import<函数名1，函数名2，…>。如果需要使用模块内的全部函数，可以利用通配符*实现，语法格式是form<模块名>import*。有的函数经常使用，或者函数名较长，也可以为这些函数起别名，语法格式是form<模块名>import<函数名>as<别名>。

知识拓展

datetime库是Python中用来处理时间日期的函数库，它有2个常量和5个类。两个常量分别是datetime.MINYEAR和datetime.MAXYEAR，分别表示datetime所能表达的最小、最大年份，值分别是1、9999。

datetime库以类的方式提供多种日期和时间表达方式：

（1）datetime.date：日期表示类，可以表示年、月、日等。

（2）datetime.time：时间表示类，可以表示小时、分钟、秒、毫秒等。

（3）datetime.datetime：日期和时间表示的类，功能覆盖date和time类。

（4）datetime.timedelta：与时间间隔有关的类。

（5）datetime.tzinfo：与时区有关的信息表示类。

在 Python 中如果需要将时间日期进行格式化处理，可以使用 strftime（）方法，它包含几乎所有的通用格式输出时间。strftime（）方法的格式化控制符如表7-1 所示。

表 7-1　strftime（）方法的格式化控制符

格式化字符串	日期/时间	值范围
%Y	年份	0001～9999
%m	月份	01～12
%B	月名	January～December
%b	月名缩写	Jan～Dec
%d	日期	01～31
%A	星期	Monday～Sunday
%a	星期缩写	Mon～Sun
%H	小时（24 小时制）	00～23
%I	小时（12 小时制）	01～12
%p	上下午	AM，PM
%M	分钟	00～59
%S	秒	00～59

三、自定义函数的调用

1. 自定义函数的形式

（1）标准自定义函数。（将函数保存为"项目七"文件夹下的"add.py"文件。）函数的形参以标准的 tuple 数据类型表示，如：

```
>>>def add_ab(a,b): #定义函数
    print(a+b) #打印 a+b
>>>add_ab(1,2) #调用函数
3 #输出结果 1+2=3
```

（2）没有形参的自定义函数。

这个形式是标准自定义函数的一种特例，函数在自定义时没有指定参数，如：

```
>>>def answer():
    print('请回答下一题！')
>>>answer()
请回答下一题！
```

(3)使用默认值的自定义函数。(将函数保存为"项目六"文件夹下的"add1.py"文件。)

在定义函数指定参数时,有时候会有一些默认的值,可以利用"="先指定在参数列表上,如果在调用的时候没有设置此参数,那么该参数就使用默认的值。如:

```
>>>def add_ab1(a,b,n=2):
    print(round(a+b,n))
>>>add_ab1(2.353,3.566)
5.92
>>>add_ab1(2.353,3.566,3)
5.919
```

(4)参数个数不确定的自定义函数

这一类函数可以接受没有预先设置的参数个数,定义方法是在参数的前面加上"*"。

(5)使用lambda匿名函数的自定义函数

知识拓展

Python 匿名函数:

在 Python 中使用 lambda 来创建匿名函数,lambda 只是一个表达式,而不是一个代码块,函数体比 def 简单,语法如下:

```
<函数名>=lambda<参数列表>:<表达式>
```

它等价于保留字 def 自定义函数:

```
def<函数名>(<参数列表>):
    return<表达式>
```

通过对比发现,lambda 函数主要用于定义简单的、能够在一行内表示的函数。例如,我们设计一个固定资产直线法计提折旧的函数如下:

```
>>>depreciation =lambda cost,salvage,life:cost*(1-salvage)/life
>>>depreciation(10000,0.05,5)
```

输出结果:<1900.0>

2. 直接调用

如实例"应收票据贴现息"中,定义了函数 lx(),程序内就可以直接调用该函数,只需要将函数 lx()的实参赋值给形参即可。如:lx('2022-03-05',60,'2022-04-06',1000000,0.1)。

3. 跨文件调用

(1)同一文件夹调用

如果想调用的函数在另一个 py 文件中,但当前程序文件与其在同一个文件

夹内，则可以不使用路径调用，直接利用 import<文件名>引入该文件内容，具体使用文件内定义的函数，可以采用文件名.函数名（）或 form<> import * 引入所有函数，直接使用函数名（）即可。例如，在当前程序中想调用同一个文件夹内 add.py 文件中的 add_ab（）函数，可以使用如下代码：

```
>>>import add
```

或：

```
>>>from add import*
```

（2）不同文件夹调用。

如果想要调用的函数 py 文件与当前程序文件不在同一个文件目录中，想要调用函数，就需要先引入文件路径，再引入 py 文件，最后调用文件中的函数。例如，我们想调用"D:\python\函数"文件夹中 add.py 文件中的函数 add_ab1（），那么我们可以使用如下代码：

```
>>>import sys #引入sys库
>>>sys.path.append（r'D:\财务大数据基础\项目六'）#引入文件路径
>>>import add1#引入add1.py文件
>>>from add1 import add_ab1 #引入add_ab1（）函数
```

⚠ 注意

当模块和编写程序不在同一个文件目录中时，可以把模块的路径通过 sys.path.append（r'路径'）的方式添加到程序中，从而引入模块或 py 文件。

💡 即问即答

以下关于函数调用描述中，正确的是（　　）。

A. Python 内置函数调用前需要引用相应的库

B. 函数和调用只能发生在同一个文件中

C. 函数在调用前不需要定义

D. 自定义函数调用前必须定义

任务实施

一、新建Python 3文件

（1）在 Jupyter Notebook 主界面中，单击"项目七"，单击右上方"New"的下拉列表，选择"Python 3"。

（2）将默认打开名为"Untitled"的可编辑 Python 程序代码的新 Notebook 页

面，将其重命名为"7.2"。

二、新建Markdown单元

在 Jupyter Notebook 主界面工具栏的"代码"下拉列表中选择"Markdown"项，在编辑框中输入"### 应收票据贴现息"（注意 ### 之后有一个空格），并对其运行。

三、新建代码单元

（1）在 Jupyter Notebook 主界面的代码编辑框中输入图7-8所示的10行代码。

（2）单击 Jupyter Notebook 主界面的工具栏的"运行"按钮，运行代码单元。

（3）调用自定义函数 lx（），在新的代码单元输入：lx（'2022-03-05'，60，'2022-04-06'，1000000，0.1），单击"运行"按钮，运行代码单元。运行结果如图 7-9 所示，输出结果为"7777.78"，代表计算出的应收票据贴现息为 7777.78。

应收票据贴现息

```
import datetime   # 导入datetime库
from datetime import *   # 导入datetime库中全部函数
# 自定义lx函数，start_day为票据签发日，days为票据期限天数，discounted_day为票据贴现日，face_amount为面值，i为贴现利率
def lx(start_day, days, discounted_day, face_amount, i):
    start_day = datetime.strptime(start_day, '%Y-%m-%d')   # 将签发日转换日期格式
    discounted_day = datetime.strptime(discounted_day, '%Y-%m-%d')   # 将贴现日转换日期格式
    due_day = start_day + timedelta(days)   # 票据的期限日 = 签发日加票据期限天数
    dis_days = due_day - discounted_day   # 贴现天数 = 票据到期日与贴现日的差
    lx = face_amount * i / 360 * dis_days.days   # 按天数计算十足贴现息公式的应用
    print(round(lx, 2))   # 输出贴现息金额

lx('2022-03-05', 60, '2022-04-06', 1000000, 0.1)
```

图 7-9 调用自定义函数运行结果

知识百科

等额本息还款，也称定期付息，即借款人每月按相等的金额偿还贷款本金与利息之和，但各月偿还金额中本金和利息的比例不同，其中每月贷款利息按月初剩余贷款本金计算并逐月结清。

大显身手

实例 等额本息还款 试着帮小元同学设计等额本息还款方式的自定义函数，便于让他预计出不同贷款金额、不同贷款期限、不同贷款利率下支付的本息和以及总利息支出，并与等额本金方式进行对比，帮助他作出选择。

讨论

等额本金和等额本息有什么区别？

试一试制作思维导图

请总结任务二的学习内容，并制作相应的思维导图。

项目总结

本项目主要介绍了 Python 中函数的概念、参数、变量和返回值，并对不同函数的调用作出了详细介绍。此外，还介绍了 Python 匿名函数和 datetime 库的应用。

技能训练

一、单项选择题

1. 以下关于函数优点的描述中，错误的是（　　）。
   A. 函数便于阅读
   B. 函数可以使程序更加模块化
   C. 函数可以减少代码重复
   D. 函数可以表现程序的复杂度

2. Python 中定义函数的关键字是（　　）。
   A. def　　　　B. define　　　C. function　　　D. defun

3. 以下关于 Python 函数的描述中，错误的是（　　）。
   A. 可以定义函数接受可变数量的参数

B. 定义函数时，某些参数可以赋予默认值

C. 函数必须要有返回值

D. 函数可以同时返回多个结果

4. 以下关于 Python 函数的描述中，错误的是（　　）

A. Python 程序需要包含一个主函数且只能包含一个主函数

B. 如果 Python 程序包含一个函数 main（），这个函数与其他函数的地位相同

C. Python 程序可以不包含 main 函数

D. Python 程序的 main 函数可以改变为其他名称

5. 以下代码的输出结果是（　　）

```
def add(a,b,c):
    y=(a+b+c)**2-a**2-b**2-c**2
    print(y)
add(1,2,3)
```

  A. 36　　 B. 22　　 C. 6　　 D. 0

6. 以下关于 Python 语言 return 语句的描述中，正确的是（　　）

A. return 只能返回一个值　　　　B. 函数必须有 return 语句

C. 函数可以没有 return 语句　　　D. 函数中最多只有一个 return 语句

7. 以下关于 Python 全局变量和局部变量的描述中，错误的是（　　）

A. 局部变量在函数内部创建和使用，函数退出后变量被释放

B. 全局变量一般指定义在函数之外的变量

C. 使用 global 保留字声明后，变量可以作为全局变量使用

D. 当函数退出时，局部变量依然存在，下次函数调用可以继续使用

8. 以下代码的输出结果是（　　）

```
y=lambda a,b:a**2+b**2
print(y(1,3))
```

  A. 4　　 B. 8　　 C. 10　　 D. 11

9. 关于以下代码的描述中，错误的是（　　）

```
def fact(n):
    s = 1
    for i in range(1,n+1):
        s *= i
    return s
```

A. 代码中的 n 是可选参数　　　　B. fact（n）函数功能为求 n 的阶乘

C. s 是局部变量　　　　　　　　D. range（）函数是 Python 的内置函数

10. 以下代码的输出结果是（　　）。

```
def func(a,b):
    a *= b
    return a
s = func(5,2)
print(s)
```

A. 25　　　　　B. 20　　　　　C. 10　　　　　D. 5

二、实操题

1. 设计一个累计和函数 sum1_n（n）返回前 n 个自然数的和。

2. 设计一个列表求和函数 sumlist（list）返回数字列表 list 的和。

3. 设计一个比例函数 rate（分子，分母）返回分子除以分母，并将结果转换为百分比形式。

4. 试着将项目五中实例"工资薪金个税计算"、实例"年数总和法计提折旧"修改为自定义函数，便于财务工作中进行快捷操作。

项目八
财务大数据清洗与统计

学习目标

知识目标

1. 掌握数据分析工具 Pandas 库的基本操作
2. 掌握财务大数据清洗的基本操作
3. 掌握财务大数据汇总的基本操作
4. 掌握财务大数据统计的基本操作

技能目标

1. 能利用 Pandas 库新建、打开 Excel、Csv、Txt、Sql 文件
2. 能利用 Pandas 库创建和设置 Series 对象和 DataFrame 对象
3. 能利用 Pandas 库清洗财务大数据
4. 能利用 Pandas 库合并数据结构相同或不同的数据表
5. 能利用 Pandas 库完成大数据统计、分类、排序、聚合、分箱

素养目标

1. 通过利用 Python 软件中 Pandas 库来进行财务大数据读取、信息查看、清洗、汇总、统计与分析，提高承担财务大数据处理基础工作的能力，为未来承担财务大数据分析及可视化工作夯实基础
2. 培养财经商贸类专业相关的数据整理与分析能力，提升底层逻辑思维，提高职业技能水平
3. 通过对大数据清洗、统计的案例，培养客观公正、诚实守信的职业道德和素养
4. 培养从实际出发、实事求是的科学精神

项目导入

在大数据时代，数据已成为企业重要的核心资产，大量数据的挖掘和分析将为企业带来新的商业模式、创业方向和投资机会。因此，数据的挖掘和清洗至关重要，对于数据挖掘来说，80%的工作都花在数据准备上面，而数据准备，80%的时间又花在数据清洗上面。由于企业挖掘和收集的数据多以非结构化数据为主，而非结构化数据并不能直接为研究所用，因此在大多数情况下需要通过数据清洗将非结构化数据转化为满足汇总、统计等需求的结构化数据。总之，大数据技术的战略意义就在于对数据进行专业化处理。为了能够快速、有效地处理数据，元小宇同学决定从认识 Pandas 库开始，逐步掌握利用 Pandas 库相关函数完成数据清洗、汇总和统计的相关技能。

本项目使用 Anaconda 编写程序，以初识 Pandas 库为起点，认识 Pandas 库的 Series 对象和 DataFrame 对象，掌握利用 Pandas 库函数清洗财务大数据，完成数据结构相同、数据结构不同的大数据合并，为大数据统计、分析做好前期准备。

项目框架

本项目框架如图 8-1 所示。

图 8-1　项目八　框架

项目八　财务大数据清洗与统计

任务一
初识数据分析工具Pandas库

任务描述

实例　商超数据　M公司销售业务员陈小义整理了2017年至2020年公司下属超市销售订单信息，见数据源"商超数据.xlsx"[1]，陈小义根据统计的商超数据，利用Pandas完成以下任务：

（1）读取"商超数据.xlsx"工作簿中的"订单"工作表。
（2）查看"订单"工作表的基本信息并检查数据。
（3）查看"订单"工作表中前4行信息。
（4）查看"订单"工作表中后4行信息。
（5）随机查看"订单"工作表中的4条信息。
（6）查看"订单"工作表中的列索引。
（7）查看"订单"工作表中"2020年12月5日"的前4行信息。
（8）查看"订单"工作表中"2020年12月5日""产品名称"的前4行信息。

📝 笔记

相关知识

一、Pandas库介绍

　　Pandas库不仅能直观地展现数据的结构，还具备强大的数据处理和分析功能。从某种程度上来说，Pandas库是Python成为强大而高效的数据分析工具的重要因素之一。Pandas库提供了快速、灵活、明确的数据结构，能简单、直观、快速地处理各种类型的数据。

---

[1] 本书涉及的数据源（Excel、Word文档等）均在本书数字资源包中，教师可提供给学生使用。

二、Pandas库数据类型

Pandas 库支持的数据类型多种多样，在实际工作中常用的数据类型主要有以下几种，如表 8-1 所示。

表 8-1　Pandas 新建与读取数据类型

数据类型	新建方法	读取方法
excel	pd.to_excel	pd.read_excel
csv 和 txt	pd.to_csv	pd.read_csv（数据默认使用逗号作为分隔符）
		pd.read_table（默认数据使用制表符"\t"作为分隔符）
sql	pd.to_sql	pd.read_sql

表 8-1 列示了 Excel、csv、txt 与 sql 数据类型的新建方法与读取方法。本项目数据分析以 Excel 为例。

三、Pandas库的数据结构

Pandas 是 Python 数据分析重要的库，而 Series 和 DataFrame 是 Pandas 库中两个重要的对象，也是 Pandas 库中两个重要的数据结构，即 Series 对象和 DataFrame 对象。

（一）Series 对象

1. 创建 Series 对象

Series 是 Pandas 库中的一种数据结构，它类似于一维数组，由一组数据以及与这组数据有关的标签（即索引）组成，或者仅有一组数据而没有索引也可以创建一个简单的 Series 对象。新建"库存现金"等会计科目 Series 对象程序代码，如图 8-2 所示。

创建Pandas一维数据

```
1  import pandas as pd #导入pandas库并命名为pd
2  s1=pd.Series(['会计科目','库存现金','银行存款','其他货币资金']) #创建一维数据
3  s1 #输出S1
```

图 8-2　新建 Series 对象程序代码

输出结果如图 8-3 所示。

```
0    会计科目
1    库存现金
2    银行存款
3    其他货币资金
dtype: object
```

图 8-3　Series 对象输出结果

图 8-3 中的"0、1、2、3"表示索引；"会计科目、库存现金、银行存款、其他货币资金"表示数据；"dtype：object"表示数据类型。

2. 手动设置 Series 索引

创建 Series 对象时会自动生成整数索引，默认值从 0 开始至数据长度减 1。

图 8-3 中的索引是自动生成的默认索引。除了使用默认的索引，还可以通过 index 参数设置索引。例如，将上述会计科目的索引设置为"科目编码、1001、1002、1012"，程序代码如图 8-4 所示。

创建一维数据并指定索引

```
1  s2=pd.Series(['会计科目','库存现金','银行存款','其他货币资金'],
2              index=['科目编码','1001','1002','1012'])  #创建一维数据并指定索引
3  s2  #输出s2
```

图 8-4　手动设置 Series 对象索引

输出结果如图 8-5 所示：

科目编码　　　会计科目
1001　　　库存现金
1002　　　银行存款
1012　　　其他货币资金
dtype: object

图 8-5　手动设置 Series 对象索引输出结果

图 8-5 中的"科目编码"列表示设置的索引。

3．Series 切片索引

用索引做切片，可以包头包尾（既包含索引开始位置的数据，又包含索引结束位置的数据）。例如，要获取图 8-5 "库存现金"到"其他货币资金"的数据，程序代码可以写成：s2 ['1001':'1012']。

4．获取 Series 的索引和值

获取 Series 的索引和值，主要使用 Series 对象的 index 方法和 values 方法。具体格式为：数据对象.index 和数据对象.values。例如，获取图 8-5 中的索引值，程序代码可以写成：s2.index；获取图 8-5 中的数据，程序代码可以成：s2.values

（二）DataFrame 对象

DataFrame 是一种二维的数据结构对象，用该对象创建的数据结构在形式上类似于 Excel 表格。相比 Series 对象，DataFrme 对象在实际工作中的应用更为广泛，因此，本项目的实例中相关数据分析都是围绕 DataFrame 对象展开的。

1．创建 DataFrame 对象

创建 DataFrame 对象主要使用 Pandas 模块的 DataFrama 方法，语法如下：pandas.DataFrame（data、index、columns、dtpye、copy）。参数说明：data 表示数据，可以是 ndarray 数据、series 对象、列表、字典等；index 表示行标签（索引）；columns 表示列标签（索引）；dtype 表示每一列数据的数据类型，其与 Python 数据类型含义有所不同，如 object 数据类型对应的是 Python 的字符型 Pandas 数据类型与 Python 数据类型的对应情况如表 8-2 所示

表 8-2 数据类型对应情况

Pandas 数据类型	Python 数据类型
object	str
float64	float
int64	int
datetime64	datetime64［ns］

（1）通过列表方式创建 DataFrame 对象。

下面通过列表创建图 8-5 中"科目编码"与"会计科目"的 DataFrame 对象，程序代码如图 8-6 所示。

列表方式创建DataFrame对象

```
1  s3=pd.DataFrame([[1001,'库存现金'],[1002,'银行存款'],[1012,'其他货币资金']])  #创建DataFrame对象
2  s3  #输出s3
```

图 8-6 列表方式创建 DataFrame 对象程序代码

输出结果如图 8-7 所示：

```
       0        1
0    1001    库存现金
1    1002    银行存款
2    1012    其他货币资金
```

图 8-7 列表方式创建 DataFrame 对象输出结果

图 8-7 中的"0、1"表示列索引，"0、1、2"表示行索引。

（2）手动设置 DataFrame 索引。

在使用 DataFrame 对象创建数据结构时，可以通过设置参数 columns 和 index 分别定义行标签和列标签。例如，将图 8-7 的列标签设置为"序号、1、2、3"，行标签设置为"科目编码、科目名称"。

列表方式创建 DataFrame 并指定索引，如图 8-8 所示。

列表方式创建DataFrame并指定索引

```
1  s4=pd.DataFrame([[1001,'库存现金'],[1002,'银行存款'],[1012,'其他货币资金']],
2              index=['1','2','3'],columns=['科目编码','科目名称'])  #创建DataFrame对象,设置行索引、列索引
3  s4  #输出s4
```

图 8-8 列表方式创建 DataFrame 并指定索引程序代码

输出结果如图 8-9 所示：

```
    科目编码    科目名称
1   1001     库存现金
2   1002     银行存款
3   1012     其他货币资金
```

图 8-9 设置 DataFrame 行索引、列索引输出结果

图 8-9 中的 "1、2、3" 表示设置的行索引,"科目编码、科目名称" 表示列索引

（3）通过字典方式创建 DataFrame 对象

图 8-4 中 DataFrame 对象也可以通过字典方式创建，程序代码如图 8-10 所示。

字典方式创建DataFrame对象程序代码

```
1  s5=pd.DataFrame({'科目编码':[1001,1002,1012],'科目名称':['库存现金','银行存款','其他货币资金']},
2                  index=['1','2','3'])  #创建DataFrame对象
3  s5  #输出s5
```

图 8-10　字典方式创建 DataFrame 对象程序代码

运行图 8-10 程序代码，输出结果同图 8-5。

（4）通过 Series 对象创建 DataFrame 对象

图 8-10 中的 DataFrame 对象也可以通过 series 对象创建，程序代码如图 8-11 所示。

Series对象创建DataFrame对象

```
1  s6=pd.Series([1001,1002,1012],index=[1,2,3],name='科目编码')  #创建Series对象
2  s7=pd.Series(['库存现金','银行存款','其他货币资金'],index=[1,2,3],name='科目名称')  #创建Series对象
3  s8=pd.DataFrame({s6.name:s6,s7.name:s7})  #创建DataFrame对象
4  s8  #输出s8
```

图 8-11　Series 对象创建 DataFrame 对象程序代码

运行图 8-11 程序代码，输出结果同图 8-9。

2. DataFrame 对象常用方法

DataFrame 的属性和函数有很多，下面介绍部分 DataFrame 的常用方法，如表 8-3 所示。

表 8-3　DataFrame 常用方法

常用方法	含　义	常用方法	含　义
数据.head()	查看前 n 行数据，默认前 5 行	数据.tail()	查看后 n 行数据，默认后 5 行
数据.sample()	随机获取任意行数据	数据.loc[]	定位行索引、列索引
数据.values	查看数值	数据.shape	查看行数、列数
数据.fillna(0)	将空值填充0	数据.replace(,)	数据替换
数据.isnull()	查找数据中出现的空值	数据.notnull()	非空值
数据.dropna()	删除空值	数据.columns	查看数据的列名
数据.index	查看索引	数据.sort_index()	索引排序
数据.sort_values()	值排序	pd.merge()	数据合并

即问即答

Pandas 库可以分析的数据类型包括（　　　）

A. sql　　　　　　B. txt　　　　　　C. Excel　　　　　　D. csv

🛠 任务分解

第一步，读取"商超数据.xlsx"工作表。

第二步，查看"商超数据.xlsx"工作表数据。

任务实施

一、读取"商超数据.xlsx"工作表

（1）新建 Python 文件"读取'商超数据.xlsx'工作表.py"文件，在代码编辑区输入以下三行代码，程序代码如图 8-12 所示。

读取"商超数据.xlsx"

```
1  data=pd.read_excel(r'D:/财务大数据基础/项目八/商超数据.xlsx',
2              sheet_name='订单')  #读取"商超数据"工作簿"订单"工作表,并将其命名为data
3  data.info()  #查看data数据基本信息
```

图 8-12 "读取'商超数据.xlsx'.py"程序代码

💻 代码解读

第 1～2 行代码：data=pd.read_excel（r'D:/财务大数据基础/项目八/商超数据.xlsx', sheet_name='订单'），读取"商超数据.xlsx"工作簿"订单"工作表数据，并将其指定为 data 对象。

第 3 行代码：data.info（），输出 data 数据基本信息。

知识拓展

获取数据表信息可以使用 info（）方法，该方法主要用于查看文件中数据的基本信息，包括数据类型、数据长度等。基本格式为：数据表对象.info（）。

（2）调试完成后，运行程序，输出结果如图 8-13 所示。

```
<class 'pandas.core.frame.DataFrame'>
RangeIndex: 5465 entries, 0 to 5464
Data columns (total 11 columns):
 #   Column   Non-Null Count  Dtype
---  ------   --------------  -----
 0   序号       5465 non-null   int64
 1   订单 ID    5465 non-null   object
 2   订单日期     5465 non-null   object
 3   客户 ID    5465 non-null   object
 4   细分       5465 non-null   object
 5   城市       5465 non-null   object
 6   产品名称     5465 non-null   object
 7   数量       5465 non-null   int64
 8   销售额      5461 non-null   float64
 9   折扣       1437 non-null   float64
 10  利润       5386 non-null   float64
dtypes: float64(3), int64(2), object(6)
memory usage: 469.8+ KB
```

图 8-13 "商超数据.xlsx"工作表数据基本信息

在图 8-13 中，第一行"<class 'pandas.core.frame.DataFrame'>"表示"商超数据.xlsx"工作表数据类型为"DataFrame"；第二行"RangeIndex: 5465 entries, 0 to 5464",第三行"Data columns(total 11 columns):"表示"商超数据.xlsx"工作表有 5465 行、11 列数据;图中"int64"表示数据类型为"整数型","object"表示数据类型为"字符串","float64"表示数据类型为"浮点型";销售额、折扣、利润的数据分别为 5461、1437、5386。

二、查看"商超数据.xlsx"工作表数据

(1)新建 Python 文件"查看'商超数据.xlsx'工作表数据.py"文件,在代码编辑区输入以下 9 行代码,如图 8-14 所示。

查看"商超数据.xlsx"工作表数据

```
1  data=pd.read_excel(r'D:\财务大数据基础\项目八\商超数据.xlsx',sheet_name='订单',
2                     index_col='订单日期')  #读取"商超数据.xlsx"指定列标签为"订单日期"
3  data1=data.head(4)     #读取前4行数据
4  data2=data.tail(4)     #读取后4行数据
5  data3=data.sample(4)   #读取任意4行数据
6  data4=data.columns     #读取列标签
7  data5=data.loc['2020-12-05'].head(4)  #读取"2020-12-05"的前4行信息
8  data6=data.loc['2020-12-05',['产品名称']].head(4)  #读取"2020-12-05"产品名称"的前4行信息
9  data1   #输出data1
```

图 8-14 "查看'商超数据.xlsx'工作表数据.py"程序代码

代码解读

第 2 行代码:index_col='订单日期',将订单日期指定为列标签。

第 3 行代码:data1=data.head(4),读取 data 数据中的前 4 行数据信息。

第 4 行代码:data2=data.tail(4),读取 data 数据中的后 4 行数据信息。

第 5 行代码:data3=data.sample(4),读取 data 数据中任意 4 行数据信息。

第 6 行代码:data4=data.columns,读取 data 数据的列标签。

第 7 行代码:data5=data.loc['2020-12-05'].head(4),读取 2012 年 12 月 5 日的前 4 行数据信息,代码中的 loc[ ]是通过行索引、列索引定位数据,如果查询数据涉及日期,需要将日期指定为索引。本例中通过行索引"2020-12-05"查询数据,在第 3 行代码中已将订单日期设置为索引。

第 8 行代码:data6=data.loc['2020-12-05',['产品名称']].head(4),读取 2020 年 12 月 5 日产品名称的前 4 行数据信息。如果通过行标签、列标签查询数据,需要将标签用"[ ]"括起来,否则,程序运行会报错。

(2)调试完成后,运行程序,输出结果如图 8-15 所示(输出结果为 data1,其他结果省略),读者可以将 data1 替换为 data2、data3、data4、data5、data6 的其中之一,自行查看统计结果。

订单日期	序号	订单ID	客户ID	细分	城市	产品名称	数量	销售额	折扣	利润
2020-04-28	1	US-2015-1357144	曾惠-14485	公司	杭州	Fiskars剪刀,蓝色	2	129.696	0.4	60.704
2020-06-16	2	CN-2015-1973789	许安-10165	消费者	内江	GlobeWeis搭扣信封,红色	2	125.440	NaN	42.560
2020-06-16	3	CN-2015-1973789	许安-10165	消费者	内江	Cardinal孔加固材料,回收	2	31.920	0.4	4.200
2020-12-10	4	US-2015-3017568	宋良-17170	公司	镇江	Kleencut开信刀,工业	4	321.216	0.4	27.104

图 8-15 data1 统计结果

165

财务大数据基础

👍 大显身手

▶ **实例　查看商超数据**　承接实例"商超数据",请完成以下任务：
（1）查看"订单"工作表中前 5 行信息。
（2）查看"订单"工作表中后 5 行信息。
（3）随机查看"订单"工作表中 10 行信息。
（4）查看"订单"工作表中"2020 年 12 月 5 日""产品名称""数量"的前 4 行信息。

请参照任务一实例"商超数据"的步骤完成实例"查看商超数据"的代码编辑、调试及运行。

程序代码：查看商超数据

👆 试一试制作思维导图

任务一思维导图如图 8-16 所示。

```
任务一 初始数据分析工具Pandas
├── 支持数据类型
│   ├── Excel
│   │   ├── 新建：pandas.to_excel
│   │   └── 读取：pandas.read_excel
│   ├── csv和txt
│   │   ├── 新建：pandas.to_csv
│   │   ├── 读取：pandas.read_csv
│   │   └── 读取：pandas.read_table
│   └── sql
│       ├── 新建：pandas.to_sql
│       └── 读取：pandas.read_sql
└── Pandas数据结构
    ├── Series
    │   ├── 创建：pandas.Series
    │   ├── 设置索引：index
    │   ├── 获取索引：数据对象.index
    │   └── 获取值：数据对象.values
    └── DataFrame
        ├── 创建：pandas.DataFrame
        ├── 设置索引：index
        └── DataFrame常用方法
```

图 8-16　任务一　思维导图

任务二
财务大数据清洗

任务描述

> **实例　清洗商超数据**　M公司销售业务员陈小义根据任务一中获取"商超数据.xlsx"订单工作表中的数据发现以下问题：①数据统计与分析时，序号列没有实际意义，数据中是否存在重复值需要进一步验证；②订单日期格式为字符串类型，不利于数据分析；③"细分"列内容是产品消费对象，但列标签"细分"不能直接体现该内容；④客户ID列将客户名称与客户ID以"-"链接放入一个单元格；⑤产品名称列将产品名称与产品规格以"，"链接放入一个单元格；⑥销售额、折扣与利润列有缺失值。因此，陈小义需要根据上述问题完成以下任务：

（1）删除"序号"列、重复值。
（2）将订单日期格式统一设置为日期格式，并指定订单日期为索引。
（3）修改列标签"细分"为"消费对象"。
（4）将"客户ID"分割为"客户名称"与"客户ID"两列。
（5）将"产品名称"分割为"产品名称"与"产品规格"两列。
（6）将"折扣"列的缺失值填充为"0"，"销售额""利润"列有缺失值的删除行数据。

相关知识

一、删除数据、重复值

在Pandas中删除列需要使用drop（）方法和drop_duplicates（）方法。

drop（）方法用于删除表格中行或列的数据，括号中的参数为需要删除的行或列，基本格式为：数据表对象.drop（）。需要注意，drop（）方法不会修改原

始的表格数据，而是返回一个新的表格。

drop_duplicates（）方法是去除表格中重复的数据行。括号中的参数 inplace=True/False 是设置是否修改原始表格数据，True 为是，False 为否，基本格式为：数据表对象 .drop_duplicates（）。

二、设置时间格式

设置时间格式需要调用 to_datetime（）函数，该函数将文本转化为时间格式，具体格式为 to_datetime（arg，errors='raise'）。参数 arg 是需要转化为日期时间的对象；errors 是遇到错误时的处理模式，如果在 raise 模式下，无效解析将引发异常，在 coerce 模式下，无效解析设置为 NaT，在 ignore 模式下，无效解析将返回输入。

在 Pandas 中，可以通过 datetime 中的 year 方法和 month 方法提取年和月。year 方法用于获取日期中的年份信息，基本格式为：数据对象 .［'日期列'］.dt.year。month 方法用于获取日期中的月份信息，基本格式为：数据对象［'日期列'］.dt.month。

三、设置索引

设置索引需要调用 set_index（）函数，具体格式为：数据对象 .set_index（keys，drop=True/False，append=True/False，inplace=True/False，verify_integrity=True/False）。keys 表示设置为索引的名，如有多个应放在一个列表里；drop 表示将设置为索引的列删除，默认 True；append 表示是否将新的索引追加到原索引后，默认为 False；inplace 表示是否在原 DataFrame 上修改，默认为 False；verify_integrity 表示是否检查索引有无重复，默认为 False。

四、修改列名

在 Pandas 中修改列名需要调用 rename（）函数，该函数用于列名的重命名，默认返回一个新表格。具体格式为：数据对象 .rename（columns={'原列名':'新列名'}）。

五、数据分割

分割列需要调用 split（）函数，split（）函数主要用于数据正向分割，具体格式为：数据对象 .split（sep，n，expand= True/False）。sep 表示用于分割的字符；n 表示分割的次数，默认为 -1，即使所有的分割点分割；expand 表示是否展开为数据，True 输出 Series，False 输出 Dataframe，默认为 False。如果对字符串进行分割，函数表达式为：str.split（）.str［n］，表达式中 str［］表示分割后的字符串，n 表示第 n 块分割值，n 从 0 开始。

六、处理缺失值

（一）检查缺失值

在 pandas 中处理缺失值时，首先要检查数据中是否存在缺失值。检查缺失值需要调用 isnull（）函数或者 notnull（）函数。isnull（）函数是将所有的缺失值

显示为 True，具体格式为：数据对象.isnull（）；notnull（）函数是将所有非缺失值显示为 True，具体格式为：数据对象.notnull（）

（二）填充缺失值

填充缺失值需要调用 fillna（）函数，具体格式为：数据对象.fillna（method、axis、inplace、limit）methond 包括 backfill、bfill、pad、ffill、None 等方法，ffill/pad 表示使用前一个值来填充缺失值，backfill/bfill 表示使用后一个值来填充缺失值；axis 表示行或列，axis=0 表示行，axis=1 表示列；inplace 表示是否在原 DataFrame 上修改，默认为 False；limit 表示填充的缺失值的个数限制

（三）删除缺失值

删除缺失值需要调用 dropna（）函数，具体格式为：数据对象.dropna（axis=0，how='any'，thresh=None，subset=None，inplace=False）axis=0 表示删除缺失值的行，axis=1 表示删除缺失值的列，默认 axis=0；how=any 表示只要有缺失值出现，就删除该行或该列，how=all 表示所有的值都缺失，才删除行或列，默认 how=any；thresh=None 表示 axis 中至少有 thresh 个非缺失值，否则删除，例如 axis=0，thresh=2 表示如果该行中缺失值的数量大于2，将删除这一行；subset=none 表示在所有列中查看是否有缺失值，如果要在指定列中查看是否有缺失值可以表示为 subset=［列标签］；inplace 表示是否在原 DataFrame 上修改，默认为 False

即问即答

删除重复行的函数是（　　）
A. drop（）　　　　　　B. delete（）
C. backspace（）　　　D. dropna（）

任务分解

第一步，删除"序号"列、重复值

第二步，设置订单日期格式为日期格式，并指定"订单日期"列为索引

第三步，修改列标签"细分"为"消费对象"

第四步，分割"客户 ID"为"客户名称"与"客户 ID"两列；分割"产品名称"为"产品名称"和"产品规格"两列

第五步，填充"折扣"列的缺失值为"0"，删除"销售额"和"利润"有缺失值的行数据

任务实施

一、删除"序号"列、重复值

（1）新建 Python 文件"删除'序号'列、重复值.py"文件，在代码编辑区

输入以下6行代码,如图8-17所示。

删除"序号"列、重复值

```
1  import pandas as pd  #导入pandas库并命名为pd
2  data=pd.read_excel(r'D:/财务大数据基础/项目八/商超数据.xlsx',
3                    sheet_name='订单')  #读取"商超数据.xlsx"工作簿"订单"工作表,并将其命名为data
4  data=data.drop(columns=['序号'])  #删除数据表序号列并
5  data.drop_duplicates(inplace=True)  #删除重复值,修改原始表格数据并
6  data.info()  #查看数据基本信息
```

图8-17 "删除'序号'列、重复值.py"程序代码

代码解读

第4行代码:data=data.drop(columns=['序号']),删除"序号"列,drop删除列时,需要指定列标签。如果要删除多列数据,将列标签用","隔开即可。

第5行代码:data.drop_duplicates(inplace=True),删除数据表中重复的行,并修改原始表格数据,如果不需要修改原始数据,则将inplace设置为False即可。

(2)调试完成后,运行程序。调试结果如图8-18所示。

```
<class 'pandas.core.frame.DataFrame'>
Int64Index: 5464 entries, 0 to 5464
Data columns (total 10 columns):
 #   Column  Non-Null Count  Dtype
```

图8-18 删除重复数据后的"商超数据"基本信息

图8-18显示,删除"序号"列、重复值后的数据共有5464行、10列。

二、设置"订单日期"格式为日期格式,并指定为列索引

(1)新建Python文件"设置'订单日期'格式并指定列索引.py"文件,在代码编辑区输入以下两行代码,如图8-19所示。

设置"订单日期"格式为日期格式,并指定为列索引

```
1  data['订单日期']=pd.to_datetime(data['订单日期'],errors='coerce')  #修改订单日期格式为"日期格式"
2  data.set_index('订单日期',inplace=True)  #将"订单日期"设置为索引
```

图8-19 "设置'订单日期'格式并指定列索引.py"程序代码

代码解读

第1行代码:data['订单日期']=pd.to_datetime(data['订单日期'],errors='coerce'),修改工作表中订单日期的格式为"日期格式",遇到错误时,无效解析设置为NaT。从任务一图8-13中读取到工作表中订单日期的格式为"object",即字符型,在数据分析时,需要将日期调整为日期格式。

第2行代码:data.set_index('订单日期',inplace=True),将"订单日期"列设置为索引,并直接在原DataFrame上修改。

知识拓展

如果要提取"订单日期"中的年份,将订单日期的格式修改以后,编写如下

代码：data['年']=data['订单日期'].dt.year；如果提取月份，代码如下：data['月份']=data['订单日期'].dt.month

（2）调试完成后，运行程序，设置"订单日期"格式、设置列索引完成，读者可以通过 data.info（）代码程序查看"订单日期"的格式为"datetime64[ns]"。

三、修改列标签"细分"为"消费对象"

（1）新建 Python 文件"修改列标签.py"文件，在代码编辑区单输入以下两行代码，如图 8-20 所示。

修改列标签

```
1  data=data.rename(columns={'细分':'消费对象'})  #将列标签"细分"改为"消费对象"
2  data.sample(3)  #随机抽取 3 行数据
```

图 8-20 "修改列标签.py"程序代码

代码解读

第 1 行代码：data=data.rename（columns={'细分':'消费对象'}），调用 rename（）函数将数据表中"细分"列标签替换为"消费对象"。

（2）调试完成后，运行程序，"细分"标签列替换为"消费对象"，输出结果如图 8-21 所示。

订单日期	订单ID	客户ID	消费对象	城市	产品名称	数量	销售额	折扣	利润
2018-11-23	CN-2013-5488732	余凤-13060	消费者	上海	Kraft外皮和封条,回收	2	180.04	NaN	50.40
2020-08-02	CN-2015-1973789	邱谦-19240	消费者	新泰	诺基亚办公室电话机,混合尺寸	7	2220.68	NaN	643.86
2017-04-13	CN-2012-2042105	贺虹-13810	公司	天津	Hoover搅拌机,黑色	4	1803.20	NaN	649.04

图 8-21 列标签修改结果

四、分割"客户ID"列、"产品名称"列

（1）新建 Python 文件"分割'客户ID'列、'产品名称'列.py"文件，在代码编辑区输入以下五行代码，如图 8-22 所示。

分割"客户ID"列、"产品名称"列

```
1  data['客户名称']=data['客户ID'].str.split('-',1).str[0]  #用"-"分割"客户ID"列，将分割后的第一块字符串写入新建"客户名称"列
2  data['客户ID']=data['客户ID'].str.split('-',1).str[1]  #用"-"分割"客户ID"列，将分割后的第二块字符串替换"客户ID"列
3  data['产品名称']=data['产品名称'].str.split(',',1).str[0]  #用","分割"产品名称"列，将分割后的第一块字符串写入新建"产品名称"列
4  data['产品细节']=data['产品名称'].str.split(',',1).str[1]  #用","分割"产品名称"列，将分割后的第二块字符串写入新建"产品细节"列
5  data.head()  #显示前5行数据
```

图 8-22 "分割'客户ID'列、'产品名称'列.py"程序代码

代码解读

第 1 行代码：data['客户名称']=data['客户ID'].str.split('-',1).str[0]，用"-"分割"客户ID"列，将分割后的第一块字符串写入新建"客户名称"列中。

171

第 2 行代码：data［'客户 ID'］=data［'客户 ID'］.str.split（'-'，1）.str［1］，用"-"分割"客户 ID"列，将分割后的第二块字符串写入原有"客户 ID"列中。

第 3、4 行代码解读同上述第 1、2 行代码，在此不再赘述。

（2）调试完成后，运行程序，分割列后的结果如图 8-23 所示。

订单日期	订单ID	客户ID	消费对象	城市	产品名称	数量	销售额	折扣	利润	客户名称	产品规格
2020-04-28	US-2015-1357144	14485	公司	杭州	Fiskars剪刀	2	129.696	0.4	-60.704	曾惠	蓝色
2020-06-16	CN-2015-1973789	10165	消费者	内江	GlobeWeis搭扣信封	2	125.440	NaN	42.560	许安	红色
2020-06-16	CN-2015-1973789	10165	消费者	内江	Cardinal孔加固材料	2	31.920	0.4	4.200	许安	回收

图 8-23　分割列结果

五、填充"折扣"列的缺失值为"0"，删除"销售额""利润"列的缺失数据。

（1）新建 Python 文件"缺失值处理 .py"文件，在代码编辑区输入以下 4 行代码，如图 8-24 所示。

处理缺失值
```
1  data.fillna({'折扣':0},inplace=True)  #填充折扣列的值为0
2  data.dropna(inplace=True)  #删除有缺失值的行数据
3  data.to_excel(r'D:/财务大数据基础/项目八/商超数据清洗后.xlsx', sheet_name='订单')  #保存清洗后的数据
4  len(data)  #查看数据长度
```

图 8-24　"处理缺失值 .py"程序代码

📺 **代码解读**

第 1 行代码：data.fillna（{'折扣':0}，inplace=True），将"折扣"列缺失值填充为"0"，并在原始数据上直接修改。如果要填充某一列或者多列的缺失值，需要用字典的形式填充。此处折扣列缺失值属于有效数据，因此不能直接删除，而用"0"来填充将其作为有效数据。

第 2 行代码：data.dropna（inplace=True），删除有缺失值的行数据并在原始数据上直接修改。

第 3 行代码：data.to_excel（r'D:/财务大数据基础/项目八/商超数据清洗后 .xlsx', sheet_name=' 订单 '），将清洗完成的数据保存为"商超数据清洗后 .xlsx"工作簿，并指定工作表名为"订单"。

（2）调试完成后，运行程序，处理缺失值后的数据共计 5382 行。

👍 大显身手

▶ **实例　处理清洗后的商超数据**　承接实例"清洗商超数据"，请完成以下任务：

（1）修改列标签"数量"为"销售数量"
（2）查看"订单"工作表中的缺失值，显示前 5 行
（3）查看"订单"工作表中非缺失值，显示后 5 行
（4）设置"订单编号 ID"为索引，随机显示 10 行数据
（5）提取"订单日期"列中的年份，存放至"年"列，提取月存放至"月份"列

请参照任务二实例"清洗商超数据"的步骤完成实例"处理清洗后的商超数据"的代码编辑、调试及运行。

试一试 制作思维导图

请总结任务二的学习内容，并制作相应的思维导图。

任务三
财务大数据汇总

任务描述

> **实例　汇总商超数据**　M公司销售业务员陈小义在数据整理的过程中发现，有一部分商超数据（已清洗）未纳入总表中，另外有"城市表.xlsx"与"省区表.xlsx"需要与清洗、合并后的商超数据表汇总。根据数据整理的要求，陈小义需要完成以下任务：
>
> （1）合并"商超数据补充.xlsx"和"商超数据清洗后.xlsx"，另存为"合并商超数据"。
>
> （2）合并"合并商超数据""城市表.xlsx""省区表.xlsx"，另存为"商超数据汇总表"。

相关知识

一、拼接数据结构相同的工作表

数据拼接需要调用concat（ ）函数，具体格式为pandas.concat（objs，axis，join，ignore_index，keys=None，verify_integrity）。objs表示拼接的内容，拼接的内容可以是多个DataFrame或Series对象，需要用列表表示，是必传参数；axis表示轴方向，axis=0表示纵向拼接，axis=1表示横向拼接，默认axis=0；join表示拼接方式，join=inner表示数据按交集拼接，join=outer表示数据按合集拼接，默认outer；ignore_index表示是否保留原表索引，ignore_index=False表示不保留，ignore_index=True表示保留，默认保留；keys表示以使用传递的键作为最外层级别来构造层次结构索引，即给每个表指定一个一级索引，keys=None表示不指定索引；verify_integrity表示对index的唯一性进行验证，若有重复，报错。若已经设置了ignore_index，则该参数无效。

"商超数据补充.xlsx"和"商超数据清洗后.xlsx"拼接,是数据结构相同的工作表的纵向拼接。

"商超数据补充.xlsx"和"商超数据清洗后.xlsx"拼接,还可以调用append()函数。append()函数是将其数据表中的Series或DataFrame对象添加到指定DataFrame对象的末尾,并返回一个新对象。不在此DataFrame中的列将作为新列添加。具体格式为append(self, other, ignore_index, verify_integrity), self表示指定的DataFrame数据;other表示需要被添加的数据;ignore_index表示是否保留原表索引, ignore_index=False表示不保留, ignore_index=True表示保留,默认保留;verify_integrity表示对index的唯一性进行验证,若有重复,报错。若已经设置了ignore_index,则该参数无效。

concat()和append()函数一般默认用来纵向拼接Series或DataFrame对象。

二、数据结构不同的工作表的拼接

"合并商超数据""城市表.xlsx""省区表.xlsx"是三张数据结构不一样的工作表,但是表之间有共同的列字段,要实现结构不同的工作表的合并需要调用merge()函数。merge()函数能实现将两个DataFrame根据共有的列连接起来,merge()连接方式丰富多样,可以选择inner(默认)、left、right、outer这四种模式,分别对应内连接、左连接、右连接、全外连接。具体格式为:merge(how, on, left_on, right_on, left_index, right_index, suffixes, copy)。其中,how表示数据链接的方法,方式包括(inner、outer、left、right); on表示对齐的列名,一定要保证左表和右表存在相同的列名;left_on表示左表对齐的列,可以是列名,也可以是DataFrame同长度的排列;right_on表示右表对齐的列,可以是列名;left_index表示将左表的index用作连接键。

即问即答

concat()纵向合并数据,需要设置( )参数。

A. axis=0 B. axis=1
C. join='outer' D. join='inner'

任务分解

第一步,读取"商超数据补充.xlsx""商超数据清洗后.xlsx",查看"商超数据补充.xlsx"的数据基本信息。

第二步,合并"商超数据补充.xlsx""商超数据清洗后.xlsx"。

第三步,读取"合并商超数据""城市表.xlsx""省区表.xlsx",并合并三张表。

任务实施

一、读取数据表，查看数据基本信息

（1）新建 Python 文件"读取商超数据.py"文件，在代码编辑区输入以下 4 行代码，如图 8-25 所示。

读取商超数据

```
1  import pandas as pd  #导入pandas库并命名为pd
2  data1=pd.read_excel(r'D:/财务大数据基础/项目八/商超数据清洗后.xlsx')  #读取"商场数据清洗后"
3  data2=pd.read_excel(r'D:/财务大数据基础/项目八/商超数据补充.xlsx')  #读取"商场数据补充"
4  data2.info()  #查看data2数据基本信息
```

图 8-25 "读取商超数据.py"程序代码

（2）调试完成后，运行程序，输出"商超数据补充.xlsx"数据信息如图 8-26 所示。

```
<class 'pandas.core.frame.DataFrame'>
RangeIndex: 644 entries, 0 to 643
Data columns (total 12 columns):
 #   Column    Non-Null Count  Dtype
---  ------    --------------  -----
 0   订单日期    644 non-null    datetime64[ns]
 1   订单ID     644 non-null    object
 2   客户ID     644 non-null    int64
 3   消费对象    644 non-null    object
 4   城市      644 non-null    object
 5   产品名称    644 non-null    object
 6   数量      644 non-null    int64
 7   销售额     644 non-null    float64
 8   折扣      644 non-null    float64
 9   利润      644 non-null    float64
 10  客户名称    644 non-null    object
 11  产品规格    644 non-null    object
dtypes: datetime64[ns](1), float64(3), int64(2), object(6)
memory usage: 60.5+ KB
```

图 8-26 data2 数据基本信息

图 8-26 显示，"商超数据补充.xlsx"与"商超数据清洗后.xlsx"数据表的结构完全相同，可以直接进行纵向合并。"商超数据补充.xlsx"共有 644 行数据。

二、合并"商超数据补充.xlsx""商超数据清洗后.xlsx"

（1）新建 Python 文件"合并商超数据表.py"文件，在代码编辑区输入以下 4 行代码，如图 8-27 所示。

合并商超数据表

```
1  data3=pd.concat([data1,data2])  #纵向合并data1和data2数据表
2  data3.set_index('订单日期',inplace=True)  #设置合并后数据的列索引为"订单日期"
3  data3.to_excel(r'D:/财务大数据基础/项目八/合并商超数据.xlsx',sheet_name='订单')  #保存合并后的数据
4  len(data3)  #查看合并后数据长度
```

图 8-27 "合并商超数据表.py"程序代码

🖥 代码解读

第 1 行代码：data3=pd.concat（[data1，data2]），用 concat（）函数合并

data1 和 data1 对象，data1 和 data1 对象需要用列表形式表示。

（2）调试完成后，运行程序，合并后数据共计 6026 行。

三、读取并合并"合并商超数据.xlsx""城市表.xlsx""省区表.xlsx"

（1）新建 Python 文件"合并商超数据、城市表、省区表.py"文件，在代码编辑区输入以下 7 行代码，如图 8-28 所示。

合并"合并商超数据""城市表""省区表"

```
1  data3=pd.read_excel(r'D:\财务大数据基础\项目八\合并商超数据.xlsx',sheet_name='订单')
2  data4=pd.read_excel(r'D:\财务大数据基础\项目八\城市表.xlsx')  #读取"城市表"
3  data5=pd.read_excel(r'D:\财务大数据基础\项目八\省区表.xlsx')  #读取"省区表"
4  data6=pd.merge(data4,data5,how='left')  #连接data4、data5数据对象的命令
5  data7=pd.merge(data3,data6,how='left')  #连接data3、data6数据对象的命令
6  data7.to_excel(r'D:\财务大数据基础\项目八\合并商超数据.xlsx',sheet_name='订单')  #保存合并后的数据
7  data7.head(3)  #查看前三条数据
```

图 8-28 "合并商超数据、城市表、省区表.py"程序代码

代码解读

第 4 行代码：data6=pd.merge（data4，data5，how='left'），用 merge（）函数连接 data4、data5 数据对象，城市表与省区表是数据结构不同的两张表，用 merge（）函数可以实现以相同列名合并的目的。

第 5 行代码解读同第 4 行代码。

（2）调试完成后，运行程序，完成"合并商超数据.xlsx""城市表.xlsx""省区表.xlsx"合并，结果如图 8-29 所示。

	订单日期	订单ID	客户ID	消费对象	城市	产品名称	数量	销售额	折扣	利润	客户名称	产品规格	省/自治区	地区
0	2020-04-28	US-2020-135/144	14485	公司	杭州	Fiskars剪刀	2	129.696	0.4	60.704	曾惠	蓝色	浙江	华东
1	2020-06-16	CN-2020-1973789	10165	消费者	内江	GlobeWeis搭扣信封	2	125.440	0.0	42.560	许安	红色	四川	西南
2	2020-06-16	CN-2020-1973789	10165	消费者	内江	Cardinal孔加固材料	2	31.920	0.4	4.200	许安	回收	四川	西南

图 8-29 合并后数据基本信息

大显身手

实例　奖学金成绩评定　某高校学生处陈老师收到会计学院、金融学院四个专业的成绩评定表用以评定奖学金。为了完成所有学生的成绩评定及排名，陈老师需要完成以下任务：

（1）合并四个专业的成绩表并保存至"奖学金成绩评定表.xlsx"工作簿。

（2）完成"奖学金成绩评定表.xlsx"与"院系专业表.xlsx"的合并，并保存至"奖学金成绩评定汇总表.xlsx"工作簿。

请参照任务三实例"汇总商超数据"的步骤完成实例"奖学金成绩评定"的代码编辑、调试及运行。

试一试 制作思维导图

请总结任务三的学习内容,并制作相应的思维导图。

任务四
财务大数据统计

任务描述

> **实例 统计商超数据** M公司销售业务员陈小义合并完成"合并商超数据.xlsx"后,根据数据统计需求,需要完成以下统计分析任务:
> (1)完成"合并商超数据.xlsx"基本统计
> (2)按地区、省、自治区对"订单"工作表分组,统计"销售额""数量""折扣"与"利润"的平均值、最大值和最小值,统计结果按照利润升序排列
> (3)按地区统计"订单ID"计数、"数量"的平均值、"销售额""折扣"的最大值、"利润"的最小值,统计结果按照利润升序排列
> (4)对平均"利润"最低地区的利润进行分层分析

相关知识

一、基本统计函数

统计数据表基本信息需要调用pandas提供的最为基础的describe()函数,该函数表示查看数据列的汇总统计。具体格式为:数据对象.describe(percentiles,include),percentitles表示设定数值型特征的统计量,默认[0.25、0.5、0.75],也就是返回25%、50%、75%分位数时的数值,该分位数可以修改;include表示参与统计的列,include="all"表示统计所有列的值,include="none"表示只统计数值列

Pandas提供的常用统计运算还包括求和、求平均值、求最值,分别要用到字符串计数count()函数、求和sum()函数、平均值mean()函数、最大值max()函数和最小值min()函数。具体格式为:数据对象.函数

二、分类汇总、排序

分类汇总包括分类和汇总两部分内容。分类是指按照数据中一些字段的值对

数据进行分类；汇总是对分类后的数据计算出统计汇总信息。

1. 数据分类

在 pandas 中可以调用 groupby（）方法完成数据分类。具体格式为：数据对象 .groupby（keys），keys 表示分类的字段，如果按照多个字段分类，可以用列表的方式表示。

2. 数据排序

在 pandas 中对数据排序可以调用 sort_values（）函数和 sort_index（）函数。sort_values（）表示按照数值排序，sort_index（）表示按照索引排序。

sort_values（）的具体格式为：数据对象 .sort_values（by，axis，ascending，inplace），by 表示指定排序值参考列或行，如果 axis=0，by 为"列名"，如果 axis=1，by 为"行号"；ascending 表示排序标准，选择升序（默认 True），选择降序（False）；inplace 表示是否创建新对象，inplace=True 表示直接对原始对象进行修改，inplace=False 表示对数据进行修改，创建并返回新的对象。

sort_index（）函数的参数除了不需要设置 by，其余参数与 sort_values（）相同，在此不再赘述。

三、聚合函数

如果对同一个数据表中不同字段数据实现多维度统计，例如，需要统计"合商超并数据"中"数量"的平均值，"销售额""折扣"的最大值等，可以调用 pandas 库中的聚合函数 agg（）来实现。该函数可以对不同列使用不同的统计函数。具体格式为：数据对象 .agg（{列名 1: 函数 1，列名 2: 函数 2⋯}），agg（）函数的参数以键值对的形式存放在字典中。

四、分层分析

在 pandas 中，数据分箱函数包括 cut（）和 qcut（）。其中，qcut（）函数根据数据本身的数量对数据平均分箱，cut（）函数将数据按照数值的范围进行分组。需要分箱的数据必须是一维数据。

qcut（）函数会将数据按从小到大的顺序排序，然后再将排序后的数据平均分为 n 组。具体格式为 qcut（x，q，lables），x 表示需要被分组的数据，q 表示分组数量，lables 表示分组后数据的标签。

cut（）函数可以将数据按照数值的范围进行分组。具体格式为：pandas.cut（x，q，bins，labels），x 表示需要被分组的数据，q 表示分组数量，bins 表示自定义分箱数值的范围，lables 表示分组后数据的标签。

要统计分箱后每个类别的数据，需要调用数据表计数 value_counts（）方法，该方法表示返回一个序列 Series，该序列包含每个值的数量，即对于数据单元格中的任何列，value_counts（）方法会返回该列每个项的计数。value_counts（）是 Series 拥有的方法，一般在 DataFrame 中使用时，需要指定具体的列或行。具体格式为：pandas.value_counts（）。

即问即答

重置索引的函数是（　　）

A. set_index（） B. index_col（）

C. reset_index（） D. index（）

任务分解

第一步，统计数据表基本信息

第二步，数据分类汇总、排序与基本统计

第三步，多维度数据统计

第四步，分层分析平均利润最低地区的消费对象平均利润

任务实施

一、基本信息统计

（1）新建 Python 文件"基本信息统计.py"文件，在代码编辑区输入以下 4 行代码，如图 8-30 所示。

基本信息统计

```
1  import pandas as pd  #导入pandas库并命名为pd
2  data=pd.read_excel(r"D:\财务大数据基础\项目八\合并商超数据.xlsx",
3                     index_col="订单ID")  #打开"合并数据"，设置"订单ID"为列索引
4  data.describe()  #输出数据基本信息
```

图 8-30 "基本信息统计.py"程序代码

代码解读

第 4 行代码：data.describe（），输出"合并商超数据"数值列基本统计信息。代码中 describe（）所有参数均为默认值，表示仅输出数值列数据的统计信息。

（2）调试完成后，运行程序，完成"合并商超数据"数值统计，结果如图 8-31 所示。

	Unnamed: 0	客户ID	数量	销售额	折扣	利润
count	6026.000000	6026.000000	6026.000000	6026.000000	6026.000000	6026.000000
mean	3012.500000	15989.413375	3.898772	1702.581670	0.102962	263.346307
std	1739.700693	3537.862471	2.255551	2762.760895	0.185807	817.891886
min	0.000000	10015.000000	1.000000	14.504000	0.000000	-6908.496000
25%	1506.250000	12790.000000	2.000000	274.820000	0.000000	18.060000
50%	3012.500000	16090.000000	3.000000	684.180000	0.000000	93.646000
75%	4518.750000	19105.000000	5.000000	1899.800000	0.100000	329.000000
max	6025.000000	21925.000000	15.000000	38859.660000	0.800000	9808.820000

图 8-31 基本统计结果

图 8-31 中，count 表示数值字段计数，即行中的有效值；mean 表示均值；

std 表示标准差；min 表示最小值；25%、50%、75% 分别表示四分之一分位数、二分之一分位数和四分之三分位数；max 表示最大值。

二、数据分类统计、排序

（一）按地区分类统计平均值并排序

（1）新建 Python 文件"按地区分类统计平均值并排序 .py"文件，在代码编辑区输入以下 3 行代码，如图 8-32 所示。

按地区分类统计平均值并排序

```
1  data=data.groupby('地区')  #按"地区"对数据分类
2  data=data[['数量','销售额','折扣','利润']].mean().sort_values('利润')  #统计平均值，结果按照利润升序排序
3  data  #输出按地区分类统计平均值并排序
```

图 8-32 "按地区分类统计平均值并排序 .py"程序代码

💻 **代码解读**

第 1 行代码：data=data.groupby('地区')，按照地区对"合并商超数据"分类。如果需要对地区、省 / 直辖市两个字段分类，代码如下：data=data.groupby('地区','省 / 直辖市')。

第 2 行代码：data=data[['数量','销售额','折扣','利润']].mean().sort_values('利润')，输出"数量""销售额""折扣""利润"的平均值，将结果按照"利润"升序排序。

（2）调试完成后，运行程序，完成按地区分类统计平均值并排序。统计结果如图 8-33。

地区	数量	销售额	折扣	利润
西南	3.735986	1503.583899	0.133002	178.570835
东北	4.007843	1738.289961	0.130294	200.156422
华东	3.862680	1655.096802	0.108527	271.000888
西北	3.866894	1710.251468	0.108532	276.704314
中南	3.925800	1676.298449	0.091593	279.668941
华北	3.914124	1923.761087	0.058362	342.011276

图 8-33 按地区统计平均值并排序输出结果

（二）按地区分类统计最大值并排序

（1）新建 Python 文件"按地区分类统计最大值并排序 .py"文件，在代码编辑区输入以下 3 行代码，如图 8-34 所示。

按地区分类统计最大值并排序

```
1  data=data.groupby('地区')  #按"地区"对数据分类
2  data=data[['数量','销售额','折扣','利润']].max().sort_values('利润')  #统计平均值，结果按照利润升序排序
3  data  #输出按地区分类统计最大值并排序
```

图 8-34 "按地区分类统计最大值并排序 .py"程序代码

（2）调试完成后，运行程序，完成按地区分类统计最大值并排序，统计结果如图 8-35 所示。

	数量	销售额	折扣	利润
地区				
西南	14	19242.72	0.8	4897.90
西北	12	20942.88	0.8	5653.76
中南	14	17740.94	0.8	6220.48
东北	14	25711.84	0.8	7214.76
华北	13	38859.66	0.8	9329.04
华东	15	29124.48	0.8	9808.82

图 8-35　按地区统计最大值并排序输出结果

（三）按地区分类统计最小值并排序

（1）新建 Python 文件"按地区分类统计最小值并排序.py"文件，在代码编辑区输入以下 3 行代码，如图 8-36 所示。

按地区分类统计最小值并排序

```
data=data.groupby("地区")  #按"地区"分组数据
data=data[['数量','销售额','折扣','利润']].min().sort_values('利润') #按升序排序，计算销售额与"利润"
data  #输出按地区分类统计最小值
```

图 8-36　"按地区分类统计最小值并排序.py"程序代码

（2）调试完成后，运行程序，完成按地区分类统计最小值并排序，统计结果如图 8-37 所示。

	数量	销售额	折扣	利润
地区				
华东	1	14.504	0.0	-6908.496
中南	1	17.920	0.0	-5700.800
东北	1	16.548	0.0	-5502.336
西南	1	26.880	0.0	-4490.080
西北	1	26.656	0.0	-4354.532
华北	1	15.876	0.0	-3386.880

图 8-37　按地区统计最小值并排序输出结果

根据统计结果显示，西南地区平均利润最低，为 178.570835，该地区最高利润为 4897.90，最低利润为 -4490.08。华北地区平均利润最高，平均利润为 342.011276，该地区最高利润为 9329.04，最低利润为 -3386.88。

三、多维度数据统计

（1）新建 Python 文件"多维度数据统计.py"文件，在代码编辑区输入以下 4 行代码，如图 8-38 所示。

多维度数据统计

```
1  data=pd.read_excel(r'D:/财务大数据基础/项目八/合并商超数据.xlsx')  #读取"合并商超数据"
2  dict={'订单ID':'count','数量':'mean','销售额':'max','折扣':'max','利润':'mean'}  #创建统计字段字典
3  data=data.groupby('地区').agg(dict).sort_values('利润')  #按地区分类，聚合字典完成不同字段统计，数据按利润升序排列
4  data  #输出数据
```

图 8-38 "多维度数据统计 .py"程序代码

💻 代码解读

第 2 行代码：dict={'订单ID':'count', '数量':'mean', '销售额':'max', '折扣':'max', '利润':'mean'}，表示以列名为键，统计运算为值创建字典"dict"。

第 3 行代码：data=data.groupby（'地区'）.agg（dict）.sort_values（'利润'），其中，groupby（'地区'）表示按照"地区"对数据分类，agg（dict）表示通过聚合函数 agg（）完成字典 dict 中不同列字段的统计运算，sort_values（'利润'）表示将统计后的数据按照利润升序排列。

（2）调试完成后，运行程序。完成"合并商超数据"多维度数据统计。统计结果如图 8-39 所示。

	订单ID	数量	销售额	折扣	利润
地区					
西南	553	3.735986	19242.72	0.8	178.570835
东北	1020	4.007843	25711.84	0.8	200.156422
华东	1806	3.862680	29124.48	0.8	271.000888
西北	293	3.866894	20942.88	0.8	276.704314
中南	1469	3.925800	17740.94	0.8	279.668941
华北	885	3.914124	38859.66	0.8	342.011276

图 8-39 多维度数据统计结果

四、分层分析平均利润最低地区的消费对象平均利润

（一）分析"西南"地区"消费对象"分析的平均利润

（1）新建 Python 文件"统计西南地区消费对象平均利润 .py"文件，在代码编辑区单击输入以下 3 行代码，如图 8-40 所示。

统计西南地区消费对象平均利润

```
1  data=pd.read_excel(r'D:/财务大数据基础/项目八/合并商超数据.xlsx')  #读取"合并商超数据"
2  data_xinan=data[data['地区']=='西南']  #筛选西南地区销售数据
3  data_xinan1=data_xinan.groupby('消费对象')['利润'].mean()  #按照"消费对象"分类统计西南地区的平均利润
4  data_xinan1  #输出data_xinan
```

图 8-40 "统计西南地区消费对象平均利润 .py"程序代码

（2）调试完成后，运行程序，完成西南地区"消费对象"平均利润统计。统计结果如图 8-41 所示。

```
消费对象
公司         142.522193
小型企业       162.801205
消费者        201.294586
Name: 利润, dtype: float64
```

图 8-41 西南地区"消费对象"平均利润统计结果

（二）转化"消费对象"对应的平均利润序列

（1）新建 Python 文件"转化消费对象对应的平均利润序列.py"文件，在代码编辑区单击输入以下两行代码，如图 8-42 所示。

转化消费对象对应的平均利润序列

```
1  data_xinan2=data_xinan1.to_frame().reset_index().rename(columns={'利润':'消费对象平均利润'})
2  #将data_xinan1转化为数据表，重置设置索引，将"利润"列标签重命名为"消费对象平均利润"，指定为data_xinan1
3  data_xinan2  #输出data_xinan1
```

图 8-42 "转化消费对象对应的平均利润序列.py"程序代码

📖 代码解读

第 1 行代码：data_xinan2=data_xinan.to_frame().reset_index().rename(columns={'利润':'消费对象平均利润'})，to_frame()是将 data_xinan 数据转化为数据表，reset_index()是重置数据表的索引，rename(columns={'利润':'消费对象平均利润'})是将列标签"利润"重命名为"消费对象平均利润"。

（2）调试完成后，运行程序，完成"消费对象"平均利润序列转化，统计结果如图 8-43 所示。

	消费对象	消费对象平均利润
0	公司	142.522193
1	小型企业	162.801205
2	消费者	201.294586

图 8-43 "消费对象"平均利润序列转化

（三）合并"合并商超数据.xlsx"与"消费对象平均利润.xlsx"，筛选"利润"小于"消费对象"平均利润的数据

（1）新建 Python 文件"筛选利润小于消费对象平均利润的数据.py"文件，在代码编辑区单击输入以下 3 行代码，如图 8-44 所示。

筛选利润小于消费对象平均利润的数据

```
1  data_xinan3=pd.merge(data_xinan,data_xinan2,how='left')  #合并data_xinan与data_xinan2，指定为data_xinan3
2  data_xinan3_less=data_xinan3[data_xinan3['利润']<data_xinan3['消费对象平均利润']]  #在data_xinan3中筛选出小于"消费对象平均利润"的数据
3  data_xinan3_less  #输出data_xinan3_less
```

图 8-44 筛选利润小于消费对象平均利润的数据.py 程序代码

📖 代码解读

第 1 行代码：data_xinan3=pd.merge(data_xinan, data_xinan2, how='left')，通过 merge()函数合并"合并商超数据"数据表与"消费对象"数据表。

第 2 行代码：data_xinan3_less=data_xinan3[data_xinan3['利润']<data_xinan3['消费对象平均利润']]，在合并后的数据表中比较"利润"列数据小于"消费对象平均利润"的数据。

(2)调试完成后,运行程序。完成西南地区"利润"小于"消费对象平均利润"数据筛选。统计结果如图 8-45 所示。

	Unnamed: 0	订单日期	订单ID	客户ID	消费对象	城市	产品名称	数量	销售额	折扣	利润	客户名称	产品规格	省/自治区	地区	消费对象平均利润
0	1	2020-06-16	CN-2020-1973789	10165	消费者	内江	GlobeWeis搭扣信封	2	125.440	0.0	42.560	许安	红色	四川	西南	201.294586
1	2	2020-06-16	CN-2020-1973789	10165	消费者	内江	Cardinal孔加固材料	2	31.920	0.4	4.200	许安	回收	四川	西南	201.294586
2	44	2019-06-16	US-2019-5956361	21265	公司	内江	Boston速写本	6	272.160	0.8	-1020.600	邹涛	蓝色	四川	西南	142.522193
6	71	2020-10-27	CN-2020-2187292	13180	公司	重庆	Kraft邮寄品	3	527.100	0.0	47.040	孟刚	每套50个	重庆	西南	142.522193
8	85	2019-07-26	CN-2019-5552260	15445	消费者	绵阳	Eldon框架	6	1929.816	0.4	192.696	曾康	优质	四川	西南	201.294586
...																
542	5970	2019-06-22	CN-2019-4651879	17410	消费者	遂宁	OfficeStar沙滩椅	4	593.712	0.4	148.428	蔺临	黑色	四川	西南	201.294586
543	5971	2019-06-22	CN-2019-4651879	17410	消费者	遂宁	SanDisk计划信息表	8	889.280	0.0	111.160	蔺临	优质	四川	西南	201.294586
544	5972	2019-06-22	CN-2019-4651879	17410	消费者	遂宁	Eldon文件夹	6	449.400	0.0	74.900	蔺临	金属	四川	西南	201.294586
545	5976	2019-07-02	US-2019-2257547	16495	公司	成都	Stanley记号笔	3	62.916	0.0	20.972	田丽	整包	四川	西南	142.522193
547	5992	2018-06-20	CN-2018-4978724	17215	消费者	昭通	Boston铅笔刀	2	270.200	0.0	135.100	贾廉	蓝色	云南	西南	201.294586

372 rows × 16 columns

图 8-45 西南地区"利润"小于"消费对象平均利润"数据筛选结果

图 8-45 筛选结果显示,西南地区共有销售数据 547 条。

(四)将筛选出的西南地区"利润"值小于"消费对象平均利润"的数据平均分为"高""中""低"三个箱子,并统计每个箱子的数量

(1)新建"筛选结果平均分箱并计数.py"文件,在代码编辑区单击输入以下两行代码,如图 8-46 所示。

筛选结果平均分箱并计数

```
1  data_xinan3_less_cut1=pd.qcut(data_xinan3_less['利润'],3,labels=['高','中','低'])  #将data_xinan3_less平均分到'高''中''低'三个箱子
2  pd.value_counts(data_xinan3_less_cut1)  #输出分箱结果计数
```

图 8-46 "筛选结果平均分箱并计数.py"程序代码

代码解读

第 1 行代码:data_xinan3_less_cut1=pd.qcut(data_xinan3_less['利润'],3,labels=['高','中','低']),将筛选出利润小于"消费对象平均利润"的数据平均分为 3 个箱子,每个箱子对应的标签分别为高、中、低。

第 2 行代码:pd.value_counts(data_xinan3_less_cut1),输出分箱计数结果。

(2)调试完成后,运行程序,完成按筛选结果平均分箱并计数。分箱结果计数如图 8-47 所示。

```
高    125
低    124
中    123
Name: 利润, dtype: int64
```

图 8-47 分箱结果计数

知识拓展

根据图8-47高、中、低各类别数量统计结果可知，该分箱结果并非绝对平均分配。具体原因如下：例如，将数据[1，2，3，6，6，6，8，8]平均分为两组，分组的结果为[1，2，3]和[6，6，6，8，8]，因为在分组的临界线处出现了多个重复的数值6，如果先将中间重复的两个6去掉，分组结果为[1，2，3]和[6，8，8]，其中，6与8、8为一组，因此，另外两个重复的6会被自动归类到[6，8，8]这一组，这就是平均分箱会出现每组数量不一样的原因。

（五）将筛选出的西南地区"利润"值小于"消费对象平均利润"的数据按数值分为高、中、低三个箱子，并统计每个箱子的数量

（1）新建 Python 文件"筛选结果按数值分箱并计数.py"文件，在代码编辑区单击输入以下两行代码，如图8-48所示。

筛选结果按数值分箱并计数

```
1  data_xinan3_less_cut2=pd.cut(data_xinan3_less['利润'],3,labels=['高','中','低']) #将data_xinan3_less按数值分为高、中、低三个箱子
2  pd.value_counts(data_xinan3_less_cut2) #对分箱结果计数
```

图8-48 "筛选结果按数值分箱并计数.py"程序代码

代码解读

第1行代码：data_xinan3_less_cut2=pd.cut（data_xinan3_less['利润']，3，labels=['高'，'中'，'低']），使用 cut（）函数将 data_xinan3_less 中"利润"列数据分为高、中、低三个箱子。

（2）调试完成后，运行程序，完成按数值分箱并计数。分箱结果计数如图8-49所示。

```
低    365
中      4
高      3
Name: 利润, dtype: int64
```

图8-49 分箱类别计数

知识拓展

根据上述分箱结果可知，绝大部分利润数据被分入"低"级别。其具体原因如下：例如，将数据[1，2，3，6，6，6，8，8]以数值分箱的方法分为两组，分箱依据为：分界线＝（最大值－最小值）/N＝（8－1）/2=4，即以4为分界线，分组结果为[1，2，3]和[6，6，6，8，8]两组。

（六）将筛选出的西南地区"利润"值小于"消费对象平均利润"的数据按（-4491，0，178，4888）分为高、中、低三个箱子，并统计每个箱子的数量

（1）新建 Python 文件"筛选结果按数值范围分箱并计数.py"文件，在代码编辑区单击输入以下两行代码，如图8-50所示。

筛选结果按数值范围分箱并计数

```
1  data_xinan3_less_cut3=pd.cut(data_xinan3_less['利润'],bins=[-4491,0,179,4898],labels=['低','中','高'])
2  #按照[-4491,0,179,4898]数值范围分到"低"、"中"、"高"三个箱子
3  pd.value_counts(data_xinan3_less_cut3)#对分箱结果计数
```

图 8-50 "筛选结果按数值范围分箱并计数 .py" 程序代码

💻 **代码解读**

第 1 行代码：data_xinan3_less_cut3=pd.cut（data_xinan3_less['利润']，bins=[-4491，0，178，4888]，labels=['低'，'中'，'高']），按照[-4491，0，178，4888]数值范围，使用 cut（）函数将 data_xinan3_less 中 "利润"列数据分为高、中、低三个箱子。此处数值范围的选择依据西南地区的利润最小值、平均值和最大值来确定。

（2）调试完成后，运行程序，完成按数值范围分箱并计数。分箱结果计数如如图 8-51 所示。

```
中    238
低    126
高      8
Name: 利润, dtype: int64
```

图 8-51 分箱结果计数

👍 大显身手

▶ **实例　统计奖学金成绩**　承接实例 "奖学金成绩评定"中"奖学金成绩评定汇总表 .xlsx"，完成以下数据统计：

（1）完成 "奖学金成绩评定汇总表 .xlsx" 的基本统计。

（2）按"学院"对工作表分组，分别统计"总成绩"的平均值、最大值和最小值，统计结果均按照总成绩降序排列。

（3）按"专业"对工作表分组，按"学号"计数，统计"品行发展素质得分"的最大值、"学业发展素质得分"的最小值、"身心发展素质得分"的平均值，统计结果按照身心发展素质得分降序排列。

（4）对"总成绩"平均分为优、良、中、差四个箱子，并统计每个箱子的数量。

（5）对"总成绩"按照数值范围[0，60，70，80，90]分为差、中、良、优四个箱子，并统计每个箱子的数量。

请参照任务四实例 "统计商超数据"的步骤完成实例"统计奖学金成绩"的代码编辑、调试及运行。

程序代码：
统计奖学金成绩

试一试 制作思维导图

请总结任务四的学习内容，并制作相应的思维导图。

项目总结

通过本项目的学习，掌握 Pandas 库数据结构 Series 对象和 DataFrame 对象的运用，利用 Pandas 库中的函数完成数据清洗、数据合并与数据统计任务，初步展现了 Pandas 库在数据分析中的高效应用。

技能训练

实操题

1. 请参照任务一的实例，分别以列表方式和字典方式创建损益收入类会计科目的编码与名称。

2. 赵明是二手车交易平台的数据分析员，现收集到了 2005 年至 2022 年在部分省市挂网的二手车信息（见数字资源中的二手车挂牌信息表）。为了能顺利完成数据分析，赵明需要参照本项目的实例，完成以下任务：

（1）读取"二手车挂牌信息表"，查看数据基本信息。

（2）删除数据表中的重复值。

（3）分割列"里程数""排量""额定功率"，去除三列中的单位。

（4）将"里程数"标签修改为"里程数（kmpl）""排量"列标签修改为"排量（CC）""制动马力"列标签修改为"制动马力（bhp）"。

（5）填充"排量（CC）""制动马力（bhp）"列的缺失值为"0"，删除"里程数（kmpl）"列有缺失值的行数据。

3. 合并"省份表.xlsx"与实操题2清洗后的数据，另存为"二手车挂牌信息合并表"。

4. 承接实操题3合并后的数据，完成以下数据统计：

（1）完成"二手车挂牌信息合并表"的基本统计。

（2）按"上牌年份"对工作表分组，统计"里程数（kmpl）""报价"的平均值，统计结果按照报价升序排序。

（3）按"变速器"对工作表分组，按"地点"计数，统计"里程数（kmpl）"的最大值、"排量（CC）"的最小值、"制动马力（bhp）"的最大值、"报价"的平均值，统计结果按照报价升序排序。

（4）对"变速器"计数，分析哪种"变速器"的二手车在市场上占主流地位；对"转手次数"计数，分析哪种"转手次数"的二手车在市场上更受欢迎。

（5）对"里程数（kmpl）"平均分为高、中、低三个箱子，并统计每个箱子的数量。

项目九
财务大数据分析与可视化

学习目标

知识目标

1. 掌握 Matplotlib 库的基本使用方法
2. 掌握折线图、柱状图和饼图的绘制和美化方法
3. 掌握 Matplotlib 组合图的绘制方法
4. 掌握 Matplotlib 子图的绘制方法

技能目标

1. 会导入 Matplotlib 库的 pyplot 绘图工具包
2. 能根据分析目的完成对应表格数据的可视化
3. 会使用 Matplotlib 绘制折线图、柱状图和饼图
4. 会使用 Matplotlib 绘制组合图
5. 会使用 Matplotlib 绘制子图

素养目标

1. 提升财经商贸类专业相关的数据分析能力,培养利用大数据可视化技术分析和展现数据的能力
2. 培养财经商贸类专业相关的数字化战略思维和管理决策素养,提高利用大数据分析技术解决问题的能力
3. 通过数据可视化技术的实际运用,掌握整体数据的分析和图形展示,培养整体观和大局观,认识到分析数据时要考虑整体布局,站在全局角度看问题
4. 通过 Matplotlib 绘图的高阶训练,了解专业图形的绘制和美化,培养执着专注、精益求精、一丝不苟和追求卓越的工匠精神

财务大数据基础

项目导入

随着大数据时代的到来，各行各业每天都会产生、面对、分析和使用许多数据，因此数据分析成了现在求职和工作中不可或缺的技能。数据可视化是数据分析时必备的能力。数据可视化是指将原始数据变成有用信息的重要环节，通过可视化可以更加直观地分析数据，可以更好更快地帮助他人使用数据；通过可视化我们可以更好地发现不同维度数据间的相互关系。但是有个问题一直困扰着元小宇同学，用 Excel 分析数据以及绘制图形看起来好像更加方便和简单，为什么越来越多的人使用 Python 来实现数据的分析和可视化呢？

随着"大智移云"时代的到来，未来的发展趋势是公司数据云储存，为了保障数据的安全，大多企业将会严格限制数据下载到本地进行操作。例如，目前阿里巴巴公司就在大力推动减少线下 Excel 表，一方面为了保障数据安全，另一方面也是由于数据储存介质变化导致，因此通过 Excel 分析数据的方式已经逐渐被替代，而且随着数据增多和内存的占用问题，使用 Excel 分析数据的效率也在逐渐降低，越来越多的人使用 Python 进行数据的分析和可视化。Python 之所以功能强大是因为其可以在实现基本功能的基础上，通过导入第三方工具包拓展更多功能，通过导入数据分析与可视化的 Numpy、Pandas、Matplotlib 等模块，可以使 Python 变成可专门用于数据分析和可视化的开发环境，而且使用 Python 做数据分析和可视化可以方便后续对数据利用的拓展，比如使用数据建新的特征、使用数据进行建模预测未来，这些都比 Excel 更有优势。在大数据和信息化浪潮的推动下，各个大型企业纷纷拥抱 Python 的数据可视化技术。它为企业管理层决策提供了更加直观、清晰的依据，通过构建专业的数据分析与展示系统，为企业高层和中层战略决策提供数据分析支持，使管理层可以在最短的时间内掌握企业的运营情况，及时应用于报告、日常会议、决策以及战略部署。

元小宇同学深刻明白了运用 Python 实现数据分析和数据可视化的意义，决定要认真学习数据可视化知识，为未来职业发展打好坚实基础。

项目框架

本项目框架如图 9-1 所示。

```
项目九 财务大数据分析与可视化 ┬─ 任务一  差旅费用数据分析与可视化
                              └─ 任务二  人力资源短缺因素分析与可视化
```

图 9-1 项目九 框架

任务一 差旅费用数据分析与可视化

任务描述

▶ 实例 差旅费数据的可视化分析

资料一：2022年1月，M公司财务部江海经理收到总经理徐纳发来的邮件，主要内容如下：

江经理：

您好！

随着我公司商务出行的日益频繁，差旅费在我公司费用总额中逐渐增多，通过对近五年我公司差旅费变化趋势分析发现，公司差旅费逐年迅速增加，在刚刚结束的2021年，我公司年差旅费已经达到上年的128.15%，给公司带来沉重负担，严重影响公司的盈利水平和发展能力

请财务部的同事利用大数据技术对我公司的差旅费管理现状给出计量统计与分析结果，对我公司差旅出行产生一个客观和整体认识，展现差旅费用管理的数据价值，以此来优化我公司未来的差旅费用管理方式，提高管理效率、降低运营成本，实现公司差旅费用的全面有效管控

资料二：财务部利用大数据技术对M公司的差旅费数据进行了综合整理和分析，并得出以下数据，如表9-1至表9-7所示，请根据以下表格信息在Python中绘制相应的可视化图形

表9-1 2017—2021年差旅费变化趋势表 单位：元

年度	本年发生金额	上年发生金额	超出部分	超出占比
2017	4 416 540.00	3 926 511.00	490 029.00	12.48%
2018	5 000 406.00	4 416 540.00	583 866.00	13.22%
2019	5 761 968.00	5 000 406.00	761 562.00	15.23%
2020	6 864 233.00	5 761 968.00	1 102 265.00	19.13%
2021	8 796 514.00	6 864 233.00	1 932 281.00	28.15%

表 9-2　2021 年 1—12 月差旅费分析表　　　　　　　　　　　　　　单位：元

月份	实际发生金额	预算金额	超出部分	超出占比
1 月	580 338.00	600 000.00	−19 662.00	−3.28%
2 月	619 370.00	550 000.00	69 370.00	12.61%
3 月	679 370.00	650 000.00	29 370.00	4.52%
4 月	740 257.00	700 000.00	40 257.00	5.75%
5 月	752 725.00	700 000.00	52 725.00	7.53%
6 月	681 299.00	650 000.00	31 299.00	4.82%
7 月	640 913.00	650 000.00	−9 087.00	−1.40%
8 月	594 056.00	600 000.00	−5 944.00	−0.99%
9 月	720 338.00	700 000.00	20 338.00	2.91%
10 月	866 773.00	800 000.00	66 773.00	8.35%
11 月	866 500.00	800 000.00	66 500.00	8.31%
12 月	1 054 575.00	950 000.00	104 575.00	11.01%
合计	8 796 514.00	8 350 000.00	446 514.00	5.35%

表 9-3　2021 年差旅费明细分析表　　　　　　　　　　　　　　　　单位：元

费用明细	实际发生金额	预算金额	超出部分	超出占比
城市间交通费	3 178 779.00	2 922 500.00	256 279.00	8.77%
市内交通费	389 825.00	417 500.00	−27 675.00	−6.63%
住宿费	2 738 954.00	2 505 000.00	233 954.00	9.34%
餐费	794 661.00	835 000.00	−40 339.00	−4.83%
补贴、津贴	805 061.00	835 000.00	−29 939.00	−3.59%
其他费用	889 234.00	835 000.00	54 234.00	6.50%
合计	8 796 514.00	8 350 000.00	446 514.00	5.35%

表 9-4　2021 年交通方式出行比例分析表

出差距离	汽车	高铁	飞机
0 km ～ 300 km	54%	44%	2%
300 km ～ 600 km	11%	69%	20%
600 km ～ 900 km	2%	61%	37%
900 km ～ 1 200 km	0%	47%	53%
1 200 km ～ 1 500 km	0%	39%	61%
1 500 km ～ 1 800 km	0%	28%	72%

表 9-5　2021 年机票折扣分析表　　　　　　　　　　　　　　　　　单位：元

提前订票天数	平均折扣比例	订票比例	机票费用总额
1 天	93%	11%	203 315.00
2 天	85%	15%	281 322.00
3 天	78%	17%	328 241.00
4 天	75%	16%	296 962.00
5 天	73%	14%	265 682.00
6 天	72%	11%	203 315.00

（续表）

提前订票天数	平均折扣比例	订票比例	机票费用总额
7天	70%	8%	156 396.00
8天	65%	5%	93 838.00
9天	66%	2%	46 919.00
10天	64%	2%	31 279.00

表 9-6 2021年热门出差城市排行

城市名称	出差次数	城市等级
北京	234.00	一线城市
上海	212.00	一线城市
广州	187.00	一线城市
深圳	166.00	一线城市
成都	154.00	新一线城市
杭州	145.00	新一线城市
合肥	141.00	新一线城市
厦门	132.00	二线城市
济南	105.00	二线城市
扬州	93.00	三线城市
海口	87.00	三线城市

表 9-7 2021年各城市酒店费用分布概率　　　　　　　　　　单位：元

城市等级	费用区间	出现概率
一线城市	200.00	5%
一线城市	400.00	35%
一线城市	600.00	26%
一线城市	800.00	24%
一线城市	1 000.00	10%
新一线城市	200.00	16%
新一线城市	400.00	40%
新一线城市	600.00	25%
新一线城市	800.00	13%
新一线城市	1 000.00	6%
二线城市	200.00	28%
二线城市	400.00	40%
二线城市	600.00	18%
二线城市	800.00	10%
二线城市	1 000.00	4%
三线城市	200.00	36%
三线城市	400.00	45%
三线城市	600.00	11%
三线城市	800.00	7%
三线城市	1 000.00	1%

笔记

相关知识

一、Matplotlib可视化库

Matplotlib 是 Python 中专门用于可视化展示的绘图库,该库提供了一套表示和操作图以及图内部对象的函数。使用 Matplotlib 库可以将数据可视化,开发者只需几行代码,便可以生成折线图、直方图、条形图、饼图和散点图等图形,Matplotlib 不仅使用简单,还可以在 jupyter notebook 上进行交互,用户可以对图像进行比较细致的美化,非常适合新手学习和操作。

二、Matplotlib库的pyplot包

pyplot 子模块是 Matplotlib 库的核心模块之一,几乎所有样式的 2D 图形都可以通过 pyplot 子模块绘制,在绘制图表前,需要先导入 Matplotlib 库的 pyplot 子模块,在导入 pyplot 子模块时一般起别名为 plt,代码如图 9-2 所示。

```
1  from matplotlib import pyplot as plt    #导入matplotlib.pyplot模块
```

图 9-2 编辑代码单元——导入 pyplot 包

pyplot 子模块可以绘制绝大多数基础图形,相关图形的常用函数如表 9-8 所示。

表 9-8 pyplot 子模块的常用函数

函　数	解　释
plt.plot（x, y）	绘制 x 和 y 序列的折线图
plt.bar（x, y）	绘制 x 和 y 序列的柱状图
plt.pie（x）	绘制 x 序列的饼图
plt.hist（x）	绘制 x 序列的直方图
plt.hlines（y, xmin, xmax）	绘制 y 序列的水平线图
plt.vlines（x, ymin, ymax）	绘制 x 序列的垂直线图
plt.boxplot（x）	绘制 x 序列的箱形图
plt.scatter（x, y, s=None, c=None）	根据 x 序列和 y 序列对应元素值绘制散点图
plt.imshow（x）	根据 x 数组绘制栅格图

三、绘制折线图

折线图是一种以变化的曲线来反映数据变化的简单图形,它由数据点和连接数据点的线组成,折线图常用于显示随时间或有序类别而变化的趋势。在 Matplotlib 库中绘制折线图可以使用 pyplot 子模块的 plot（）函数,其语法格式如图 9-3 所示。

```
1  plt.plot(x,y)    #绘制折线图，x、y分别表示x轴和y轴的数据
```

图 9-3 编辑代码单元——绘制折线图

四、绘制柱状图

柱状图是一种通过柱状条高度展示数据差异的图形。柱状图的优点在于便于用户理解大量数据以及数据相互之间的关系，其次还可以让用户通过视觉化的符号，更加快速直观地读取原始数据。在 Matplotlib 库中绘制柱状图可以使用 pyplot 子模块的 bar（ ）函数，其语法格式如图 9-4 所示。

```
1  plt.bar(x,y)    #绘制柱状图，x、y分别表示x轴和y轴的数据
```

图 9-4　编辑代码单元——绘制柱状图

五、绘制饼图

饼图是由几个角度大小不同的扇形组成的圆形图表，这些扇形将圆形划分成若干份。不同角度大小的扇形表示不同数据占总体的比例。在工作中如果遇到需要计算总费用或金额的各个部分构成比例的情况，一般都是通过各个部分与总额相除来计算。由于这种比例表示方法比较抽象，可以使用一种饼形图表工具，直接以图形的方式显示各个组成部分所占比例。在 Matplotlib 库中绘制饼图可以使用 pyplot 子模块的 pie（ ）函数，其语法格式如图 9-5 所示。

```
1  plt.pie(x)    #绘制饼图，x表示数据
```

图 9-5　编辑代码单元——绘制饼图

六、折线图的美化

在使用 pyplot 子模块的 plot（ ）函数绘制折线图时，可以根据函数的参数设置进行折线图的美化，其语法格式如下：

```
pyplot.plot(x,y,linewidth,linestyle,color,label,marker,alpha,…)
```

参数 x、y 主要表示 x 轴和 y 轴的数据，其他常用参数如表 9-9 所示。

表 9-9　plot（ ）函数主要参数说明

参　　数	解　　释
linewidth	设置线条宽度
linestyle	设置线条样式，参数值如表 9-10 所示
color	设置线条颜色，参数值如表 9-11 所示
label	设置线条标签
marker	设置标记点样式，参数值如表 9-12 所示
alpha	设置线条透明度，取值范围为 0～1

表 9-10 plot（）函数 linestyle（线型样式）参数值说明

参数值	解释	参数值	解释
'-'	实线（默认）	'-.'	间断线
'--'	虚线	':'	点状线

表 9-11 plot（）函数 color（线型颜色）参数值说明

参数值	解释	参数值	解释
'b'	蓝色	'm'	洋红色
'g'	绿色	'y'	黄色
'r'	红色	'k'	黑色
'c'	青色	'w'	白色

表 9-12 plot（）函数 marker（常用标记点）参数值说明

参数值	解释	参数值	解释
'.'	点	'<'	左三角
'o'	圆圈	'>'	右三角
'*'	星号		

七、柱状图的美化

在使用 pyplot 子模块的 bar（）函数绘制柱状图时，可以根据函数的参数设置进行柱状图的美化，其语法格式如下：

```
pyplot.bar(x,y,facecolor,edgecolor,width,label,alpha,…)
```

参数 x、y 主要表示 x 轴和 y 轴的数据，其他常用参数如表 9-13 所示。

表 9-13 bar（）函数主要参数说明

参数	解释
facecolor	设置柱形条的颜色
edgecolor	设置柱形条边框的颜色
width	设置柱形条的宽度
label	设置柱形条标签
alpha	设置柱形条透明度

八、饼图的美化

在使用 pyplot 子模块的 pie（）函数绘制饼图时，可以根据函数的参数设置进行饼图的美化。具体来说，其语法格式如下：

```
pyplot.pie(x,labels,explode,autopct,colors,…)
```

参数 x 主要表示饼图数据，其他常用参数如表 9-14 所示。

表 9-14 pie（ ）函数主要参数说明

参　数	解　释
labels	各数据对应的标签
explode	每个扇区与圆心的距离
autopct	饼图内标签的文本样式
colors	各扇区颜色

九、绘制组合图

组合图是指在同一个坐标系中绘制多个图形，如"折线图+折线图"或者"折线图+柱形图"等形式。在实际工作中绘制图形时，有时需要将关联数据放在同一个坐标系中，以便更好地呈现数据之间的对比关系。比如在同一个坐标系中分别绘制不同月份差旅费用实际发生额和预算金额的对比，使用组合图就能够更加直观地比较费用的变化情况。绘制组合图的代码比较简单，将需要组合的图形的代码放在一起即可，但需要注意的是，组合图中的图形只有使用同一个横坐标轴才能实现组合图效果。

十、绘制子图

与组合图不同，有时候需要从多个角度进行数据的比较、分析，因此就需要用到子图。子图的本质是将多个图形分别绘制在同一个画布的多个坐标系中，用户可以在实际应用时根据需要在画布中设置不同图形在子图中的位置。绘制子图主要用 pyplot.subplot（ ）函数，其语法格式如下，参数说明如表 9-15 所示。

```
pyplot.subplot(nrows,ncols,index,…)
```

表 9-15 subplot（ ）函数主要参数说明

参　数	解　释
nrows	子图网格的行数
ncols	子图网格的列数
index	索引，从 1 开始累计，1 为左上角，依次向右递增

例如，pyplot.subplot（3，3，1）就是将画布分割成三行三列，并将当前子图画在从左到右、从上到下的第一块画布上，如图 9-6 所示。

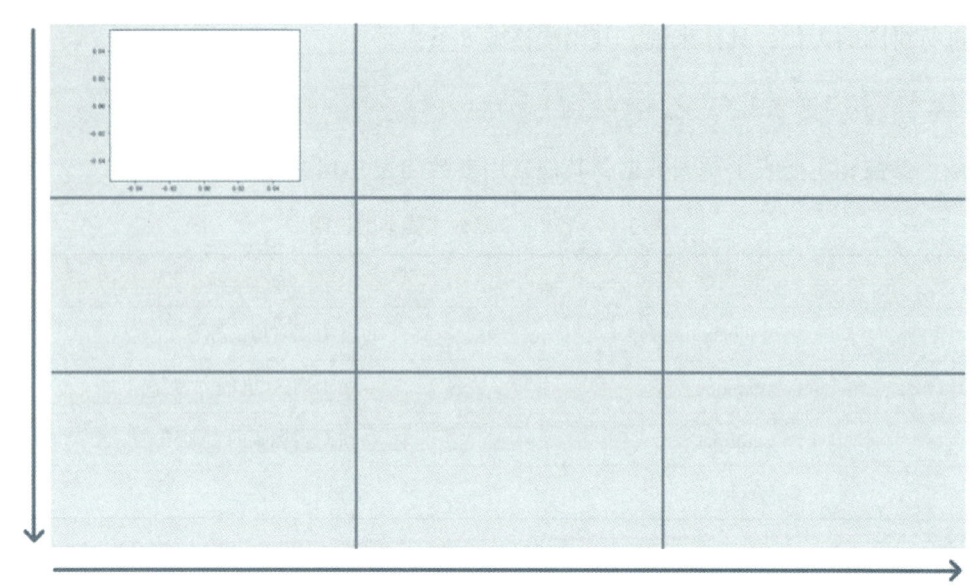

图9-6 pyplot.subplot（3，3，1）函数说明

任务实施

一、新建文件夹

（1）在Jupyter Notebook主界面的"New"下拉列表中选择"Folder"，建立一个新文件夹，默认文件夹名为"Untitled Folder"。

（2）勾选"Untitled Folder"文件夹，单击"Rename"按钮，在打开的重命名窗口中输入"项目九"，单击"重命名"按钮，文件夹名称修改完成。

二、新建Python 3文件

（1）在Jupyter Notebook主界面中，单击"项目九"，单击右上方"New"的下拉列表，选择"Python 3"。

（2）此时将打开一个名为"Untitled"的可编辑Python程序代码的新Notebook页面，单击标题栏的文件名"Untitled"，打开重命名窗口，输入新文件名"9.1"，单击"重命名"按钮即可完成Jupyter Notebook文件名的修改。

三、新建Markdown单元（基本图形的绘制）

（1）在Jupyter Notebook主界面工具栏的"代码"下拉列表中选择"Markdown"项。

（2）在编辑框中输入"### 基本图形的绘制"（注意###之后有一个空格），单击工具栏的"保存"按钮。

（3）单击Jupyter Notebook主界面工具栏的"运行"按钮，运行Markdown单元。

四、新建代码单元（基本图形的绘制）

（1）根据表9-1的内容绘制折线图，在 Jupyter Notebook 主界面的代码编辑框中输入图9-7所示的7行代码，单击"保存"按钮。

```
1  from matplotlib import pyplot as plt    #导入matplotlib.pyplot模块
2  plt.rc("font",family='fangsong')        #设置中文字体为仿宋
3  plt.ylim(4000000,9000000)               #设置Y轴刻度
4  x=['2017年','2018年','2019年','2020年','2021年']  #根据已知条件设置X轴的数据
5  y=[4416540,5000406,5761968,6864233,8796514]      #根据已知条件设置Y轴的数据
6  plt.plot(x,y)    #绘制折线图
7  plt.show()       #显示折线图
```

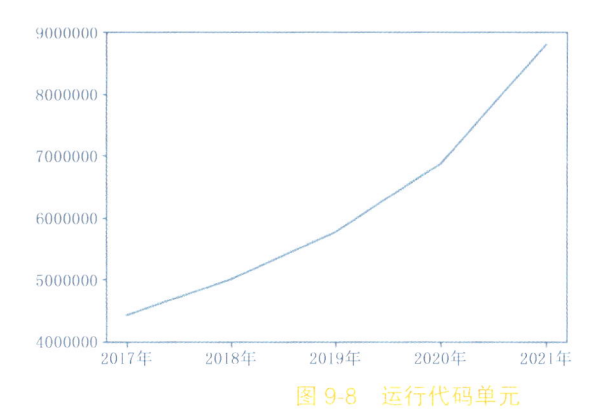

图 9-7　编辑代码单元

（2）单击 Jupyter Notebook 主界面工具栏的"运行"按钮，运行代码单元，此时在代码单元下方出现如图9-8所示的运行结果

基本图形的绘制

```
1  from matplotlib import pyplot as plt    #导入matplotlib.pyplot模块
2  plt.rc("font",family='fangsong')        #设置中文字体为仿宋
3  plt.ylim(4000000,9000000)               #设置Y轴刻度
4  x=['2017年','2018年','2019年','2020年','2021年']  #根据已知条件设置X轴的数据
5  y=[4416540,5000406,5761968,6864233,8796514]      #根据已知条件设置Y轴的数据
6  plt.plot(x,y)    #绘制折线图
7  plt.show()       #显示折线图
```

图 9-8　运行代码单元

（3）根据表9-2的内容绘制柱状图，在 Jupyter Notebook 主界面的代码编辑框中输入图9-9所示的6行代码，单击"保存"按钮

```
1  from matplotlib import pyplot as plt    #导入matplotlib.pyplot模块
2  plt.rc("font",family='fangsong')        #设置中文字体为仿宋
3  x=['1月','2月','3月','4月','5月','6月','7月','8月','9月','10月','11月','12月']  #根据已知条件设置X轴的数据
4  y=[380338,619340,679370,540957,782728,681299,640913,594046,790938,800733,806400,104412]  #根据已知条件设置Y轴的数据
5  plt.bar(x,y)     #绘制柱状图
6  plt.show()       #显示柱状图
```

图 9-9　编辑代码单元

（4）单击 Jupyter Notebook 主界面的工具栏的"运行"按钮，运行代码单元，此时在代码单元下方出现如图9-10所示的运行结果

```
1  from matplotlib import pyplot as plt    #导入matplotlib.pyplot模块
2  plt.rc("font",family='fangsong')        #设置中文字体为仿宋
3  x=['1月','2月','3月','4月','5月','6月','7月','8月','9月','10月','11月','12月']  #根据已知条件设置X轴的数据
4  y=[580338,619370,679370,740257,752725,681299,640913,594056,720338,866773,866500,1054575]  #根据已知条件设置Y轴的数据
5  plt.bar(x,y)    #绘制柱状图
6  plt.show()      #显示柱状图
```

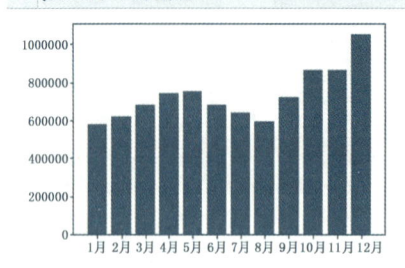

图 9-10　运行代码单元

（5）根据表 9-3 的内容绘制饼图，在 Jupyter Notebook 主界面的代码编辑框中输入图 9-11 所示的 6 行代码，单击"保存"按钮。

```
1  from matplotlib import pyplot as plt    #导入matplotlib.pyplot模块
2  plt.rc("font",family='fangsong')        #设置中文字体为仿宋
3  No =['城市间交通费','市内交通费','住宿费','餐费','补贴、津贴','其他费用']  #根据已知条件设置饼图基础数据
4  x=[3178779,389825,2738954,794661,805061,889234]    #根据已知条件设置饼图基础数据
5  plt.pie(x,labels= No)   #绘制饼图
6  plt.show()  #显示饼图
```

图 9-11　编辑代码单元

（6）单击 Jupyter Notebook 主界面工具栏的"运行"按钮，运行代码单元，此时在代码单元下方出现如图 9-12 所示的运行结果。

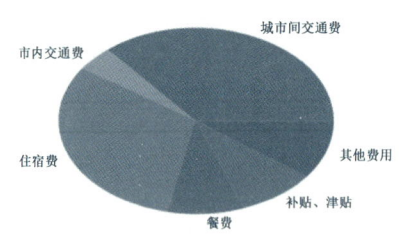

图 9-12　运行代码单元

五、新建 Markdown 单元（图形的美化）

（1）在 Jupyter Notebook 主界面工具栏的"代码"下拉列表中选择"Markdown"项。

（2）在编辑框中输入"### 图形的美化"（注意 ### 之后有一个空格），单击工具栏的"保存"按钮。

（3）单击 Jupyter Notebook 主界面工具栏的"运行"按钮，运行 Markdown 单元。

六、新建代码单元（图形的美化）

（1）在 Jupyter Notebook 主界面的代码编辑框中输入图 9-13 所示的 17 行代码，对图 9-8 的折线图进行美化，单击"保存"按钮。

图 9-13　编辑代码单元

（2）单击 Jupyter Notebook 主界面的工具栏的"运行"按钮，运行代码单元，此时在代码单元下方出现如图 9-14 所示的运行结果。

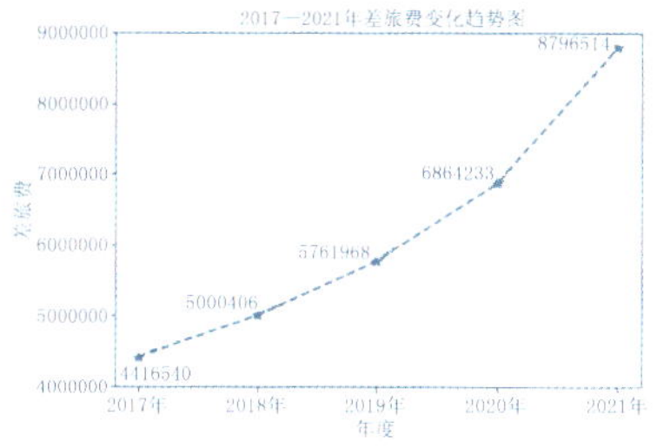

图 9-14　运行代码单元

七、新建Markdown单元（组合图的绘制）

（1）在 Jupyter Notebook 主界面工具栏的"代码"下拉列表中选择"Markdown"项。

（2）在编辑框中输入"### 组合图的绘制"（注意 ### 之后有一个空格），单击工具栏的"保存"按钮。

（3）单击 Jupyter Notebook 主界面工具栏的"运行"按钮，运行 Markdown 单元。

八、新建代码单元（组合图的绘制）

（1）根据表 9-1 的内容绘制有折线图和柱状图组成的组合图，在 Jupyter Notebook 主界面的代码编辑框中输入图 9-15 所示的 14 行代码，单击"保存"按钮。

```
组合图的绘制
1  from matplotlib import pyplot as plt   #导入matplotlib.pyplot模块
2  plt.rc("font",family='fangsong')   #设置中文字体为仿宋
3  x=['1月','2月','3月','4月','5月','6月','7月','8月','9月','10月','11月','12月']  #根据已知条件设置X轴的数据
4  y1=[580338,619370,679370,740257,752725,681299,640913,594056,720338,866773,866500,1054575]  #根据已知条件设置Y轴的数据
5  y2=[600000,550000,650000,700000,700000,650000,650000,600000,700000,800000,800000,950000]  #根据已知条件设置Y轴的数据
6  plt.plot(x,y1,linewidth=1.5,linestyle='--',color='b',label='差旅费实际金额',marker='*')  #设置指定样式折线图参数
7  #设置线型宽度为1.5，设置线型样式为虚线，设置线型颜色为蓝色，设置线型标签为差旅费实际金额，设置标记点样式为星号
8  plt.bar(x,y2,facecolor='g',edgecolor='r',width=0.6,alpha=0.5,label='差旅费预算金额') #设置指定样式柱状图参数
9  #设置柱形条颜色为绿色，设置柱形条边框颜色为红色，设置柱形条宽度为0.6，设置柱形条透明度为0.5，设置柱形条标签为差旅费预算金额
10 plt.xlabel('月份')   #设置X轴标签为"月份"
11 plt.ylabel('差旅费')   #设置Y轴标签为"差旅费"
12 plt.title('2021年差旅费实际金额与预算金额对比分析图')  #设置折线图标题为"2021年差旅费实际金额与预算金额对比分析图"
13 plt.legend()   #显示图例
14 plt.show()   #显示折线图
```

图 9-15　编辑代码单元

（2）单击 Jupyter Notebook 主界面工具栏的"运行"按钮，运行代码单元，此时在代码单元下方出现如图 9-16 所示的运行结果。

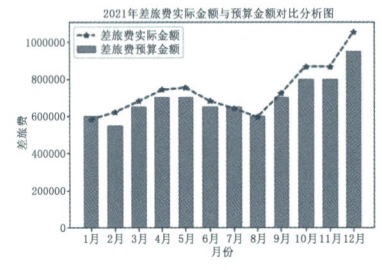

图 9-16　运行代码单元

九、新建Markdown单元

（1）在 Jupyter Notebook 主界面的工具栏的"代码"下拉列表中选择"Markdown"项。

（2）在编辑框中输入"### 子图的绘制"（注意 ### 之后有一个空格），单击工具栏的"保存"按钮。

（3）单击 Jupyter Notebook 主界面的工具栏的"运行"按钮，运行 Markdown 单元。

十、新建代码单元（子图的绘制）

（1）根据表 9-5 的内容绘制子图，在 Jupyter Notebook 主界面的代码编辑框

中输入图 9-17 所示的 22 行代码，单击"保存"按钮。

子图的绘制

（2）单击 Jupyter Notebook 主界面的工具栏的"运行"按钮，运行代码单元，此时在代码单元下方出现如图 9-18 所示的运行结果。

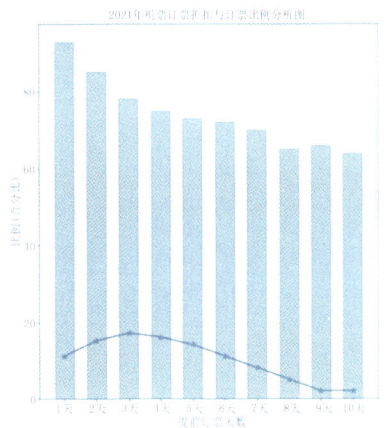

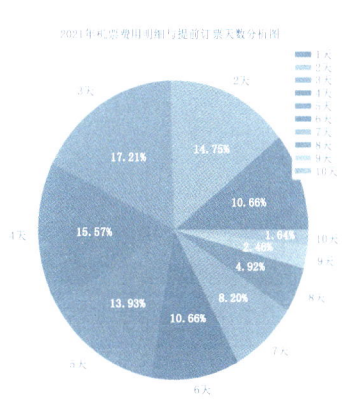

图 9-17　编辑代码单元

图 9-18　运行代码单元

（3）单击 Jupyter Notebook 主界面工具栏的"保存"按钮，保存"9.1" Jupyter Notebook 文件。

> 💬 **讨论**
>
> 根据本任务 M 公司差旅数据分析和可视化图形的解读，可以得出什么结论？

十一、进行可视化分析

通过本任务 M 公司差旅数据的分析和可视化图形的解读，得出以下分析结论：

（1）M 公司 2017—2021 年差旅费逐年递增，且增幅均在 10% 以上，其中 2019—2021 年增幅较大，尤其是 2021 年增幅达到 28.15%。

（2）M 公司 2021 年 1—9 月差旅费分布较为平均，最低为 1 月，约为 58.03 万元，最高为 5 月，约为 75.27 万元，但 2021 年第四季度差旅费较高，最高为 12 月，达到约 105.46 万元，说明第四季度的差旅管理需加强管控。

（3）M 公司 2021 年差旅费明细中城市间交通费占比最高，达到 36.14%，其次为住宿费，达到 31.14%，市内交通费最少，占比仅为 4.43%，建议公司可以针对费用明细进一步分类，并主要通过针对城市间交通费和住宿费进行专项管控来降低差旅成本。

（4）M 公司 1—12 月中除 1 月、7 月和 8 月差旅费实际发生金额小于预算金额外，其余月份差旅费均超预算，尤其是 2 月差旅费实际发生额超预算比例最高，达到 12.61%，说明公司的预算管理和经费控制尚有较大提升空间，建议公司在预算编制时合理考虑各月份实际情况，合理编排。

（5）M 公司的城市间交通方式选择中 200 km 以下的短距离出差，汽车和铁路平分秋色；200 km～800 km 的中长距离路线，更多人选择铁路，偏好飞机的比例开始增长；800 km～1 200 km 的路线，选铁路和飞机的差旅人群比例相差仿佛，略有波动；1 200 km 以上，飞机的选择比例则越来越高。

（6）M 公司提前订票天数与机票折扣显著正相关，提前订票天数越大，机票折扣越大，提前 5 天之后订票能够大概率买到 7 折以下的机票，如果提前 10 天，则可以买到 6 折机票。但 M 公司的机票订票提前天数较多集中于 5 天之内，其中提前 1 天订票的比例达到 10.66%，大多提前天数为 3 天，达到 17.21%，说明公司的差旅管理计划性较差，没有做好合理的差旅规划。

（7）M 公司差旅费的机票费用中 83% 以上的机票折扣在 7 折以上，最大为 7.8 折，比例达到 17%，说明公司在机票费用管理中存在很大空间可以通过差旅管理进行合理成本控制。

（8）根据热门出差城市排行分析可以看出，M 公司出差频率最高的城市集中在一线城市，其次为新一线城市、二线城市和三线城市，最多为北京，达到 234 次。M 公司可以通过与相关差旅单位建立差旅合作，降低差旅成本。

（9）通过各城市级别酒店价格分布可以看出，一线城市酒店价格集中在 600 元以上区间，新一线城市、二线城市酒店价格集在 400～600 元，三线城市的酒店价格集中在 400 元以下。因此公司可以通过与不同等级城市常住酒店进行差旅合作来有效降低住宿费用。

知识拓展

一、Matplotlib调整坐标轴上下限

虽然 Matplotlib 会自动为坐标轴设置上下限，但是特殊情况下也可以自定义调整。常用的调整函数为 xlim（）函数和 ylim（）函数，其中 xlim（）函数用于设置 x 轴的刻度值，基本格式如下，ylim（）函数用于设置 y 轴的刻度值，其参数格式与 xlim（）函数相同。

```
pyplot.xlim(最小值，最大值)
```

二、Matplotlib中文字体设置

一般情况下，在默认状态下使用 matplotlib 书写中文内容时可视化图形中会显示出方块乱码，主要是因为 matplotlib 默认的字体为英文字体，导致许多中文字体的文字无法书写。为了解决这个问题，可以使用 rc（）函数设置中文字体，如图 9-19 所示，通过 rc（）函数可将中文字体设置为仿宋。

```
1    plt.rc("font",family="fangsong")    #设置中文字体为仿宋
```

图 9-19 中文字体设置

在 matplotlib 库中除了可以设置仿宋字体之外，还可以设置很多其他字体，如表 9-16 所示，该表中的六种字体均可以在 matplotlib 库中设置，当然，用户也可以选择自己喜欢的其他中文字体。

表 9-16 中文字体参数说明

中文字体	说　　明
SimHei	中文黑体
Kaiti	中文楷体
LiSu	中文隶书
FangSong	中文仿宋
YouYuan	中文幼圆
STSong	华文宋体

大显身手

一、按要求绘制组合图

根据表 9-4 中 2021 年 M 公司交通方式出行比例分析表的数据可以看出，由于城市间距离大小的不同，员工选择出行方式的情况也并不相同。M 公司的交通方式主要有汽车、高铁和飞机三种，其出差距离分别按照 0 km ~ 1 800 km 设置了 6 个距离区间，不同距离区间的交通方式出行比例均不相同。请根据以上信息

在 Python 中用"折线图 + 折线图 + 折线图"的方式绘制组合图，具体代码可以参照图 9-16 中编辑代码单元的方法设计程序。具体图形结果如图 9-20 所示。

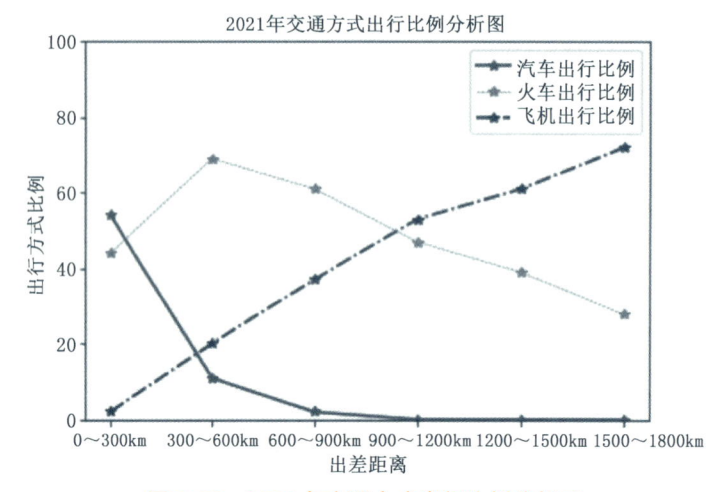

图 9-20　2021 年交通方式出行比例分析图

二、按要求绘制子图

根据表 9-6 中 2021 年 M 公司热门出差城市排行表的数据可以看出，公司员工主要差旅目的地集中在北京、广州和上海等 11 个城市，出差次数均在 80 次以上，11 个城市中涵盖了一线城市、新一线城市、二线城市和三线城市。根据表 9-7 中 2021 年 M 公司各城市酒店费用分布表的数据可以看出，不同等级城市的酒店费用差异显著，相对于三线城市，一线城市的酒店费用明显偏高。请根据以上两个表格信息在 Python 中绘制子图，要求在一张画布中绘制两个图形，根据表 9-6 的信息绘制柱状图，根据表 9-7 的信息绘制四条折线图组成的组合图。具体图形结果如图 9-21 所示。

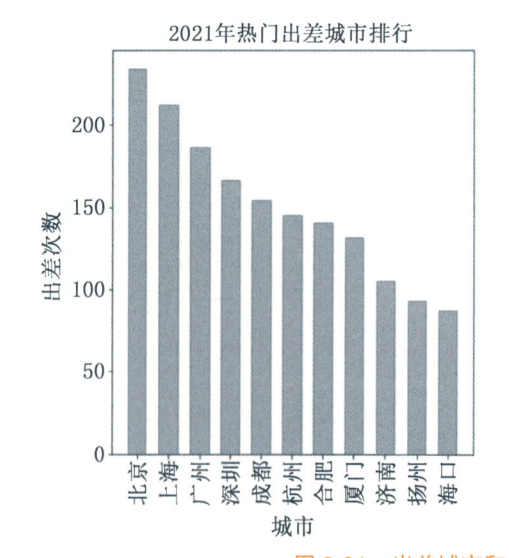

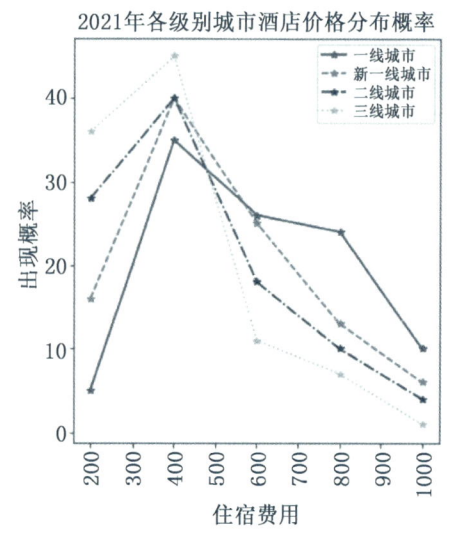

图 9-21　出差城市和酒店费用分析子图

项目九 财务大数据分析与可视化

试一试 制作思维导图

任务一思维导图如图9-22所示。

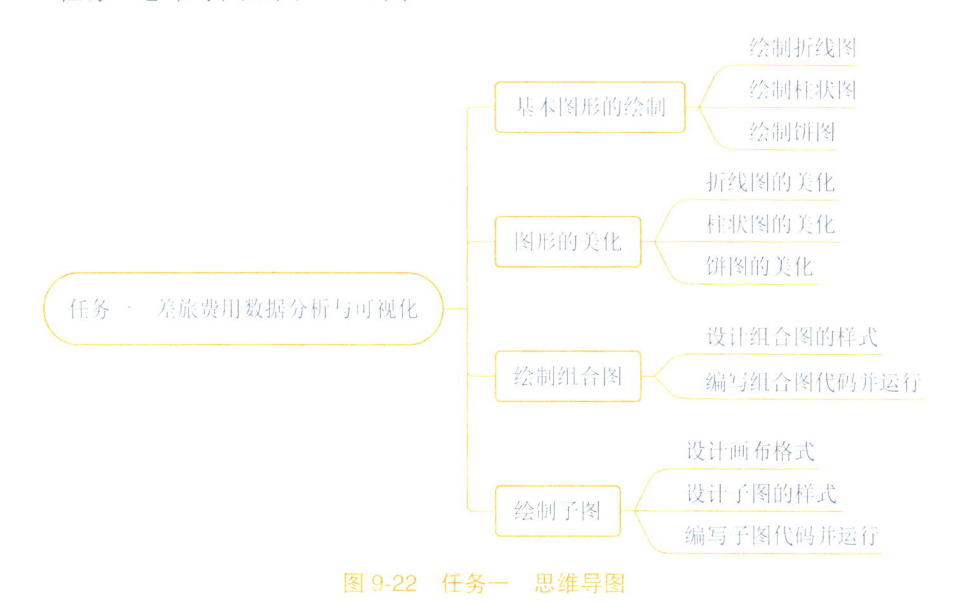

```
任务一 差旅费用数据分析与可视化
├── 基本图形的绘制
│   ├── 绘制折线图
│   ├── 绘制柱状图
│   └── 绘制饼图
├── 图形的美化
│   ├── 折线图的美化
│   ├── 柱状图的美化
│   └── 饼图的美化
├── 绘制组合图
│   ├── 设计组合图的样式
│   └── 编写组合图代码并运行
└── 绘制子图
    ├── 设计画布格式
    ├── 设计子图的样式
    └── 编写子图代码并运行
```

图9-22 任务一 思维导图

📝 笔记

财务大数据基础

任务二
人力资源短缺因素分析与可视化

任务描述

▶ **实例　人力资源数据的可视化分析**

资料一：2022年1月，M公司人力资源部俞倩经理收到总经理徐纳发来的邮件，内容如下：

俞经理：

您好！

近期人才短缺问题已经成为阻碍我公司发展的重点问题，尤其是公司离职率的上升给公司主要业务的正常开展带来了很大困扰，尤其对于平台技术部、渠道部和研发部等部门而言更是雪上加霜。在本身人员不足的情况下还要面临离职人员的增加，由于补充人员迟迟不到位，导致公司项目进度已经受到很大影响。如果再得不到改善，势必会影响公司最新高端产品的如期上市，可能会导致公司失去大量高端产品市场和重要客户。

请人力资源部的同事利用大数据平台对我公司员工短缺问题的现状以及原因作出分析报告，对我公司人员招聘效率和员工离职原因等因素进行深入分析，展现人力资源管理的数据价值，以此来优化我公司未来的人力资源管理方式，提高招聘效率、降低离职率，解决公司的人力资源短缺和人才流失问题。

资料二：人力资源部利用大数据技术对M公司人力资源数据进行了综合整理和分析，并分别根据招聘工作分析、离职人员分析和离职原因分析三个方面进行数据整理和提取，并得出以下数据，如表9-17至表9-26所示，请根据表中信息在Python中绘制相应的可视化图形。

表9-17　2021年企业缺编率分析表　　　　　　　　　单位：人

部　　门	编制人数	实际人数	缺编人数	缺编率
总经办	3	3	0	0.00%
研发部	90	76	14	15.56%

（续表）

部　门	编制人数	实际人数	缺编人数	缺编率
财务部	6	6	0	0.00%
平台技术部	20	15	5	25.00%
渠道部	15	10	5	33.33%
人力资源部	8	8	0	0.00%
市场部	5	4	1	20.00%
销售部	30	23	7	23.33%
服务中心	30	25	5	16.67%
合计	207	170	37	21.76%

表 9-18　2021 年招聘完成率分析表

月份	招聘完成率	月份	招聘完成率
1月	50%	7月	48%
2月	100%	8月	52%
3月	50%	9月	48%
4月	100%	10月	67%
5月	67%	11月	50%
6月	100%	12月	67%

表 9-19　2021 年企业离职入职对比分析表

月份	离职率	入职率
1月	1.23%	2.10%
2月	2.72%	2.22%
3月	3.05%	2.12%
4月	4.62%	2.25%
5月	2.21%	2.33%
6月	2.85%	2.28%
7月	4.78%	2.40%
8月	14.91%	2.67%
9月	12.98%	11.00%
10月	8.76%	10.10%
11月	6.41%	11.23%
12月	7.56%	11.29%

表 9-20　2021 年招聘过程分析表

月份	简历筛选合格率	面试邀约成功率
1 月	37.50%	76.19%
2 月	40.00%	80.00%
3 月	38.25%	82.00%
4 月	42.50%	80.00%
5 月	40.00%	75.00%
6 月	37.04%	77.14%
7 月	42.00%	74.23%
8 月	43.94%	79.20%
9 月	46.41%	81.21%
10 月	41.24%	80.38%
11 月	43.23%	76.87%
12 月	40.15%	80.12%

表 9-21　2021 年离职人员性别分析表

性别	离职人员比例
男	10.20%
女	89.80%
合计	100.00%

表 9-22　2021 年离职人员工龄分析表

工　龄	离职人员比例
3 年以下	8.14%
3～5 年	22.45%
5～10 年	63.27%
10 年以上	6.14%
合计	100.00%

表 9-23　2021 年离职人员职级分析表

职级	离职人员比例
初级	15.12%
中级	61.23%
高级	23.65%
合计	100.00%

表 9-24　2021 年离职人员绩效分析表

绩效等级	离职人员比例
A	48.98%
B	36.73%
C	14.29%
合计	100.00%

表 9-25　2021年离职员工工作满意度分析表

项　目	具体分值 / 分
绩效考核	3.12
企业文化	4.12
成就感	3.46
工作压力	3.67
公司培训	2.74
工作内容	3.56
福利水平	3.11
上下级关系	3.66
管理方式	3.72
薪酬水平	2.56
职级晋升	2.66
人际关系	4.26
工作环境	4.13

表 9-26　2021年离职原因分析表

离职原因	离职人员比例
工资低	36.76%
培训少	25.45%
福利少	14.29%
晋升难	12.12%
企业文化	6.12%
健康原因	5.26%
合计	100.00%

任务实施

一、新建Python 3文件

（1）在Jupyter Notebook主界面中，单击"项目九"，单击右上方"New"的下拉列表，选择"Python 3"。

（2）此时将打开一个名为"Untitled"的可编辑Python程序代码的新Notebook页面，单击标题栏的文件名"Untitled"，打开重命名窗口，输入新文件

名"9.2",单击"重命名"按钮即可完成 Jupyter Notebook 文件名的修改。

二、新建Markdown单元(招聘工作分析)

(1)在 Jupyter Notebook 主界面工具栏的"代码"下拉列表中选择"Markdown"项。

(2)在编辑框中输入"### 招聘工作分析"(注意 ### 之后有一个空格),单击工具栏的"保存"按钮。

(3)单击 Jupyter Notebook 主界面工具栏的"运行"按钮,运行 Markdown 单元。

三、新建代码单元(招聘工作分析)

(1)根据表 9-17、表 9-18、表 9-19 和表 9-20 的内容绘制子图,在 Jupyter Notebook 主界面的代码编辑框中输入图 9-23 所示的 63 行代码,单击"保存"按钮。

图 9-23 编辑代码单元

(2)单击 Jupyter Notebook 主界面工具栏的"运行"按钮,运行代码单元,此时在代码单元下方出现如图 9-24 所示的运行结果。

图 9-24　运行代码单元

四、新建 Markdown 单元（离职人员分析）

（1）在 Jupyter Notebook 主界面的工具栏的"代码"下拉列表中选择"Markdown"项。

（2）在编辑框中输入"### 离职人员分析"（注意 ### 之后有一个空格），单击工具栏的"保存"按钮。

（3）单击 Jupyter Notebook 主界面的工具栏的"运行"按钮，运行 Markdown 单元。

五、新建代码单元（离职人员分析）

（1）根据表 9-21、表 9-22、表 9-23 和表 9-24 的内容绘制子图，在 Jupyter Notebook 主界面的代码编辑框中输入图 9-25 所示的 30 行代码，单击"保存"按钮。

图 9-25　编辑代码单元

（2）单击 Jupyter Notebook 主界面的工具栏的"运行"按钮，运行代码单元，此时在代码单元下方出现如图 9-26 所示的运行结果。

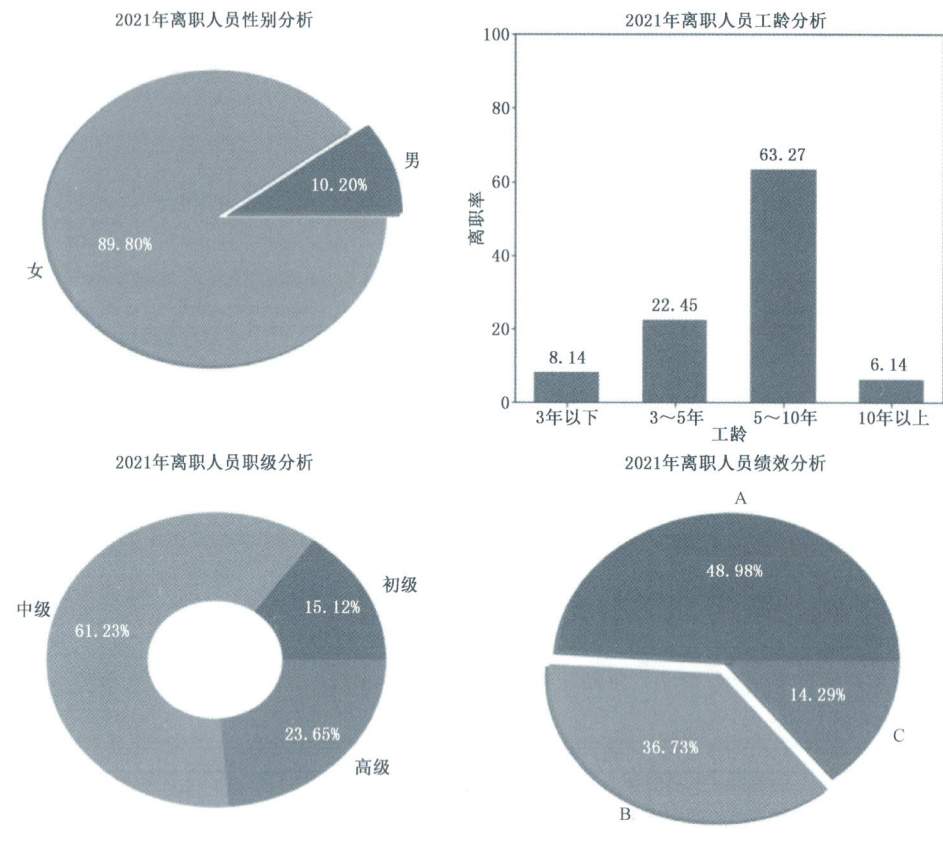

图 9-26 运行代码单元

六、新建Markdown单元（离职原因分析）

（1）在 Jupyter Notebook 主界面的工具栏的"代码"下拉列表中选择"Markdown"项。

（2）在编辑框中输入"### 离职原因分析"（注意 ### 之后有一个空格），单击工具栏的"保存"按钮。

（3）单击 Jupyter Notebook 主界面的工具栏的"运行"按钮，运行 Markdown 单元。

七、新建代码单元（离职原因分析）

（1）根据表 9-25 的内容绘制雷达图，在 Jupyter Notebook 主界面的代码编辑框中输入图 9-27 所示的 20 行代码，单击"保存"按钮。

（2）单击 Jupyter Notebook 主界面工具栏的"运行"按钮，运行代码单元，此时在代码单元下方出现如图 9-28 所示的运行结果。

（3）单击 Jupyter Notebook 主界面工具栏的"保存"按钮，保存"9.2"Jupyter Notebook 文件。

项目九　财务大数据分析与可视化

离职原因分析

```
1   import numpy as np   #导入numpy模块
2   from matplotlib import pyplot as plt   #导入matplotlib.pyplot模块
3   plt.rc("font",family="fangsong")   #设置中文字体为仿宋
4   feature1=np.array(['绩效考核','企业文化','成就感','工作压力','公司培训','工作内容','福利水平','上下级关系','管理方式',
                       '薪酬水平','职级晋升','人际关系','工作环境'])   #根据已知条件设置高达图基础数据
6   values1=np.array([3.12,4.12,3.46,3.67,2.74,3.56,3.11,3.66,3.72,2.56,2.66,4.36,4.13])   #根据已知条件设置高达图基础数据
7   N=len(values1)   #根据已知条件设置高达图基础数据
8   angles1=np.linspace(0,2*np.pi,N,endpoint=False)   #设置高达图的角度，用于平分切开一个圆面
9   values1=np.concatenate((values1,[values1[0]]))   #将数据进行闭合处理
10  angles1=np.concatenate((angles1,[angles1[0]]))   #将角度进行闭合处理
11  feature1=np.concatenate((feature1,[feature1[0]]))   #将标签进行闭合处理
12  fig=plt.figure(figsize=(10,6),dpi=80)   #创建图形
13  ax=fig.add_subplot(111,polar=True)   #设置极坐标格式
14  ax.plot(angles1,values1,'o-',linewidth=2)   #绘制折线图
15  ax.fill(angles1,values1,facecolor='r',alpha=0.25)   #填充颜色
16  ax.set_thetagrids(angles1*180/np.pi,feature1)   #添加每个特质的标签
17  ax.set_ylim(0,5)   #设置高达图范围
18  plt.title("2021年离职员工工作满意度分析图")   #设置高达图标题为"2021年离职员工工作满意度分析图"
19  ax.grid(True)   #添加网格线
20  plt.show()   #显示高达图
```

图 9-27　编辑代码单元

图 9-28　运行代码单元

任务小结

通过本任务对 M 公司人力资源数据的分析和可视化图形的解读，得出以下分析结论：

（1）M 公司正式员工平均缺编率已达到 21.76%，其中渠道部和平台技术部和销售部缺编率排名靠前，渠道部的缺编率已达到 33.33%。而公司的 1—12 月招聘率却一直处于降低水平，仅 2 月、4 月和 6 月达到 100%，其余月份均未完成指标。说明公司人力资源短缺的原因很大程度上在于缺编率的居高不下，需要通过提高招聘效率来有效缓解。

（2）M 公司 1—12 月人员离职率在 8 月份达到高峰，达到 14.91%，而 1—8 月入职率增长缓慢，均小于 3%，10—12 月入职率虽显著上升，人员短缺有所缓解，但是从整体上看，公司当年总离职率仍远远高于入职率，人员短缺现象依然

严峻。说明由于高离职率的存在，招聘工作没有及时响应部门需求的变化，入职追赶不上离职的速度，招聘计划完成率低。

（3）通过分析 M 公司 2021 年离职人员的情况及原因，可以发现离职人员中 89.80% 主要是女性；63.27% 的离职人员都具有 5～10 年工作经验；61.20% 的离职人员职称为中级职级；近三个月平均绩效约一半为 A。说明离职人员大多分布在公司的核心人才库中，离职损失较大。通过分析离职原因可以发现，36.76% 的离职人员由于工资低的原因离职，其次是由于培训少和福利较少。说明公司应该重视和妥善解决核心人才的离职问题，通过提高薪资待遇、福利水平和加强人才培训来缓解人才的流失现象。

大显身手

按要求绘制环形图

环形图又称为圆环图，用于展示定性数据中小类占大类的比例关系。对比饼图而言，环形图提供了一个更好的数据强度。从空间利用效果上看，环形图可以凭借中间挖空的优势将标签内置，便于多图排布对比；从视觉效果上看，环形图利用角度对比大小的方式比饼图表现得更加明显；从外观上来看，环形图比饼图也更具有变化性和观赏性。在 Matplotlib 库中绘制环形图可以使用 pyplot 子模块的 pie（）函数，其语法格式在任务一相关知识中已经介绍。

（1）为了能够完整清晰地展示环形图绘制过程，请再次以表 9-23 的内容进行重新绘制并美化环形图。

具体的运行结果如图 9-29 所示。

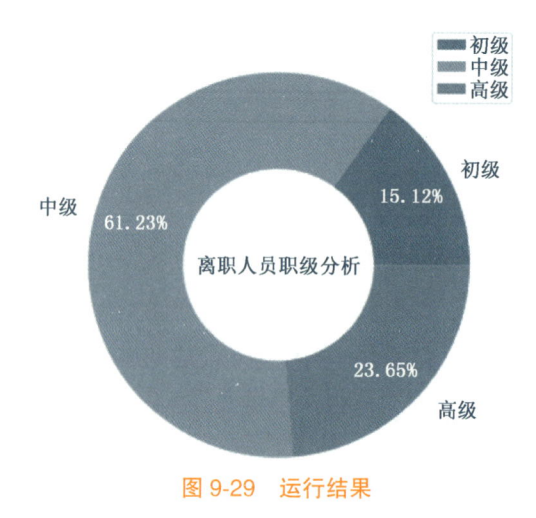

图 9-29　运行结果

（2）根据表 9-26 中 2021 年 M 公司离职原因分析表的数据可以看出，工资

低是员工离职原因中占比最大的因素,其次是培训少和福利少等原因。请根据表 9-25 信息绘制环形图,具体代码可以参照图 9-29 中编辑代码单元的方法设计,具体图形结果如图 9-30 所示。

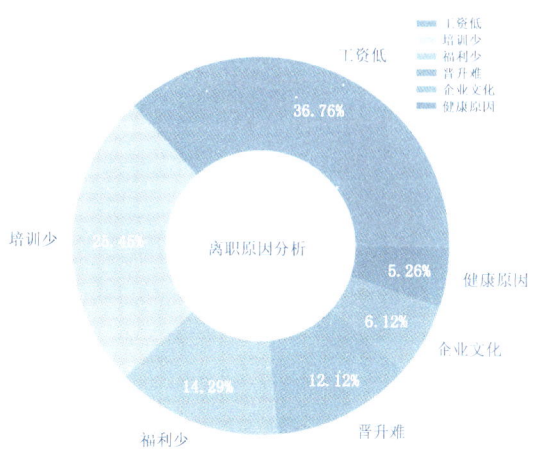

图 9-30　2021 年离职原因分析图

试一试制作思维导图

请总结任务二的学习内容,并制作相应的思维导图。

技能训练

实操题

2021年，在M公司的业务经营分析会上，总经理徐纳要求财务经理江海对企业的销售情况进行专项分析，全面深入地分析企业的销售收入状况，为经营决策提供数据支撑。江海经理决定从整体收入、客户维度、产品维度、价格维度四个方面展开分析，洞察数据背后的含义，溯源分析指标增减比率的合理性与异常项，给管理层后续决策提供支持。

1. 销售收入整体分析。请根据本书数字资源中提供的销售收入整体数据，使用Matplotlib可视化库将相关数据绘制对应的可视化图形，并用子图的形式进行展示。

2. 客户维度分析。请根据本书数字资源中提供的销售收入的客户维度数据，使用Matplotlib可视化库将相关数据绘制对应的可视化图形，并用子图的形式进行展示。

3. 产品维度分析。请根据本书数字资源中提供的销售收入的产品维度数据，使用Matplotlib可视化库将相关数据绘制对应的可视化图形，并用子图的形式进行展示。

4. 价格维度分析。请根据本书数字资源中提供的销售收入的价格维度数据，使用Matplotlib可视化库将相关数据绘制对应的可视化图形，并用子图的形式进行展示。

5. 请通过解读和分析整体收入、客户维度、产品维度、价格维度四个方面的可视化图形得出结论，并提出优化建议。

项目十

Python办公软件操作

学习目标

知识目标

1. 掌握新建 Python 对 Excel 财务报表的基本操作
2. 掌握 Python 批量合并 Excel 工作表的操作
3. 掌握 Python 对 Word 文档的基本操作
4. 掌握 Python 批量生成 Word 文档的操作

技能目标

1. 能利用 Python 新建、打开、复制、删除 Excel 工作表
2. 能利用 Python 设置 Excel 工作表单元格
3. 能利用 Python 新建、打开、设置 Word 文档
4. 能利用 Python 批量写入与生成 Word 文档

素养目标

1. 培养利用 Python 解决 Excel、Word办公软件中批量生成、合并工作表和文档操作的能力，提高对 Python 处理办公软件的认知，为提高工作效率打好基础
2. 培养利用 Python 软件提升办公软件的操作效率，加强逻辑思考能力
3. 通过 Python 对 Excel、Word 的操作，认识到实践是检验认识真理性的唯一标准，形成重视实践的态度
4. 通过"上百张门店数据秒合并""上百张企业询证函秒制作"等操作，培养创新思维能力，提升理论创新和实践创新良性互动的意识

项目导入

大数据时代下数据规模已经在获取、存储、管理和分析方面大大超出了传统数据库软件工具的能力范围。"大数据"需要新处理模式和编程语言才能具有更强的决策力、洞察发现力和流程优化能力来适应海量、高增长率和多样化的信息资产。Python 是一种快速发展的编程语言，Python 和大数据的完美结合正是因为其较少的编码和强大的库支持，还因为 Python 还具有易读性和统计分析能力。在平常的学习过程中，元小宇同学经常要处理许多文档资料，许多工作因重复而效率低下，如何使用 Python 高效、快速和准确地处理文档数据呢？在老师的指导下，元小宇同学知道了 Python 中的 openpyxl 模块和 python-docx 模块可以完美解决这个难题，于是元小宇同学决定先学习 openpyxl 模块和 python-docx 模块的基础知识，逐步积累，从而不断提高自身技能，提高工作效率。

本项目使用 Anaconda 编写程序，来完成 Excel、Word 办公软件的基本操作、批量复制工作表模板、合并百张门店工作表、批量生成 Word 文档的 Python 程序设计。通过本项目的学习，同学们要掌握 openpyxl 库和 python-docx 库的基本操作，利用 Python 提升办公效率。

项目框架

本项目框架如图 10-1 所示。

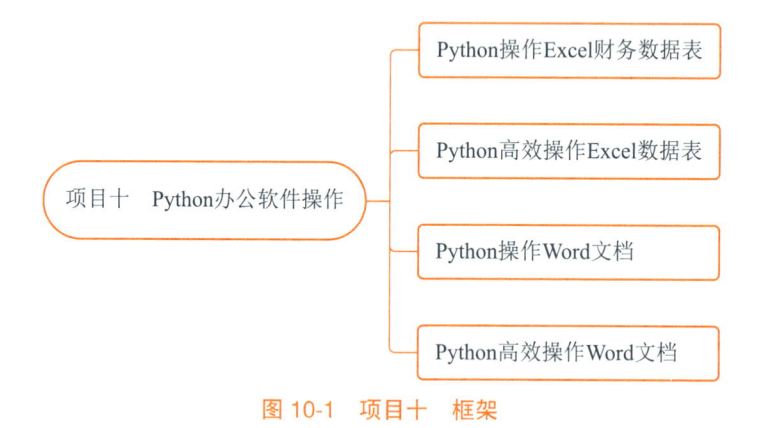

项目十　Python办公软件操作
- Python操作Excel财务数据表
- Python高效操作Excel数据表
- Python操作Word文档
- Python高效操作Word文档

图 10-1　项目十　框架

项目十 Python办公软件操作

任务一
Python操作Excel财务数据表

任务描述

实例 支票登记簿 M公司出纳员李嘉为了方便支票管理，制作了一份Excel支票登记模板，如图10-2所示，以便及时登记每日转账支票业务的详细内容。支票登记模板格式如下：

（1）表头字体格式：11磅、宋体、加粗、居中。
（2）单元格边框线格式：thin

每天上班，李嘉首先打开支票登记模板，将其复制到新的工作表，并将工作表重命名为：*月*日。为了改善这种重复工作的情况，6月30日，李嘉利用Python一次性完成了7月1日至7月31日所有工作表的复制及重命名工作，并将"支票登记模"删除。

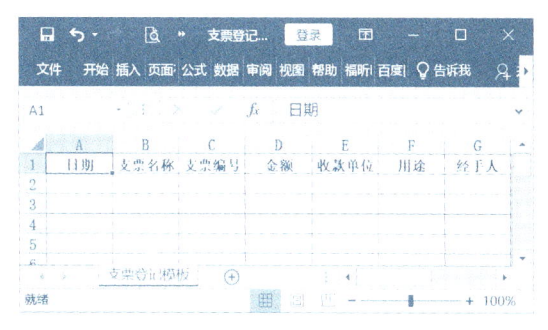

笔记

图10-2 支票登记模板

相关知识

一、Python操作Excel文件

利用Python程序操作Excel文件，主要通过openpyxl库完成。通过openpyxl

223

库，Python 可以完成新建工作簿、打开工作簿、新建工作表、工作表单元格数据写入与设置、批量复制工作表等工作。

二、Python对Excel工作簿的操作

Python 对 Excel 工作簿的操作主要包括新建工作簿、打开已有工作簿。

新建工作簿使用 openpyxl 库中的 Workbook（）函数，Workbook（）函数表示新建工作簿，将这个工作簿赋值给一个工作对象，并将该对象保存到指定路径。保存工作簿的代码为：工作簿对象.save（）。实例"支票登记簿"程序代码应用"wb.save（r"D:/财务大数据基础/项目十/支票登记簿.xlsx"）"保存工作簿"wb"。

打开已有的工作簿使用 load_workbook（）函数，该函数的参数为存放工作簿的路径。load_workbook（）函数会把整个工作簿中的所有内容都导入 Python 中，具体格式为：工作簿对象.load_workbook（）。

三、Python对工作表的操作

Python 对 Excel 工作表的操作主要包括新建工作表、设置工作表、复制工作表与删除工作表。

Python 新建一个空工作簿以后，默认包含一个"Sheet"工作表，有时一个工作簿中的工作表可能不够用，就需要根据需求新建工作表。新建工作表可以使用 create_sheet（）函数，参数可以设置成新建工作表表名，具体格式为：工作簿.create_sheet（）。如果对工作簿当前默认的工作表操作，可以使用 active（）函数，具体格式为：工作簿.create_sheet（）；如果需要对指定工作表操作，则将参数设置为具体的工作表表名。

对已有的工作表修改表名，可以通过 title 函数来完成。具体格式为：工作表名.title = "新工作表名"。

如果需要对已有的工作表进行复制，Python 可以通过 copy_worksheet（）完成，具体格式为：工作表.copy_worksheet（）。Python 一次可以完成多张工作表的复制，极大地提高工作效率。

工作表的删除使用 remove（）函数完成，具体格式为：工作表.remove（）。

四、Python对单元格的操作

（一）单元格数据写入

工作表新建完成后，需要将数据写入单元格，在 openpyxl 库中写入数据分为按单元格写入和按行写入。

按单元格写入方法、表示方法和注释如表 10-1 所示。

表 10-1　单元格的写入方法、表示方法和注释

写入方法	表示方法	注　　释
A1 表示法	工作表［"A1"］= 值	值是向单元格中写入的具体数据
R1C1 表示法	工作表.cell（行号，列号，值）	

单元格整行写入数据的方法如表 10-2 所示。

表 10-2　单元格整行写入数据的方法

写入方法	表示方法	注　释
写入列表	工作表.append（list）	写入的值是列表
写入元组	工作表.append（tuple）	写入的值是元组
写入 range	工作表.append（range）	写入的值是 range 生成器

知识拓展

利用单元格整行写入数据的方法，要在指定的行写入数据，要保证 Excel 改行未经任何操作。

（二）单元格格式设置

基本字体设置主要有字体格式、对齐方式、单元格边框设置等。

1. 字体格式设置

Python 要实现字体格式设置，需要用到 Font（）函数，该函数的参数如下：

Font（name='Calibri'、size=10、bold=False、italic=False、vertAlign=None、underline='none'、strinke=False、color='FF000000'），具体格式为：工作簿.styles.Font（）。

参数解读

name：字体名称，如果写入中文字题前面要加 u；size：字号大小；bold：True（加粗）/False（不加粗）；italic：True（倾斜）/False（不倾斜）；vertAlign：'None'（默认）/'superscript'（上标）/'subscript'（下标）；underline：'None'（默认）/'single'（单下划线）/'double'（双下划线）/'singleAccounting'（会计用单下划线）/'doubleAccounting'（会计用双下划线）；strike：'True'（显示删除线）/'False'（不显示删除线）；color：字体的颜色。

2. 对齐方式

Python 要实现字体格式设置，需要用到 Alignment（）函数，该函数的参数如下：

Alignment（horizontal='general'、vertical='bottom'、text_rotation=0、wrap_text=False、shrink_to_fit=False、indent=0），具体格式为：工作簿.styles.Alignment（）。

参数解读

horizontal：'general'（常规）/'justify'（两端对齐）/'right'（靠右）/'centerContinuous'（跨列居中）/'distributed'（分散对齐）/'fill'（填充）/'center'（居中）/'left'（靠左）；vertical：'center'（垂直居中）/'top'（靠上）/'bottom'（靠下）/'justify'（两端对齐）/'distributed'（分散对齐）；text_rotation：指定文本旋转角度；wrap_text：是否自动换行；shrink_to_fit：是否缩小字体填充；indent：指定缩进。

3. 边框设置

Python 要实现字体格式设置，需要用到 Side（ ）函数和 Border（ ）函数，函数的参数如下：

Side（style= 连线样式，color= 边线颜色），具体格式为：工作簿 .styles.Side（ ）。

Border（left= 左边线样式，right= 右连线样式，top= 上边线样式，bottom= 下边线样式）；style 参数的种类包括：'double''mediumDashDotDot''slantDashDot''dashDotDot''dotted''hair''mediumDashed''dashed''dashDot''thin''mediumDashDot''medium''thick'。具体格式为：工作簿 .styles.Border（ ）。

即问即答

新建工作簿的函数是（　　）。

A. workbook（ ）　　　　　　B. Workbook（ ）

C. load_workbook（ ）　　　　D. creat_workbook（ ）

任务分解

第一步，新建"支票登记簿"工作簿与"支票登记模板"工作表。

第二步，设计"支票登记模板"工作表。给"支票登记模板"工作表添加表头、设置字体格式、对齐方式与边框。

第三步，批量复制"支票登记簿"，并对复制生成的工作表重新命名。

任务实施

一、新建"支票登记簿"工作簿与"支票登记模板"工作表

（1）新建 Python 文件"支票登记簿"，在代码编辑区单击鼠标右键，输入以下 4 行代码，如图 10-3 所示。

新建"支票登记簿"工作簿与"支票登记模板"工作表

```
1  import openpyxl as ox  #导入openpyxl，并将其重命名为ox
2  wb=ox.Workbook(r"D:/财务大数据基础/项目十/支票登记簿.xlsx")  #在指定路径新建"支票登记簿"，并指定为wb1工作对象
3  ws=wb.create_sheet("支票登记模板")  #新建"支票登记模板"工作表
4  wb.save(r"D:/财务大数据基础/项目十/支票登记簿.xlsx")  #保存"支票登记簿"
```

图 10-3　"新建'支票登记簿'.py"程序代码

代码解读

第 1 行代码：import openpyxl as ox，导入 openpyxl 并重命名为 ox。

第 2 行代码：wb=ox.Workbook（r"D:/财务大数据基础/项目十/支票登记簿.xlsx"），在指定路径新建"支票登记簿"工作簿，并指定为 wb 工作对象。此处的路径读者可以根据需要修改。在参数路径前加字母"r"，是将路径中的符号化解为原始字符串，以免在运行程序时报错。

第 3 行代码：ws=wb.create_sheet（"支票登记模板"），在新建工作簿 wb 中

新建"支票登记模板"工作表。

第 4 行代码：wb.save（r"D:/ 财务大数据基础 / 项目十 / 支票登记簿 .xlsx"），将新建的工作簿保存到指定路径。

（2）调试完成后，运行程序，完成"支票登记簿"工作簿及"支票登记模板"工作表的建立。

二、设计"支票登记模板"工作表

1. 单元格数据写入

（1）新建 Python 文件"单元格数据写入"，在代码编辑区单击鼠标右键，输入以下 4 行代码，如图 10-4 所示。

单元格数据写入

```
1  wb=ox.load_workbook(r"D:/财务大数据基础/项目十/支票登记簿.xlsx")  #打开"支票登记簿"并指定为wb工作对象
2  ws=wb.active  #激活工作簿中当前的工作表，并指定为ws
3  ws.append(['日期','支票名称','支票编号','金额','收款单位','用途','经手人'])  #在ws工作表第1行单元格写入数据
4  wb.save(r"D:/财务大数据基础/项目十/支票登记簿.xlsx")  #保存"支票登记簿"
```

图 10-4 "单元格数据写入 .py"程序代码

📖 代码解读

第 1 行代码：wb=ox.load_workbook（r"D:/ 财务大数据基础 / 项目十 / 支票登记簿 .xlsx"），打开支票登记簿工作簿，并指定为 wb 工作对象。

第 2 行代码：ws=wb.active，激活 wb1 工作簿中的当前工作表，并指定为 ws 工作对象。

第 3 行代码：ws.append（['日 期','支票名称','支票编号','金额','收款单位','用途','经手人']），给 ws 工作表第 1 行添加表头。

（2）调试完成后，运行程序，在"支票登记模板"工作表第 1 行输入对应的数据。

📚 知识拓展

在图 10-4 中，用了单元格写入的方法完成单元格整行写入数据，我们还可以通过单元格写入的方法完成单元格数据填入。可以将第 5 行的代码替换为按 A1 表示法写入："ws['A1']='日期';ws['B1']='支票名称';ws['C1']='支票号码';ws['D1']='金额';ws['E1']='收款单位';ws['F1']='用途';ws['G1']='经手人'"；或者，替换为按 R1C1 表示写入法："ws.cell（1，1，'日期'）;ws.cell（1，2，'支票名称'）;ws.cell（1，3，'支票号码'）;ws.cell（1，4，'金额'）;ws.cell（1，5，'收款单位'）;ws.cell（1，6，'用途'）;ws.cell（1，7，'经办人'）"

2. 单元格格式设置

（1）新建 Python 文件"单元格格式设置"，在代码编辑区单击鼠标右键，输入以下 12 行代码，如图 10-5 所示。

单元格格式设置

```
1  #设置"支票登记模板"表头字体为"宋体"，字号为"10"，格式为居中，给A1:G20单元格划线
2  for i in range(0,7):   #i在0到6之间遍历循环
3      ft = ox.styles.Font(name=u'宋体',bold=True,size=10)  #设置单元格字体：宋体、加粗、10号，指定为ft工作对象
4      ws.cell(row=1,column=i+1).font=ft  #设置工作表第一行至第七列单元格字体格式为已设置好的ft
5      ag = ox.styles.Alignment(horizontal='center')  #设置单元格对齐方式：居中
6      ws.cell(row=1,column=i+1).alignment=ag  #设置工作表第一行至第七列单元数据格式为已设置好的ag
7  for x in range(0, 21):   #x在0到20之间遍历循环
8      for y in range(0,7):   #y在0到6之间遍历循环
9          side = ox.styles.Side(style='thin', color='FF000000')  #设置线形为thin、黑色
10         bd = ox.styles.Border(left=side, right=side, top=side, bottom=side)  #定义边框位置并指定为bd工作对象
11         ws.cell(row=x+1, column=y+1).border=bd  #设置工作表第一行至第七列单元格边框为已设置好的bd
12 wb.save(r"D:/财务大数据基础/项目十/支票登记簿.xlsx")   #保存"支票登记簿"
```

图 10-5 "单元格格式设置 .py" 程序代码

代码解读

第 2 行代码：for i in range（0，7）：用 i 在 0 到 6 范围内遍历循环。

第 3 行代码：ft = ox.styles.Font（name=u' 宋体 '，bold=True，size=10），设置单元格字体为宋体、加粗、10 号，并指定为 ft 工作对象。

第 4 行代码：ws.cell（row=1，column=i+1）.font=ft，将第 1 行到第 i+1 列（最大为第 7 列）的单元格字体设置为 ft。

第 5 行代码：ag = ox.styles.Alignment（horizontal='center'），设置单元格的对齐方式为居中，并指定为 ag 工作对象。

第 6 行代码：ws.cell（row=1，column=i+1）.alignment=ag，将第 1 行到第 i+1 列（最大为第 7 列）的单元格对齐方式设置为 ag。

第 9 行代码：side = ox.styles.Side（style='thin', color ='FF000000'），设置线形为细线、黑色，并指定为 side 工作对象。

第 10 行代码：bd = ox.styles.Border（left=side，right=side，top=side，bottom=side），设置单元格左、右、上、下边框为 side，并指定为 bd 工作对象。

第 11 行代码：ws.cell（row=x+1，column=y+1）.border=bd，将第 1 行到第 20 行、第 1 列到第 7 列的单元格边框设置为 bd。

（2）调试完成后，运行程序，在"支票登记模板"第 1 行数据完成对字体格式与对齐方式设置。

三、批量复制"支票登记模板"工作表

（1）新建 Python 文件"批量复制'支票登记模板'"，在代码编辑区单击鼠标右键，输入以下 5 行代码，如图 10-6 所示。

批量复制"支票登记模板"工作表

```
1  for z in range(1,32):  #用z在1到31之间遍历循环
2      cs = wb.copy_worksheet(wb['支票登记模板'])  #复制"支票登记模板"并指定为cs工作对象
3      cs.title = '7月'+str(z)+'日'  #重命名新复制的工作表名为"7月*日"
4  wb.remove(wb['支票登记模板'])  #删除"支票登记模板"
5  wb.save(r"D:/财务大数据基础/项目十/支票登记簿.xlsx")  #保存"支票登记簿"
```

图 10-6 "批量复制'支票登记模板'.py" 程序代码

代码解读

第2行代码：cs = wb.copy_worksheet（wb['支票登记模板']），复制"支票登记模板"工作报告，并指定为cs工作对象。

第3行代码：cs.title = '7月'+str（i）+'日'，给新复制生成的cs工作表重新命名为"7月*日"，"*"是用i遍历的1到31之间的数值转换的字符串。

第4行代码：wb.remove（wb['支票登记模板']），删除wb1工作簿中"支票登记簿模板"工作表。

（2）调试完成后，运行程序，完成批量复制并重名工作表工作，如图10-7所示。

图10-7 "批量复制'支票登记模板'"结果

大显身手

实例 体温检测簿 张扬任职某高校会计203班的辅导员，该班共有30个学生。近期，根据学校疫情防控的管理要求，自3月10日起，张扬需要记录未来14天会计203班学生的晨、午、晚体温。具体表格格式如图10-8所示。体温检测表格式如下：

（1）表头字体格式：10磅、仿宋、加粗、居中。

（2）单元格边框线格式：thin。

（3）学号、姓名列字体格式：10磅、宋体、居中。

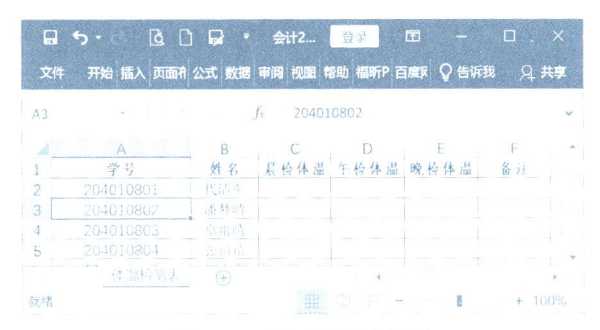

图10-8 体温检测表模板

为了提高工作效率，张扬利用 Python 制作好体温检测表的模板后，将其批量复制，并将新的工作表的表名重命名为：3月*日。

请参照任务一实例"支票登记簿"的步骤完成实例"体温检测簿"的代码编辑、调试及运行。

试一试制作思维导图

任务一思维导图如图 10-9 所示。

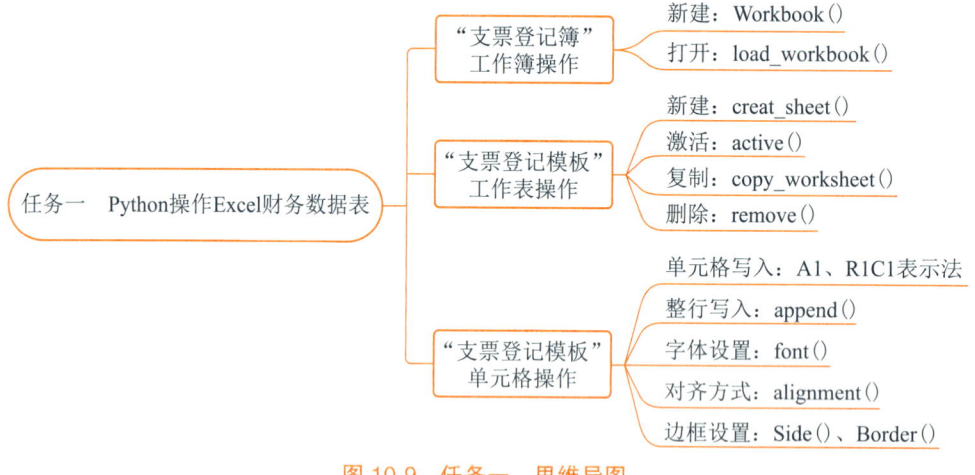

```
任务一 Python操作Excel财务数据表
├─ "支票登记簿"工作簿操作
│   ├─ 新建：Workbook()
│   └─ 打开：load_workbook()
├─ "支票登记模板"工作表操作
│   ├─ 新建：creat_sheet()
│   ├─ 激活：active()
│   ├─ 复制：copy_worksheet()
│   └─ 删除：remove()
└─ "支票登记模板"单元格操作
    ├─ 单元格写入：A1、R1C1表示法
    ├─ 整行写入：append()
    ├─ 字体设置：font()
    ├─ 对齐方式：alignment()
    └─ 边框设置：Side()、Border()
```

图 10-9　任务一　思维导图

任务二
Python高效操作Excel数据表

任务描述

实例　合并门店数据　M公司销售部李龙是一名市场分析专员，每月月末都会收到100家门店的销售数据，李龙需要对100家门店的数据进行合并，为了快速完成门店数据合并，李龙利用Python在3分钟内完成了该项合并任务。

相关知识

一、获取文件夹路径

获取Excel文件的绝对路径需要用到Python中的os模块。os模块提供了较为丰富的方法来处理文件和目录，如获取文件路径、对文件进行重命名、删除等操作。获取文件路径使用os模块中的listdir（）函数，该函数可以获取指定文件夹所包含文件或文件夹的名字并以列表的形式返回，参数是文件夹的路径。

二、获取单元格数据

获取某个单元格数据可利用value函数。例如，获取sheet1工作表A5单元格的值，函数表达式可以写成sheet['A5'].value；也可以写成sheet1.cell（row=5，column=1）.value。

如果按行或者按列来确定单元格的范围，可以利用iter_rows（min_row、max_row、min_col、max_col）函数，该函数用来读取单元格指定行或者指定列的数据。其中，参数min_row是起始行，max_row是结束行，min_col是起始列，max_col是结束列。例如，获取sheet1表中第1行到第3行，第1列到第3列的数据可以表达为：sheet1.iter_rows（min_row=1，max_row=3，min_col=1，max_col=3）。如果表达式中只有min_row参数，其他参数都省略，则表示获取从最小行开始所有单元格的数据。

即问即答

获取 sheet 工作表第三行到最后一行的程序代码是（　　）。

A. sheet1.iter_rows（min_col=2）

B. sheet1.iter_rows（min_row=3）

C. sheet1.iter_rows（min_row=2）

D. sheet1.iter_rows（min_col=3）

任务分解

第一步：导入 openpyxl 库，新建"合并门店数据"工作簿，在工作簿中新建工作表"合并门店数据"。

第二步：获取所有 Excel 文件的绝对路径。

第三步：获取所有 Excel 文件单元格数据，并添加到"合并门店数据"工作表。

任务实施

一、新建"合并门店数据"工作簿

（1）新建 Python 文件"合并门店数据.py"文件，在代码编辑区单击鼠标右键，输入以下 5 行代码，如图 10-10 所示。

```
1  import openpyxl as ox  #导入openpyxl模块
2  wb=ox.Workbook(r'D:/财务大数据基础/项目十/100份门店数据/合并门店数据.xlsx')  #在指定路径新建"合并门店数据"工作簿并指定为wb
3  ws=wb.create_sheet('合并门店数据')  #新建"合并门店数据"工作表并指定为ws
4  ws.append(['日期','门店编号','销售额','人数','客单价'])  #在ws工作表第一行单元格写入数据
5  wb.save(r'D:/财务大数据基础/项目十/100份门店数据/合并门店数据.xlsx')  #保存"合并门店数据"工作表
```

图 10-10 "合并门店数据.py"程序代码

代码解读

第 4 行代码：ws.append（['日期','门店编号','销售额','人数','客单价']），在新建"合并门店数据"工作表的表头写入数据：日期、门店编号、销售额、人数、客单价。

（2）调试完成后，运行程序，完成新建"合并门店数据"工作簿。

二、获取所有EXCEL文件路径

（1）新建 Python 文件"获取 Excel 文件路径.py"文件，在代码编辑区输入以下 6 行代码，如图 10-11 所示。

```
1  import os  #导入os模块
2  file_paths=os.listdir(r'D:/财务大数据基础/项目十/100份门店数据')  #获取"100份门店数据"文件夹下文件路径
3  paths=[]  #定义paths为空列表
4  for i in file_paths:  #遍历file_paths中所有的文件名
5      paths.append(r'D:/财务大数据基础/项目十/100份门店数据//'+'{}'.format(i))  #拼接paths的路径为文件夹路径与遍历的文件名，中间用"/"隔开
6  print(paths[-1])  #打印出拼接后的路径并存放在列表中
```

图 10-11 "获取 Excel 文件路径.py"程序代码

代码解读

第 2 行代码：file_paths=os.listdir（r'D:/ 财务大数据基础 / 项目十 /100 份门店数据'），通过 listdir（）函数获取"100 份门店数据"文件夹中所有 Excel 文件的路径

第 3 行代码：paths=[ ]，新建空列表，命名为 paths，存放遍历出的所有 Excel 文件的绝对路径

第 4 行代码：for i in file_paths: 用 i 遍历所有的 Excel 文件名

第 5 行代码：paths.append（r'D:/ 财务大数据基础 / 项目十 /100 份门店数据//'+'{}'.format（i），是将"100 份门店数据"文件夹路径与每一个 Excel 文件名相拼接并添加到新列表 paths 的末尾，中间用"/"隔开。代码中写入两个"//"是为了告诉计算机此处的"/"是普通字符串而不是转义字符；另外，函数中 format（）是将遍历的每个文件名格式化后添加到路径中

第 6 行代码：print（paths[-1]），是输出 paths 的末尾元素，即当前添加的文件路径

（2）调试完成后，运行程序，显示所有 Excel 文件的路径，如图 10-12 所示（部分）

```
D:/财务大数据基础/项目十/100份门店数据/门店1.xlsx
D:/财务大数据基础/项目十/100份门店数据/门店10.xlsx
D:/财务大数据基础/项目十/100份门店数据/门店100.xlsx
D:/财务大数据基础/项目十/100份门店数据/门店11.xlsx
D:/财务大数据基础/项目十/100份门店数据/门店12.xlsx
D:/财务大数据基础/项目十/100份门店数据/门店13.xlsx
D:/财务大数据基础/项目十/100份门店数据/门店14.xlsx
D:/财务大数据基础/项目十/100份门店数据/门店15.xlsx
D:/财务大数据基础/项目十/100份门店数据/门店16.xlsx
D:/财务大数据基础/项目十/100份门店数据/门店17.xlsx
```

图 10-12　获取 EXCEL 文件路径代码调试结果（部分）

三、获取所有Excel文件单元格数据，并添加到"合并门店数据"工作表

（1）新建 Python 文件"获取单元格数据并添加到'合并门店数据'工作表 .py"文件，在代码编辑区单击鼠标右键，输入以下 10 行代码，如图 10-13 所示。

获取单元格数据并添加到"合并门店数据"工作表

```
1  wb=ox.load_workbook(r'D:/财务大数据基础/项目十/100份门店数据/合并门店数据.xlsx')  #打开"合并门店数据"工作簿
2  ws=wb.active  #激活"合并门店数据"工作簿中第一张工作表
3  for path in paths:  #p遍历列表中存在文件路径的每一个Excel文件
4      book=ox.load_workbook(path)  #打开遍历列表中的每一个Excel文件并赋值给book
5      sheet=book.active  #激活遍历出的打开表中的第一张工作表
6      area=sheet.iter_rows(min_row=2)  #设置工作表中要传入的数据的范围
7      for row in area:  #遍历工作表中每行内容
8          row_value=[cell.value for cell in row]  #将每行中每个单元格内容添加到row_value中
9          ws.append(row_value)  #将获取的内容添加到遍历/合并门店数据工作表
10 wb.save(r'D:/财务大数据基础/项目十/100份门店数据/合并门店数据.xlsx')  #保存"合并门店数据"
```

图 10-13　"获取单元格数据并添加到'合并门店数据'工作表 .py"程序代码

代码解读

第 3 行代码：for path in paths: 遍历 100 份门店数据 Excel 文件的绝对路径

第 4 行代码：book=ox.load_workbook（path），打开遍历到的所有工作簿，并指定为 book 工作对象。

第 5 行代码：sheet=book.active，激活遍历到工作簿中的当前工作表，并指定为 sheet 工作对象。

第 6 行代码：area=sheet.iter_rows（min_row=2），选定从第 2 行开始的所有单元格数据区域，并指定为 area 工作对象。

第 7 行代码：for row in area：用 row 遍历选定单元格区域的每一行。

第 8 行代码：row_value=［cell.value for cell in row］，用列表推导式获取每一行单元格值。

第 9 行代码：ws.append（row_value），将遍历到的所有工作表的行数据添加到"门店合并数据"工作表 ws 中。

（2）调试完成后，运行程序，门店合并数据结果（部分）如图 10-14 所示。

图 10-14　合并门店数据代码调试结果

大显身手

▶ **实例　合并毕业班名单**　某高校教务处黄雨老师主要负责学生学籍管理工作，每年毕业季，黄老师需要将全校毕业班学生名单合并到一张 Excel 工作表中，来统一制作毕业证。为了快速完成毕业班学生名单的合并工作，请使用 Python 来设计程序。

请参照任务二实例"合并门店数据"的步骤完成实例"合并毕业班名单"的代码编辑、调试及运行。

程序代码：
合并毕业班
名单

试一试 制作思维导图

请总结任务二的学习内容,并制作相应的思维导图。

笔记

任务三 Python操作Word文档

任务描述

实例　企业询证函模板　M公司财务部张强是一名往来账专管员。每年年初，张强要向公司供应商及客户发放询证函。为了提高企业询证函制作与发放工作的效率，张强利用Python制作企业询证函模板，并根据往来账余额分别生成供应商和客户的企业询证函。请协助张强利用Python生成企业询证函模板，文字内容如图10-15所示。

企业询证函

为明晰双方债权债务，请核对以下数据（本数据出自本单位财务账、簿记录），如与贵公司记录相符，请在"数据证明无误"处签章证明，如有不符，请在"数据不符"处列明贵方金额及差异金额。

截至2022年12月31日，我司欠贵公司货款￥　　元。

发函单位：M公司签章

财务经办人：赵晓飞

2023年2月15日

对账结果：

1. 数据证明无误；

2. 数据不符，请列明金额及差异金额：欠款金额￥　　元。

签章：

经办人：

年　月　日

图10-15 "企业询证函"模板的内容

企业询证函格式应设计如下：

第1段（标题）：黑体、24磅、居中

第2段（空白）：华文中宋、加粗、16磅、左对齐

第3段：首行缩进0.3磅、华文中宋、14磅

第4段：首行缩进0.3磅、中文部分为华文中宋、14磅；金额部分为华文中宋、14磅、斜体

第5段、第6段：首行缩进0.3磅、华文中宋、14磅

第7段：华文中宋、14磅、右对齐

第8段、第9段：首行缩进0.3磅、华文中宋、14磅

第10段：首行缩进0.3磅、中文部分为华文中宋、14磅；金额部分为华文中宋、14磅、斜体

第11段、第12段：缩进4.5磅、华文中宋、14磅

第13段：缩进4.2磅、华文中宋、14磅

相关知识

一、新建WORD文档

Python在Word写入数据时，需要利用docx中的Document模块。在添加文档时，通过add_paragraph（）函数完成。具体格式为：文件名.add_paragraph（）例如，给document文档第1段增加"企业询证函"，可以写成：document.add_paragraph（'企业询证函'）。在Word文档中写入的数据只能是字符类型。

如果某一个段落中的文字格式不同，每一个相同格式的部分称之为"块"，用run（）表示。例如，"截至2022年12月31日，我司欠贵公司货款Y　　　元"是由3块组成：第1块"截至2022年12月31日，我司欠贵公司货款Y"的格式为华文中宋、14磅；第2块"金额"的格式为华文中宋、14磅、斜体；第3块"元"的格式为华文中宋、14磅。在增加该部分内容时需要分3块分别增加。

二、设置字体格式

（一）字号设置

字号设置需要调用docx库中的point模块，point的含义是磅，在读写代码时可以缩写为Pt。具体运用时需要借助font.size方法，该方法可以用来设置当前文本段中文本字体的大小。具体格式为：段落对象名.runs［索引值］.font.size。例如，设置document文档第1段第2块文字的字号为15磅，可以写成：document.paragraphs.runs［1］.font.size=Pt（15）

（二）字体设置

字体大小设置需要调用 docx 库中的 oxml 模块。字体的修改需要借助 font.name 方法，该方法可以用来设置文本字体。具体格式为段落对象名 .runs［索引值］.font.name。字体是否加粗需要借助 font.bold 方法，该方法的具体运用格式为：段落对象名 .runs［索引值］.font.bold=True。字体是否斜体需要借助 font.italic 方法，该方法的具体运用格式为：段落对象名 .runs［索引值］.font.italic=True。

三、设置对齐方式

Word 文档对齐需要调用 docx 库中的 WD_PARAGRAPH_ALIGNMENT 模块。Word 文档的对齐方式主要包括以下 5 种，如表 10-3 所示。

表 10-3　Word 文档对齐方式

表达式	对齐方式
LEFT	靠左
CENTER	居中
RIGHT	靠右
JUSTIFY	两端对齐
DISTRIBUTE	分散对齐

段落对齐需要借助 alignment 方法。例如，设置 document 文档第六段的对齐方式为右对齐，可以写成：

```
document.paragraphs[6].alignment=WD_PARAGRAPH_ALIGNMENT.RIGHT
```

文档缩进需要调用 docx 库中的 Inches（英寸）模块。段落缩进需要借助 paragraph_format.first_line_indent。例如，设置 document 文档第 10 段缩进 4.5 英寸，可以写成：

```
document.paragraphs[10].paragraph_format.first_line_indent=Inches(4.5)
```

设置段前、断后距离需要借助 paragraph_format.space_ 方法。例如，设置 document 文档第 10 段段前距离为 0.5 英寸。可以写成：

```
document.paragraphs[10].paragraph_format.space_before=Inches(0.5)
```

如果设置段后距离，替换上述表达式中的 before 为 after 即可。

设置文档的行间距可以借助 paragraph_format.line_spacing_rule 方法。Word

文档的行间距主要包括以下 6 种，如表 10-4 所示。

表 10-4　Word 文档行间距设置

表达式	行间距
ONE_POINT_FIVE	1.5 倍行距
AT_LEAST	最小行距
DOUBLE	双倍行距
EXACTLY	固定值
MULTIPLE	多倍行距
SINGL	单倍行距

例如，设置 document 文档第 10 段的行距为最小行距，可以写成：.document.Paragraphs[10].paragraph_format.line_spacing_rule=AT_LEAST

即问即答

以下属于设置字号的方法是（　　）

A. font.name　　　　　　　B. font.size

C. font.bold　　　　　　　D. font.italic

任务分解

第一步，安装 python_docx

第二步，新建"企业询证函"WORD 文档

第三步，设置"企业询证函"字体格式，包括字号和字体设置

第四步，设置"企业询证函"对齐方式

任务实施

一、安装 python-docx 模块

（1）新建 Python 文件"安装 python-docx.py"文件，在代码编辑输入 1 行代码，如图 10-16 所示。

安装python-docx

```
1  pip install python-docx  #安装python-docx
```

图 10-16　"安装 Python-docx.py"程序代码

（2）调试完成后，运行程序，安装 python-docx 结果如图 10-17 所示。

239

```
Collecting python_docx
  Using cached python-docx-0.8.11.tar.gz (5.6 MB)
Requirement already satisfied: lxml>=2.3.2 in c:\users\thtf\anaconda3\lib\site-packages
(from python_docx) (4.6.3)
Building wheels for collected packages: python-docx
  Building wheel for python-docx (setup.py): started
  Building wheel for python-docx (setup.py): finished with status 'done'
  Created wheel for python-docx: filename=python_docx-0.8.11-py3-none-any.whl size=1846
00 sha256=d2657c7442d271e6ee24aa09d782c3f37e5f0e1ecf64515bf49948370f105cd2
  Stored in directory: c:\users\thtf\appdata\local\pip\cache\wheels\32\b8\b2\c4c2b95765
e615fe139b0b17b5ea7c0e1b6519b0a9ec8fb34d
Successfully built python-docx
Installing collected packages: python-docx
Successfully installed python-docx-0.8.11
Note: you may need to restart the kernel to use updated packages.
```

图 10-17　python-docx 安装结果

二、新建"企业询证函"文档

（1）新建 Python 文件"新建'企业询证函'.py"文件，在代码编辑区输入以下 24 行代码，如图 10-18 所示。

新建"企业询证函"

```
1  from docx import Document #从docx库导入Document（文档）
2  document=Document() #新建document文档
3  title=document.add_paragraph('企业询证函') #添加标题
4  paragraph1=document.add_paragraph('') #添加第2段内容
5  paragraph2=document.add_paragraph('为明晰双方债权债务，请核对以下数据（本数据出自本单位财务账\
6  簿记录），如与贵公司记录相符，请在"数据证明无误"处签章证明，\
7  如有不符，请在"数据不符"处列明贵方金额及差异金额。') #添加第3段，"\"为另起一行分隔符
8  paragraph3=document.add_paragraph() #新建第4段
9  paragraph3.add_run('截至2022年12月31日，我司欠贵公司货款￥') #给第4段添加第1块内容
10 paragraph3.add_run('            ') #给第4段添加第2块内容
11 paragraph3.add_run('元。') #给第4段添加第3块内容
12 paragraph4=document.add_paragraph('发函单位：M公司签章') #添加第5段内容
13 paragraph5=document.add_paragraph('财务经办人：赵晓飞') #添加第6段内容
14 paragraph6=document.add_paragraph('2023年2月15日') #添加第7段内容
15 paragraph7=document.add_paragraph('对账结果：') #添加第8段内容
16 paragraph8=document.add_paragraph('1.数据证明无误：') #添加第9段内容
17 paragraph9=document.add_paragraph() #新建第10段
18 paragraph9.add_run('2.数据不符，请列明金额及差异金额：欠款金额￥') #给第10段添加第1块内容
19 paragraph9.add_run('            ') #给第10段添加第2块内容
20 paragraph9.add_run('元。') #给第10段添加第3块内容
21 paragraph10=document.add_paragraph('签章：') #添加第11段内容
22 paragraph11=document.add_paragraph('经办人：') #添加第12段内容
23 paragraph12=document.add_paragraph('    年    月    日') #添加第13段内容
24 document.save(r'D:/财务大数据基础/项目十/企业询证函.docx') #保存documnet文档，并命名为"企业询证函"
```

图 10-18　"新建'企业询证函'.py"程序代码

代码解读

第 1 行代码：from docx import Document，从 Python-docx 库中导入 Document（文档）模块。

第 2 行代码：document=Document（ ），新建 Document 文档，并指定为 document 对象。

第 3 行代码：title=document.add_paragraph（'企业询证函'），添加标题"企业询证函"并指定为 title。

第 4 行代码至第 23 行代码：均是给文档添加段落。其中，paragraph3 和 paragraph9 段落中的文本分为 3 块，在添加时通过段落.add_run（ ）方法完成不

同块内容的添加

第 24 行代码：document.save（r'D:/财务大数据基础/项目十/企业询证函.docx'），是将新建文档保存到指定路径，此路径读者可以根据需要修改

（2）调试完成后，运行程序，生成"企业询证函"模板

三、设置"企业询证函"字号

（1）新建 Python 文件"设置'企业询证函'字号.py"文件，在代码编辑区输入以下 8 行代码，如图 10-19 所示。

设置"企业询证函"字号

```
1  from docx.shared import Pt  #从docx库中导入字体大小设置模块point（Pt）（磅）
2  document=Document(r'D:/财务大数据基础/项目十/企业询证函.docx')  #打开指定路径下文件"企业询证函"
3  document.paragraphs[0].runs[0].font.size=Pt(24)  #设置第1段字体大小为24磅
4  document.paragraphs[1].runs[0].font.size=Pt(16)  #设置第2段字体大小为16磅
5  for paragragh in document.paragraphs[2:13]:  #遍历第3段到第12段中的所有段
6      for run in paragragh.runs:  #遍历段落中所有的块
7          run.font.size = Pt(14)  # 设置每个块的字体大小为14磅
8  document.save(r'D:/财务大数据基础/项目十/企业询证函.docx')  #保存"企业询证函"
```

图 10-19 "设置'企业询证函'字号.py"程序代码

📝 代码解读

第 3 行代码：document.paragraphs[0].runs[0].font.size=Pt（24），将 document 文档中第 1 段字体大小设置成 24 磅。其中，paragraphs[0].runs[0]是指第 1 段中第 1 块文字。"企业询证函"文档第 1 段只有一块文字，因此，用 runs[0]表示，下同。

第 5 行代码：for paragragh in document.paragraphs[2:13]：用 paragragh 遍历 document 文档中第 3 段至第 12 段中所有的段落。

第 6 行代码：for run in paragragh.runs：用 run 遍历段落中所有的块。

第 7 行代码：run.font.size = Pt（14），将遍历到的所有块的字体大小设置为 14 磅。根据实例"企业询证函"模板，"企业询证函"中正文的字体均为 14 磅。

（2）调试完成后，运行程序，完成"企业询证函"模板的字号设置。

四、设置"企业询证函"字体

（1）新建 Python 文件"设置'企业询证函'字体.py"文件，在代码编辑区输入以下 12 行代码，如图 10-20 所示。

设置"企业询证函"字体

```
1  from docx.oxml.ns import qn  #从docx库中oxml模块中的字体设置qn
2  document=Document(r'D:/财务大数据基础/项目十/企业询证函.docx')  #打开指定路径下文件"企业询证函"
3  document.paragraphs[0].runs[0].font.name = "黑体"  # 设置第1段字体为黑体
4  document.paragraphs[0].runs[0]._element.rPr.rFonts.set(qn('w:eastAsia'), '黑体')  #将第1段中文字体设置为黑体
5  document.paragraphs[3].runs[1].font.bold = True  #设置第4段第2块字体为粗体
6  document.paragraphs[3].runs[1].font.italic = True  #设置第4段第2块字体为斜体
7  document.paragraphs[9].runs[1].font.italic = True  #设置第10段第2块字体为斜体
8  for paragragh in document.paragraphs[1:13]:  #遍历第2段到第12段之中所有的段
9      for run in paragragh.runs:  #遍历段落中所有的块
10         run.font.name = "华文中宋"  # 设置块的字体为华文中宋
11         run._element.rPr.rFonts.set(qn('w:eastAsia'), '华文中宋')  #将中文字字体设置为华文中宋
12 document.save(r'D:/财务大数据基础/项目十/企业询证函.docx')  #保存"企业询证函"
```

图 10-20 "设置'企业询证函'字体.py"程序代码

代码解读

第 1 行代码：from docx.oxml.ns import qn，是从 docx 库导入 oxml 模块中的字体设置 qn。字体设置需要导入 docx 库中 oxml 模块中的 qn。

第 3 行代码：document.paragraphs［0］.runs［0］.font.name = "黑体"，是将 document 文档第 1 段第 1 块文字字体设置为黑体。如果设置的文本是中文，需要添加第 4 行代码：document.paragraphs［0］.runs［0］._element.rPr.rFonts.set（qn（'w:eastAsia'），'黑体'），才能完成中文字体格式设置。

第 5 行代码：document.paragraphs［3］.runs［1］.font.bold = True，是将 document 文档第 4 段第 2 块文字设置为粗体。

第 6 行代码：document.paragraphs［3］.runs［1］.font.italic = True，是将 document 文档第 4 段第 2 块文字设置为斜体。

第 6 行和第 7 行代码均是对第 4 段第 2 块文字字体的设置，设置结果是此处添加的文字为加粗斜体。

第 8 行代码：for paragraph in document.paragraphs［1:13］：用 paragraph 遍历第 2 至 12 的所有段落。

第 9 行代码：for run in paragraph.runs: 用 run 遍历所有段落中的块。

第 10 行和第 11 行代码：run.font.name = "华文中宋", run._element.rPr.rFonts.set（qn（'w:eastAsia'），'华文中宋'），是将遍历到的所有块的字体格式设置为"华文中宋"。

（2）调试完成后，运行程序，完成"企业询证函"模板字体设置。

五、设置"企业询证函"对齐方式

（1）新建 Python 文件"设置'企业询证函'对齐方式.py"文件，在代码编辑区单击鼠标右键，输入以下 16 行代码，如图 10-21 所示。

设置"企业询证函"对齐方式

```
1  from docx.shared import Inches  #从docx库导入Inches（英寸）
2  from docx.enum.text import WD_PARAGRAPH_ALIGNMENT  #从docx导入对齐库
3  document=Document(r'D:/财务大数据基础/项目十/企业询证函.docx')  #打开指定路径下文件"企业询证函"
4  document.paragraphs[0].alignment=WD_PARAGRAPH_ALIGNMENT.CENTER  #设置第1段为居中
5  document.paragraphs[1].alignment=WD_PARAGRAPH_ALIGNMENT.LEFT  #设置第2段为左对齐
6  for paragraph1 in document.paragraphs[2:6]:  #遍历第3段到第5段
7      paragraph1.paragraph_format.first_line_indent=Inches(0.3)  #对遍历到的段设置首行缩进0.3英寸（两个字符）
8  document.paragraphs[6].alignment=WD_PARAGRAPH_ALIGNMENT.RIGHT  #设置第7段为右对齐
9  document.paragraphs[6].paragraph_format.space_after=Inches(0.5)  #设置第7段段后距离0.5英寸
10 for paragraph2 in document.paragraphs[7:10]:  #遍历第8段到第9段
11     paragraph2.paragraph_format.first_line_indent = Inches(0.3)  #对遍历到的段设置首行缩进0.3英寸（两个字符）
12 document.paragraphs[10].paragraph_format.space_before=Inches(0.5)  #设置第11段段前距离0.5英寸
13 document.paragraphs[10].paragraph_format.first_line_indent=Inches(4.5)  #设置第11段缩进4.5英寸
14 document.paragraphs[11].paragraph_format.first_line_indent=Inches(4.5)  #设置第12段缩进4.5英寸
15 document.paragraphs[12].paragraph_format.first_line_indent=Inches(4.2)  #设置第13段缩进4.2英寸
16 document.save(r'D:/财务大数据基础/项目十/企业询证函.docx')  #保存"企业询证函"
```

图 10-21 "设置'企业询证函'对齐方式.py"程序代码

代码解读

第 1 行代码：from docx.shared import Inches，从 docx 库中导入 Inches（英寸）模块。设置段落缩进要借助 Inches 模块。

第 2 行代码：from docx.enum.text import WD_PARAGRAPH_ALIGNMENT，导入 docx 库中的 WD_PARAGRAPH_ALIGNMENT 模块。文档对齐需要借助 docx 库中的 WD_PARAGRAPH_ALIGNMENT 模块。

第 4 行代码：document.paragraphs[0].alignment=WD_PARAGRAPH_ALIGNMENT.CENTER，是将 document 文档中的第 1 段设置为居中。

第 5 行代码是将第 2 段设置为左对齐。

第 6 行代码：for paragraph1 in document.paragraphs[2:6]：是用 paragraph1 遍历第 3 段到第 5 段。

第 7 行代码：paragraph1.paragraph_format.first_line_indent=Inches(0.3)，将遍历到的 paragraph1 设置为缩进 0.3 英寸。

第 9 行代码：document.paragraphs[6].paragraph_format.space_after=Inches(0.5)，将第 7 段段后间距设置为 0.5 英寸。

其余未解读代码行参照上述代码解读内容。

（2）调试完成后，运行程序，完成"企业询证函"对齐方式设置，结果如图 10-15 所示。

大显身手

▶ 实例　年会邀请函模板　M 公司行政管理员王静负责公司日常行政管理工作。每年年底，王静需要制作并发放客户及供应商年会邀请函。为了提高年会邀请函的制作工作，王静利用 Python 制作年会邀请函模板，文字内容如图 10-22 所示。（提示：年会邀请函中字体、字号、对齐方式可以根据公司的要求自行设置。）

年会邀请函

尊敬的　　　先生/女士：

　　M 公司为感谢您的信任与关爱，我们敬邀并热切期盼与您聚科技创业园，乐享我公司举办的 2023 年年终总结及迎新年晚会。

　　如蒙应允，荣幸之至！

时间：2023 年 1 月 1 日 15:00– 21:00

地点：金鹰国际大酒店欢聚贵宾厅

M 公司全体员工诚挚期盼您的光临！

总经理：郑有名

2022 年 12 月 12 日

图 10-22　年会邀请函模板

财务大数据基础

请参照任务三实例"企业询证函模板"的步骤完成实例"年会邀请函模板"的代码编辑、调试及运行。

试一试制作思维导图

请总结任务三的学习内容，并制作相应的思维导图。

任务四
Python高效操作Word文档

任务描述

实例 批量生成企业询证函 往来账专管员张强需要根据已整理的供应商欠款余额表制作M公司100家供应商的企业询证函。请协助张强利用Python快速生成100家供应商的企业询证函。

相关知识

一、读取Excel工作簿数据

一般情况下，企业与供应商、客户的往来交易明细及余额都在财务软件中记录。当企业需要与供应商、客户对账时，可以从财务软件中直接提取数据或者以Excel格式输出并整理后进行对账。本实例中，往来账专管员张强将2022年12月31日供应商欠款余额以Excel格式输出并整理成对账所需的信息，如图10-23所示。

图10-23 供应商欠款余额表

上图 Excel 表格中每一行记录了一家供应商 2022 年 12 月 31 日的欠款余额。张强如果对照表格中的内容逐一填写企业询证函，需要花费大量的时间，并且在填写信息时可能会出错。这时，Python 就可以成为解决此问题的好帮手。具体操作如下：Python 通过 openpyxl 库读取 Excel 表中的供应商名称与欠款余额数据，将数据直接写入企业询证函模板的对应位置，并快速生成所有供应商的询证函。

Python 读取供应商欠款余额表中单元格的值，需要借助 openpyxl 库中的 value 属性，value 属性可以获取指定单元格的值。具体格式为：单元格.value。例如，获取供应商欠款余额表中 A5 单元格的值，可以写成：供应商欠款余额表 ['A5'].value。

二、Word文档中写入数据

Python 批量制作企业询证函，需要将从 openpyxl 库读取的供应商名称与欠款余额写入企业询证函模板的指定位置，并将生成的企业询证函以企业名称命名存放至指定路径。在企业询证函模板中写入数据时，首先要通过 docx 库中的 Document 模块打开文档；其次，将读取的数据写入模板中的指定位置；最后，将存放路径以企业名称命名。需要特别注意，在 word 中写入的数据必须是字符串形式，而从 openpyxl 库读取的欠款余额是浮点形式，因此，若要将欠款余额顺利写入 Word，应先将其通过 str（）函数转换为字符串。

即问即答

Word 文档中可以写入数据的类型是（　　　）。

A. float　　　　B. bool　　　　C. int　　　　D. str

任务分解

第一步，读取 Excel 工作簿中的供应商信息。

第二步，批量制作供应商企业询证函。

任务实施

一、读取Excel工作簿中的供应商信息

（1）新建 Python 文件"读取'供应商余额表'数据.py"文件，在代码编辑区单击鼠标右键，输入以下 8 行代码，如图 10-24 所示。

读取"供应商余额表"数据

```
1  import openpyxl as ox  #导入openpyxl
2  wb=ox.load_workbook(r'D:/财务大数据基础/项目十/供应商余额表.xlsx')  #打开"供应商余额表"并指定为wb工作对象
3  sheet=wb.active  #激活wb当前工作表
4  for row in range(2,sheet.max_row+1):  #用row遍历第2行到最后一行中的所有行
5      companys=sheet["A"+str(row)].value  #获取表中所有A列的值，并以字符串输出
6      pays=sheet["C"+str(row)].value  #遍历表中所有C列的值，并以字符串输出
7      print(companys)  #输出遍历的companys数据
8      print(pays)  #输出遍历的pays数据
```

图 10-24　"读取'供应商余额表'数据.py"程序代码

代码解读

第 4 行代码：for row in range（2，sheet.max_row+1）：用 row 遍历 sheet 表中第 2 行到最后一行的数据

第 5 行代码：companys=sheet["A"+str（row）].value，获取遍历行中 A 列单元格的值将其转换为字符串形式后指定为 companys

第 6 行代码：pays=sheet["C"+str（row）].value，获取遍历表中 C 列单元格的值将其转换为字符串形式后指定为 pays

（2）调试完成后，运行程序，结果（部分）如图 10-25 所示

安徽铜冠铜箔集团股份有限公司
91496.93
安徽万朗磁塑股份有限公司
119898.27
翱捷科技股份有限公司
512591
白济神州有限公司
56551.79
北京理工导航控制科技股份有限公司
263462.34
深证中和华发科技有限公司
441751

图 10-25 "供应商余额表数据"输出结果（部分）

二、批量制作供应商企业询证函

（1）新建 Python 文件"批量生成'企业询证函'.py"文件，在代码编辑区单击鼠标右键，输入以下 9 行代码，如图 10-26 所示

批量生成企业询证函

```
1  from docx import Document  #从docx库导入Document
2  document=Document(r'D:/财务大数据基础/项目十/企业询证函.docx')  #打开指定路径下文件"企业询证函"
3  sheet=wb.active  #激活wb当前工作表 #"供应商欠款余额"
4  for row in range(2,sheet.max_row+1):  #遍历第2行到最后一行的所有行
5      companys=sheet["A"+str(row)].value  #获取表中A列的值，并以字符串输出
6      pays=sheet["C"+str(row)].value  #遍历表中所有C列的数据，并以字符串输出
7      document.paragraphs[1].runs[0].text = companys+"："
8      document.paragraphs[3].runs[1].text = str(pays)
9      document.save(r'D:/财务大数据基础/项目十/{}询证函.docx'.format(companys))
```

图 10-26 "批量生成'企业询证函'.py"程序代码

代码解读

第 7 行代码：document.paragraphs[1].runs[0].text = companys+"："，将遍历到的 companys 依次写入企业询证函的第 2 段第 1 块的位置

第 8 行代码：document.paragraphs[3].runs[1].text = str（pays），将遍历到的 pays 转换为字符串形式依次写入企业询证函第 4 段第 2 块的位置

第 9 行代码：document.save（r'D:/财务大数据基础/项目十/{}询证函.docx'.format（companys）），以遍历到的 companys 依次命名新生成的企业询证函，并将其保存在指定路径

（2）调试完成后，运行程序，结果（部分）如图 10-27 所示

安徽省建筑设计研究总院股份有限公司询证函	2022/6/2 22:29	Microsoft Word 文档	37 KB
安徽铜冠铜箔集团股份有限公司询证函	2022/6/2 22:29	Microsoft Word 文档	37 KB
安徽万朗磁塑股份有限公司询证函	2022/6/2 22:29	Microsoft Word 文档	37 KB
翱捷科技股份有限公司询证函	2022/6/2 22:29	Microsoft Word 文档	37 KB
百济神州有限公司询证函	2022/6/2 22:29	Microsoft Word 文档	37 KB
北京理工导航控制科技股份有限公司询证函	2022/6/2 22:29	Microsoft Word 文档	37 KB
北京三维天地科技股份有限公司询证函	2022/6/2 22:29	Microsoft Word 文档	37 KB
北京深华新科技有限公司询证函	2022/6/2 22:29	Microsoft Word 文档	37 KB
宾钼金属科技有限公司询证函	2022/6/2 22:29	Microsoft Word 文档	37 KB

图 10-27　批量制作"企业询证函"输出结果（部分）

大显身手

实例　批量生成年会邀请函　2022 年 12 月 12 日，M 公司行政管理员王静根据客户和供应商的联系信息批量制作年会邀请函。

请根据实例"批量生成企业询证函"的步骤完成实例"批量生成年会邀请函"的代码编辑、调试及运行。

试一试制作思维导图

请总结任务四的学习内容，并制作相应的思维导图。

项目总结

通过本项目的学习，掌握 Python 操作 Excel 工作表和 Word 文档，实现通过调用第三方库 openpyxl 和 python-docx 进行上百份门店数据快速合并、上百张企业询证函高效生成的高阶应用，展示了 Python 在操作办公软件中运用的便捷和高效。

技能训练

实操题

1. 请参照任务一的实例，制作本班级花名册工作表，工作表中需要包括：班级、学号、姓名、性别列。

2. 会计 2 班一共有 60 位同学，4 月 28 日，班主任收集到了每位同学五一期间的出行计划表，请参照任务二的实例，帮助班主任将 60 位同学的工作表合并到"五一出行统计表"中，数据源见"五一出行计划.xlsx"。

3. 请参照任务三的实例，自行设计一份奖学金证书，如图 10-28 所示

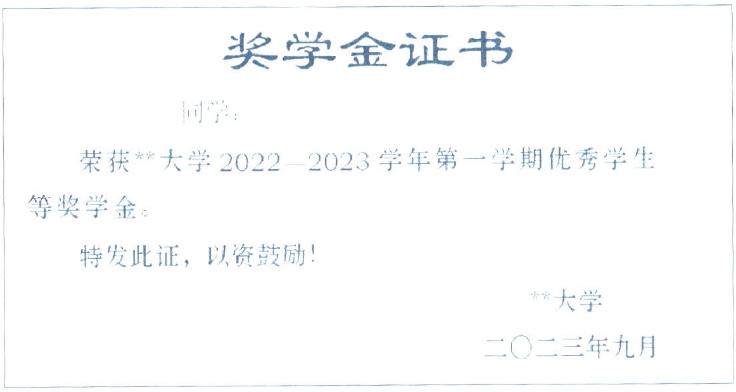

> 奖学金证书
>
> 　　同学：
> 　　荣获**大学 2022—2023 学年第一学期优秀学生
> 等奖学金。
> 　　特发此证，以资鼓励！
> 　　　　　　　　　　　　　　　**大学
> 　　　　　　　　　　　　　　二〇二三年九月

图 10-28　奖学金证书

4. 请参照任务四的实例，根据**大学 2022—2023 年度第一学期优秀学生奖学金的获奖名单，完成奖学金证书制作，数据源见"奖学金获奖名单.xlsx"。

主要参考文献

[1] 嵩天，礼欣，黄天羽. Python 语言程序设计基础 [M]. 北京：高等教育出版社，2017.

[2] 黄红梅，张良均. Python 数据分析与应用 [M]. 北京：人民邮电出版社，2018.

[3] 零一，韩要宾，黄园园. Python 3 爬虫、数据清洗与可视化实践 [M]. 北京：电子工业出版社，2018.

[4] 林子雨. 大数据导论 [M]. 北京：高等教育出版社，2020.

[5] 王霞，王书芹，郭小荟，梁银，刘小洋，宋杰鹏，魏思政. Python 程序设计 [M]. 北京：清华大学出版社，2021.

[6] 吴晓霞，孙斌，蔡理强. Python 开发与财务应用 [M]. 北京：人民邮电出版社，2022.

郑重声明

高等教育出版社依法对本书享有专有出版权。任何未经许可的复制、销售行为均违反《中华人民共和国著作权法》，其行为人将承担相应的民事责任和行政责任；构成犯罪的，将被依法追究刑事责任。为了维护市场秩序，保护读者的合法权益，避免读者误用盗版书造成不良后果，我社将配合行政执法部门和司法机关对违法犯罪的单位和个人进行严厉打击。社会各界人士如发现上述侵权行为，希望及时举报，我社将奖励举报有功人员。

反盗版举报电话　(010)58581999　58582371
反盗版举报邮箱　dd@hep.com.cn
通信地址　北京市西城区德外大街4号　高等教育出版社法律事务部
邮政编码　100120

教学资源服务指南

仅限教师索取

感谢您使用本书。为方便教学，我社为教师提供资源下载、样书申请等服务，如贵校已选用本书，您只要关注微信公众号"高职财经教学研究"，或加入下列教师交流QQ群即可免费获得相关服务。

"高职财经教学研究"公众号

最新目录
样书申请
资源下载
试卷下载
云书展

师资培训　教学服务　教材样章

资源下载：点击"**教学服务**"—"**资源下载**"，或直接在浏览器中输入网址（http://101.35.126.6/），注册登录后可搜索相应的资源并下载。（建议用电脑浏览器操作）
样书申请：点击"**教学服务**"—"**样书申请**"，填写相关信息即可申请样书。
试卷下载：点击"**教学服务**"—"**试卷下载**"，填写相关信息即可下载试卷。
样章下载：点击"**教材样章**"，即可下载在供教材的前言、目录和样章。
师资培训：点击"**师资培训**"，获取最新会议信息、直播回放和往期师资培训视频。

🎯 联系方式

会计QQ3群：473802328　　会计QQ2群：370279388　　会计QQ1群：554729666
（以上3个会计QQ群，加入任何一个即可获取教学服务，请勿重复加入）
联系电话：（021）56961310　　电子邮箱：3076198581@qq.com

🎯 在线试题库及组卷系统

我们研发有10余门课程试题库："基础会计""财务会计""成本计算与管理""财务管理""管理会计""税务会计""税法""审计基础与实务"等，平均每个题库近3000题，知识点全覆盖，题型丰富，可自动组卷与批改。如贵校选用了高教社沪版相关课程教材，我们可免费提供给教师每个题库生成的各6套试卷及答案（Word格式难中易三档，索取方式见上述"试卷下载"），教师也可与我们联系咨询更多试题库详情。